# 传媒汉语生成与发展研究

主　编　逄增玉
副主编　刘海燕

东北师范大学出版社
长　春

**图书在版编目（CIP）数据**

传媒汉语生成与发展研究/逄增玉主编. —2版.
—长春：东北师范大学出版社，2015.3
（2025.7重印）
ISBN 978-7-5681-0302-2

Ⅰ.①传… Ⅱ.①逄… Ⅲ.①汉语－对外汉语教学－多媒体教学－研究 Ⅳ.①H195-39

中国版本图书馆CIP数据核字（2015）第267596号

□责任编辑：许革晨　□封面设计：张　然
□责任校对：王　丹　□责任印制：刘兆辉

东北师范大学出版社出版发行
长春净月经济开发区金宝街118号（邮政编码：130117）
网址：http://www.nenup.com
东北师范大学出版社激光照排中心制版
河北省廊坊市永清县晔盛亚胶印有限公司
河北省廊坊市永清县燃气工业园榕花路3号（065600）
2015年3月第2版　2025年7月第3次印刷
幅面尺寸：170 mm×240 mm　印张：13　字数：245千

定价：39.00元

# 序　言

逄增玉

早在 1964 年，系统功能语言学家韩礼德（Halliday）就提出了专门用途英语的概念，提出要根据学习者的需要决定语言教学的内容和方法的原则。从那时起，英语教学领域已开始出现了金融英语、旅游英语、医学英语、航海英语、会计英语，等等，传媒英语也已经纳入属于专门用途的英语教学之林。在汉语国际教育教学领域，商务汉语、旅游汉语、中医汉语、法律汉语也有尝试，这中间由于中国改革开放对外贸易的需求，商务汉语教学的发展最为成熟，已形成了自己的教学大纲、课程设置体系、系列教材、词汇大纲、考试大纲等。实际上，北京语言学院和北京外贸学院于 1982 年开始联合编写教材，后北京语言学院开始开设商务汉语课程，可以看作商务汉语的发端，而 1978 年，同样在北京语言学院开始开设新闻汉语，这个新闻汉语其实可以视为传媒汉语教学的萌芽。新中国汉语国际教育教学不断发展的过程中，传媒汉语教学早就开始以新闻汉语、新闻听力、报刊汉语教学、报刊阅读、网络媒体汉语、高级汉语视听说等各种面目，频频出现在各级各类的汉语课堂中，已经成为汉语教学中的热点，但是其学科定位、教学大纲、测试等问题都还没有得到认真的归纳总结和研究。

身处中国传媒大学，耳濡目染传媒领域日新月异发展变革的实践与研究成果，使我们对来华留学生学习传媒专业的情况及其调查材料，得近水楼台之便，有比较及时和充分的理解。通过调查和研究，我们认为，传媒汉语教学实质上有两方面含义，一是汉语学习者以从事与传媒事业相关的工作为目标而学习汉语，二是汉语学习者利用传媒工具来学习汉语，前者与商务汉语的含义相同，后者的社会需求则远远超过商务汉语。对这个空前广阔的汉语教学及研究的发展空间予以关注是极其重要、迫切的。随着世界全球化和新科技革命、信息时代的到来，传媒在现代社会和生活中的重要性日益突出，媒体、媒介、信息、传播、接受以及新闻传媒语言和文化对社会的覆盖面越来越大，影响越来越广，传媒引领世界，传媒沟通世界，传媒覆盖世界，可以说是当今传媒的功能作用的确切表达，成为各个领域、各个阶层、各个民族、各个国家沟通与交流、影响与介入的重要桥梁与方式。基于这样的认识，我们充分利用中国传媒大学在传媒人才教育、传媒研究领域的优势资源，在对传媒技术手段、传媒的历史与未来等各种问题进行梳理了解的基础上，力争把传媒与汉语国际教育教学结合起来，开辟汉语国际教育教学的新领域。

从教学理念方面看，中国传媒大学新媒体研究的"嵌入式"、"精准营销"等理论，给汉语国际教育教学的启发是，个性化教学必定是未来汉语教学发展的趋势；从教学手段方面看，中国传媒大学动画创作技术为汉语国际教育数字化教材编写提供多方可能；从专业词汇调研和掌握方面看，中国传媒大学有声媒体语言监测中心，以及舆论舆情研究中心提供了从纸媒、有声语言到网络语言的得天独厚的资源；从外国人学习传媒汉语的实践看，中国传媒大学的语言和专业留学生为案例调查和国别传媒汉语教学提供了依凭……凡此种种，为"汉语国际教育"与"传媒"的联姻——传媒汉语教学的学科定位和相关问题的思考，提供了有利的条件，并孕育出本书的基本格局。

中国传媒大学汉语国际教育教学起步于20世纪90年代初，经历了两个阶段。自成立之初到2006年是第一阶段，其间主要是进行一般的针对我国留学生的语言教学，同时接收数量不多的进入播音、影视、新闻、动漫、广告等传媒专业学习的学历生。汉语国际教育教学方面规模较小，留学生数量有限，学科和专业简单，主要以汉语进修生为主，属于初创和探索时期。第二阶段是2007年至今，学校成立汉语国际教育学院。历经五年跨越式发展，建立了从面向留学生的汉语进修、汉语言文学本科、汉语国际教育硕士（分孔子学院奖学金硕士和国内硕士）、语言学与应用语言学硕士与博士的完整学科布局和培养体系，并逐渐尝试和探索汉语国际教育与传媒集合的方式及传媒汉语的建立，其间承担了国家汉办委托的《汉语国际教育教材多媒体国际推广》的重要项目。在传媒大学汉语国际教育从开始建立到飞速发展的过程中，恰逢改革开放带来的传媒大发展和传媒大学引领中国传媒教育、开拓国际化办学新格局的时期，这样的时代和环境为传媒大学的汉语国际教育形成自身特色、建立传媒汉语奠定了厚实的基础。我们相信，伴随汉语国际推广事业的新发展，依托中国传媒大学的优势和平台，我们的汉语国际教育一定会发展越来越好，特色越来越明显，成绩越来越大，为中国的汉语国际教育和文化推广作出贡献。

2012年4月18日于北京

## 第一部分　传媒汉语教学生成研究

### 第一章　传媒汉语教学作为专门用途语言教学形成的基础 ………… 2

#### 第一节　语言学中的专门用途语言研究 ………… 2
一、行业语言的词汇研究 ………… 2
二、行业语言的语体语境研究 ………… 3
三、行业语言的跨学科研究 ………… 3
四、传媒语言特点研究 ………… 4

#### 第二节　专门用途外语（英语）教学研究 ………… 6
一、概念的提出 ………… 6
二、专门用途外语研究的主要课题 ………… 6

#### 第三节　专门用途英语教学之一
——传媒英语教学 ………… 10
一、传媒英语定位研究 ………… 11
二、传媒英语教材、课程研究 ………… 11

#### 第四节　以商务汉语为代表的专门用途汉语教学研究 ………… 12
一、商务汉语定位研究 ………… 13
二、商务汉语教材、课程、考试研究 ………… 14

#### 第五节　以报刊阅读教学为代表的传媒汉语教学现状 ………… 14
一、报刊阅读类教学定位 ………… 14
二、报刊阅读类教材现状 ………… 15

## 第二章 传媒汉语教学定位和特色 …………………… 17
### 第一节 传媒汉语教学定位和再定位 ………… 17
一、目标需求——传媒汉语教学定位 ………… 17
二、学习需求——传媒汉语教学再定位 ………… 18
三、传媒汉语教学研究的需求…………………… 19
### 第二节 传媒汉语教学理念上的特色 ………… 22
一、嵌入式教学理念……………………………… 22
二、游戏教学的理念……………………………… 23
### 第三节 传媒汉语教材——数字化资源库建设 … 25
一、相关概念……………………………………… 25
二、资源库建设的必要性………………………… 28
三、资源库建设涉及的各方面因素……………… 30

# 第二部分 传媒汉语教学数字化资源建设研究

## 第一章 资源库现状和需求分析 …………………… 34
### 第一节 多媒体汉语教材现状分析 …………… 34
一、政府主持的多媒体教材开发………………… 34
二、学术界主持的多媒体教材研发……………… 40
三、企业主办的多媒体教材开发和营销………… 41
### 第二节 国内留学生和海外孔子学院数字化
教材需求分析 ………………………… 42
一、国内留学生数字化教材需求分析…………… 43
二、海外孔子学院数字化教材需求分析………… 48
### 第三节 软件和网站企业 ………………………… 51

## 第二章 资源库软件设计 …………………………… 55
### 第一节 资源库设计相关理论和实现目标 …… 55
一、资源库设计相关理论………………………… 56
二、资源库设计实现目标………………………… 64
### 第二节 优秀多媒体教材教学模式分析 ……… 68
一、英语教学网站类……………………………… 70
二、汉语教学网站类……………………………… 79

三、广播电视语言教学节目类……………………… 98
◆ 第三章　资源库软件实现………………………………… 108
　　第一节　多媒体教育技术及其整合  108
　　　一、文本、声音和视频……………………………… 109
　　　二、多媒体技术整合 ………………………………… 113
　　第二节　动画技术和新媒体技术  117
　　　一、动画技术 ………………………………………… 118
　　　二、新媒体技术 ……………………………………… 126
◆ 第四章　资源库软件应用………………………………… 132
　　第一节　视听课应用  133
　　　一、数　据 …………………………………………… 133
　　　二、应用模式分析 …………………………………… 135
　　第二节　综合课应用  137
　　　一、数　据 …………………………………………… 137
　　　二、应用模式分析 …………………………………… 138
◆ 第五章　资源库软件评价………………………………… 141
　　第一节　国外相关评价标准  142
　　　一、英语教材的评价标准 …………………………… 142
　　　二、网络课程的评价标准 …………………………… 145
　　第二节　汉语数字化教材评价标准的制订……………… 148
　　　一、纸质版为主多媒体为辅助的教材评价 ………… 148
　　　二、计算机软件和网络汉语教材评价 ……………… 150
　　第三节　评价的实施  154
　　　一、发放相关评价方案,解释标准 ………………… 154
　　　二、实施评价 ………………………………………… 154
　　　三、数据处理 ………………………………………… 154
　　　四、得出结论 ………………………………………… 154
　　　五、反　馈 …………………………………………… 154

## 第三部分　传媒汉语教学发展研究

◆ 第一章　对专门用途语言教学发展的回顾……………… 157

第一节　专门用途英语教学的发展……………………158
第二节　专用语的横向分布和纵向分层研究……160
第三节　国内传媒英语教学的发展…………………163
第四节　商务汉语教学的发展………………………165
　一、商务汉语教学目标………………………………166
　二、商务汉语课程设置………………………………167
　三、商务汉语教材编写………………………………169
　四、商务汉语标准化考试……………………………171
第五节　传媒理论研究发展…………………………173
第六节　近年来传媒汉语教学需求调查……………176

- **第二章　对编制传媒汉语教学大纲的思考**……………179
  第一节　对外汉语教学大纲的分类…………………179
  第二节　传媒汉语专业的教学大纲…………………179
  第三节　传媒汉语教学大纲的特殊性………………181
  　一、多层次性…………………………………………182
  　二、多语体性…………………………………………182
  　三、传媒汉语教学的多关联性………………………182
- **第三章　对传媒汉语教学课程设置的思考**……………183
- **第四章　对传媒汉语教材编写的思考**…………………186
- **第五章　对传媒汉语标准化测试设计的思考**…………188
- **附　录**………………………………………………………192
- **参考文献**……………………………………………………194
- **后　记**………………………………………………………198

# 第一部分

## 传媒汉语教学生成研究

CHUANMEI HANYU SHENGCHENG YU FAZHAN YANJIU

# 第一章 传媒汉语教学作为专门用途语言教学形成的基础

传媒汉语教学无论实际操作，还是理论研究，都还没有大规模地展开。然而传媒汉语教学的概念并非空穴来风，实际上它早已在语言研究和语言教学研究的丰厚土壤中孕育成长。语言学本体研究、语言学应用研究（社会语言学研究、广播电视语体研究、语料库语言学研究等）、二语习得理论研究（语言教学法研究、语言测试研究、语言教育心理学研究等）和传播学理论研究等等，这些学科以及交叉学科的研究都已经对传媒汉语研究的理论及其实践形成支撑。

## 第一节 语言学中的专门用途语言研究

语言作为交流工具和传播媒介，在科技、文化、学术、商业等不同领域，从词汇到句式都会呈现不同的特点，呈现出"专业用语"与"大众用语"的区别性特征。传媒语言也是这样一种专业用语，一种行业用语。关于行业用语的研究，以往在词汇研究、语篇研究和跨学科研究几个方面有所展开。

### 一、行业语言的词汇研究

传统的语言研究中已经注意到，语言的词汇有基础词汇（核心词汇）和外围词汇的区别，汉语的外围词汇包括了文言词汇、外来词汇、方言词汇、行业用语。例如，医学行业用语"麻醉（思想）"、军事用语"攻坚战"、体育用语"短平快"等，这些来自某个行业专业术语的词语，不少已经进入全民语言，成为普通大众的生活词语。所谓基础词汇和行业用语是相互依存和相互转化的。

近年来兴起的社会语言学把行业语言视为社会语言学研究的重要组成部分，教师语言研究、柜台语言研究、法律语言研究、导游语言研究等行业语言研究硕果累累。

社会语言学中的行业语言研究，多数集中在行业语言的词汇研究。（详见本书第三部分第一章第二节）

## 二、行业语言语体语境研究

"专业的"语言与"全民的"、"生活的"语言的差异,不仅表现为词汇的差异,在句子、语法、篇章上也会出现差异。起初语体语篇的研究多侧重书面语与口语语体的差异方面。例如,人们普遍感受到书面语是非即兴性的,往往经过了充分的准备和反复的修改,语法规范,语气连贯。从语法特点方面看,汉语描写环境布置的文章多出现存现句,英语说明文中被动句使用频率高,动作发出者往往不是人物,多使用一般现在时,多用连接词表现层次等等。(参见本书第三部分第一章第一节)

20世纪60年代,功能主义语言学代表人物韩礼德(Halliday)提出语域(register)概念,就是指语言的功能变体,即因情景语境变化而产生的语言变化形式。韩礼德把说话或文章所产生的具体环境——语境因素分为三个部分:一是话语范围、主题范围,称为语场(field);二是人际关系、话语基调,包括感情的投入、语言的权威性、交往的频繁性三个方面,称为语旨(tenor);三是话语方式、语言渠道,是书面语还是口语,称为语式(mode)。而所谓特殊用途英语的概念,就是在"语域"理论的直接驱动下产生的。

1964年,韩礼德提出"专门用途英语(English for Special Purpose)(后文简称ESP)"理念,开创专门用途语言研究先河,ESP理论从英语(语言本体)研究起源,应用到英语(语言以及二语)教学领域,反过来再对语言本体研究有所促进,成为语言学和语言教学中一种内涵丰富的理论。在外语教学领域,ESP既指专门用途语言研究,也指专门用途语言教学研究。

## 三、行业语言的跨学科研究

行业语言研究必定会是跨学科的研究。就拿传媒语言来说,会涉及语言传播研究、传媒语言学研究、语言学和传播学的交叉研究,等等。

传媒(Mass media)指的是信息的媒介传播,传播指的是"信息的流动过程",它包含信息(传播的材料)和流动(传播的方式)两个要素(胡正荣,1997)。媒介(media)是中介物,传统的大众媒介包括报纸、杂志、书籍、广播、电视、电影、广告公关等。随着信息技术的进步,各种新的电子传播媒介技术不断涌现,如录像带、激光视盘、电脑光碟、互联网等电子媒介,信息传递的方式越来越多样化,因而,传媒语言研究也涉足越来越多的学科门类。(对这些专业、门类的梳理详见本书第三部分第一章第五节)

传播学的信息和媒介研究不仅为我们提供了关于信息传播方式、媒体特点对语言和传播效度影响因素等方面的研究成果,而且为我们提供了传媒语言研究以及传媒语言教学研究的社会和大众视野。

**四、传媒语言特点研究**

传媒语言既具有时效性，又具有稳定性。传媒语言作为大众语言的特定领域用语，与大众语言密切相关又独具特色，与其他行业用语既有共同之处，又有所不同。传媒汉语教学作为对外汉语教学的重要组成部分，既具有第二语言教学的普遍性，又具有其自身特点。

1. 通用性

传媒语言较之其他行业语言来说，更为"大众化"。有人把新闻词汇分为八大主题：①媒体：媒体类型，节目与人，新闻节目，录音节选和上镜机会，电视食品；②政治：人民代表大会，民主集中制，党政领导，各地各级，政治斗争；③商业报道：热点新闻，股票和股市，牛市和熊市，在证券交易所交易；④工作：下岗与福利，工作方式，津贴与猎头，工作中的歧视，遭到转岗；⑤犯罪与惩罚：抢劫，盗窃，偷车与劫车，逃离犯罪现场，阻止抢劫，枪击，刺伤与谋杀；⑥外交和战争：会谈和预备会议，代表，地位相等或相当的人和先遣人员，真诚友好或认真坦诚，妥协和僵持不下，边缘政策；⑦娱乐和艺术：娱乐，庸俗与高雅，演艺人，艺术家，经纪人和演出业，文化艺术，演出和演员，首演，初映和重演；⑧有隐义的体育用语：参赛选手，竞技场，终点，失分，故意犯规和红牌警告，最有希望获胜者，领先者和隐蔽马……这个分类实际上包括生活词汇的方方面面。

2. 媒体特质

语言交流的原始状态是口耳相传的无媒介状态。文字诞生后，从书信、报刊、广播、电视等媒体到新兴的网络媒体以及新媒体，媒体作为语言传播的载体对语言本身有相当的影响。语言的传播媒体是语境的一大要素，媒体特质决定媒体语境具有一定的虚拟性。

书本和报刊是由文字符号组成的，而计算机网络的屏幕是由影像组成的；广播语境是由声音线性生成的，而网络语境（初始阶段）是无声的；电视是模拟信号的单向传输，而网络信息的接收者同时可以把计算机屏幕作为画布来涂抹，而后自由地发布信息。网络语境的社会、经济和技术的变化影响着网络语言符号的"书写"形式。

媒体语境的社会因素、经济因素和科技因素等方面决定了媒体语言的特点。

社会因素方面。以网络媒体为例，互联网的出现大大改变了人们的社会生活，网络媒体的社会变化主要是改变了以往媒体的发出方和接收方的社会角色。网络语境的人际变化、沟通变化决定了网络语言话语表达形式的变化。网络语境中的交际更多的是平等自由的交流，而且网络语境中更多的是与"陌生人"的交流。虽然至爱亲朋也会利用网络交流，相比之下，网络带来的多是人与"外界"

信息交流的便捷。与陌生人交谈，发话人对回应是"半期待"的。比较典型的例子是网络广告：尊敬的先生、小姐，如果您感到这封邮件打扰您，可以点击"退订"。

经济因素方面。报刊加大了"书"的内容含量，形成媒体文字样态，而网络文字则真正算是媒体文字，也就是说在用文字谈话。网络出版相对于书本出版是经济快捷的，而相对于即兴口头发表又略逊一筹。网络聊天室中网络语言书写的上下文不是语篇而是话轮，网络语言书写的环境、网络信息的无限丰富性使得网民的语言"惜墨如金"，手指在键盘上飞速跳跃，用数字"886"代替"拜拜喽"，既快又好玩儿。

技术因素方面。网络时代书写技术的使用和用途与以往迥异，电脑输入技术和可视化技术决定了语言所承载的丰富情感需要数字化的技术来传输。因此，网络语言交流存在着象形、表意、表音之间的复杂转换，存在着语言、话语、写作之间的复杂转换，网络语言既要表意又要表音，造成口语、书面语概念的错乱。例如，"酱紫"用和音字表现中国台湾方言的语音语调，活灵活现；"美女"写成"霉女"，把"美"写成"霉"，是用"错别字"表现上声相连的变调，既谐音又谐义，生动有趣。又如，用冒号加括号组成的笑脸图形直接表现语义，被表音文字背景的网民和表意文字背景的网民一致认同，并用于纸质书写中。

从网络语言语境的特质——以计算机屏幕为媒介这一特点，我们可以更好地理解网络语言的一些特质：标新立异的特质；能省就省的特质；形象化的特质。网络带来生活的变化，也引起文字书写的变革，书写模式的革新。

相对于"旧"媒体——互联网初始阶段来说，新媒体信息和语言的传输呈现出几大特征：一是信息的无限丰富性；二是信息和语言的交流渐进双向；三是信息和语言交流的仿真化。新媒体信息和语言的传输大大超越初始的计算机只能阅读无声的文字符号传输的限制，模拟现实技术使得新媒体语境差越来越接近于生活常态语境差水准。从技术层面上看，新媒体技术努力替换以往媒体中不同于生活常态的东西，使得媒体世界越来越接近现实世界，然而从人文角度看，新媒体语境与生活常态语境仍不是一回事，我们仍需要用"工具观"来认识新媒体语言。

3. 文化性

传媒属于社会意识形态领域，与社会政治经济有千丝万缕的联系。了解中国特色的广播电视体制，对留学生习得传媒汉语非常必要。留学生习得汉语过程中第一层的基础性障碍是语言障碍，第二层的障碍是专业认知方面的障碍，第三层的障碍是最高障碍，就是社会意识、文化背景差异形成的障碍。传媒汉语教学必将大量渗透中国文化因素和文化知识，更集中地为留学生提供跨文化的信息资源。

## 第二节 专门用途外语（英语）教学研究

### 一、概念的提出

把行业用语研究引入外语教学领域，就产生了一种行之有效的教学方法，一种基于学习者需求的语言学习途径。（范谊，1995）这种语言教学方法对传统教学方法带有强烈的批判性和革命性。英国学者 Pauline Robinson 指出："利用语言达到某种目的是整个工作过程的中心，而语言只是一个辅助的角色。所以语言本身的教学，并不是 ESP 的终结。而利用语言实现一个确定的目标才是 ESP 的真正目的。"（参见本书第三部分第一章第一节）

Then, the utilitarian purpose is generally conceived of as successful performance in work, work in which the English language plays an auxiliary role. Thus by ESP is meant the teaching of English, not as an end in itself but as an essential means, to a clearly identifiable goal. （*ESP English for Specific Purposes*，转引自孙慧《ESP 语境语域分析在英语教学中的运用》，载《山东外语教学》1997 年第 2 期）

Robinson 的意思是，我们不要通过几个单词、短语，几条语法来学习语言，而是通过一篇文章来了解一种思想、道理，一种技术、知识。

专门用途语言教学理论认为，外语教学需要对语言的语境及语域进行分析，从而达到语言教学学以致用的目的，利用语言达到某种专业目的应该是外语教学工作的中心。外语习得者也是在明白某个专业思想、道理，某项技术、知识的过程中自然而然地学习了语言。例如通过学习一篇（外语的）关于传媒领域的专业文章，外语习得者了解了传媒专业的一些技术知识和运用规则，在了解了传媒专业的同时学习了外语。

专门用途外语教学也并不等同于思想教学、技术教学，特别强调的是理解作者为什么这样写，语言上前后如何呼应，把"利用语言达到某种专业目的"作为教学过程的中心，作为一种教学法贯穿语言教学。

### 二、专门用途外语研究的主要课题

1. ESP 理论形成和发展阶段的译介

近些年来，专门用途外语教学理论传入中国，在外语（英语）教学界引起重视，在相关研究中，有些以概念和理论的译介为主。根据 Hutchinson. T & Waters. 所著《*A English for Specific Purposes*》（Cambridge University Press. London, 1987. p19 p21）资料，ESP 的发展经历了语域分析、语篇分析、目标情景分析、语言技能与学习策略分析、以学习为中心五个阶段。

(1) 语域分析阶段

ESP 最初基本含义是语言学的，ESP 理论最初的阶段被称为语域分析阶段（register analysis），就是着重研究某一领域文献与其他领域在词汇、句法等方面的差异。找出这些领域的英语文献的语法和词汇方面的特点，可以为制订教学大纲和编写教材提供依据。语域分析自诞生之日起，就跟语言教学实践密切结合。语域分析可以帮助制订一个针对性更强的教学大纲，重点突出学员们在各自的专业学习中和在将来工作中常用的语言点和语言技能的教学，使 ESP 能更好地满足学习者的需要，提高教学效果。

(2) 语篇分析阶段

ESP 理论发展的第二个阶段被称为修辞或篇章分析阶段（rhetorical or discourse analysis），研究的是如何下定义、如何描写、叙述、论证、说明、如何写主题句、把主题句扩展成段落，如何安排细节等，代表性的英语语言教材有 English in Focus 系列教材。美国密歇根大学工学院和其他一些理工科院校早在 20 世纪 50 年代就开始面向本科生、硕士生、博士生、本国学生、外国留学生开设技术交流课（Program of Technical Communication），对科技英语写作、科技英语演讲领域进行了多维的探索和实践，出版的专著超过了 200 部，论文数百篇，这些广泛、深入的研究和实践形成了较为完整有效的专门用途科技英语 EST/专门用途英语 ESP 教学模式。

李华东和栾述文在《ESP 语言分析的三种方法》(《山东师大外国语学院学报》2000 年第 4 期) 一文中也指出，ESP 语言分析经历了频率分析、修辞分析和体裁分析三个进程。频率分析指的是特定领域文献中的词汇频率分析，也有一些句式频率分析。

(3) 目标情景分析阶段

ESP 的精髓是分析和满足不同学习者的不同需要。实施专门用途语言教学的前提与基础是需求分析（needs analysis）。专门用途语言教学的需求分析分为目标情景分析和学习需求分析。

目标需求（target needs）分析又称为目标情景分析法（TSA: target situation analysis），分析"学习者在目标情景中所必须要做的事情"（陈莉萍，2000），分析使用外语的情景，分析在这些情景下进行交际的内容、方式、途径、媒介、手段等特点以及语言特点和技能，也称作需要分析（needs analysis）。张黎《商务汉语教学需求分析》一文（《语言教学与研究》2006 年第 3 期）受到这种研究的影响，认为商务汉语作为一种专门用途语言，其教学的前提与基础是需求分析。文章首先对商务汉语需求的目标情景进行分析，包括目标情景中的交际活动和交际技能；其次，对商务汉语的学习需求进行分析，认为学习需求存在五个方面的差异。

学习需求（learning needs）分析又称为教学需要分析法（pedagogic needs analysis），即分析学习者学习外语的过程和方式，关注学习的过程。有的说学习需求分析包括六个方面的内容，有的说包括八个方面的内容（韩金龙，2003）。例如，学习者基本情况分析：年龄，性别，国籍，兴趣，汉语水平，社会、文化背景，专业知识掌握的情况，对所学目的语的看法，对所学目的语国家地区的文化的看法，等等。学习者学习目的分析：课程是必修还是选修，是否有地位、金钱、提拔这类因素，学习者认为他们将得到什么，等等。学习者学习习惯分析：学习背景，习惯的教学模式，喜欢的教学法，不喜欢的教学法，等等。学习资源分析：教师配置及水平，教师本人对外语学习的态度，教师对专门用途外语的熟悉程度，教材是现成的还是自编的，教学设备情况，课外活动情况，等等。课程安排情况：教学地点以及环境，脱产与否，课程频度，全日制还是非全日制，等等。

（4）语言技能与学习策略分析阶段

语言技能与学习策略分析阶段（skills and strategies analysis）是目标情景分析阶段之后 ESP 的新进展，研究和分析的重点从语言的表层形式转向更深层次——语言使用中的思维过程。根据程世禄和张国扬《ESP 教学的理论和实践》一文（《广州师院学报》第 19 卷第 12 期）译介，各种语言运用中有相同的思维和解释过程，使用一定技能可以掌握语言的各种表面形式，而学习者了解这些技能就可以从语篇中悟出学习策略。除了阅读技能和学习策略，听、说、写技能和学习策略也有研究。

（5）以学习为中心阶段

专门用途汉语教学近来的发展趋势是，把语言的学习和语言的运用结合起来，把课程设置、大纲制订、教材编写、教学过程以及监控测评看作一个系统工程，在充分了解语言学习过程的基础上，全方位地服务学习者。

2. 应用的对象研究和应用的学校层次研究

除了概念和理论的转述，国内很多专门用途外语教学研究与传统的"通用外语教学"作比较，阐述 ESP 的独到之处。例如童生海《专门用途英语的职业功能及教学特征》（《青海师范大学学报（哲学社会科学版）》2006 年第 5 期），张恕《论 ESP 教学对学生外语素质培养的必要性》（《武汉科技学院学报》2006 年第 11 期），方茜、苗森《专门用途英语教学对大学英语的革新意义》（《天府新论》2007 年第 1 期），张竹林《浅谈专门用途英语教学对策》（《重庆教育学院学报》2004 年第 5 期），刘法公《论基础英语与专门用途英语教学的关系》（《外语与外语教学》2003 年第 1 期），解学花《基础英语教学与专门用途英语教学的关系探索》（《山东教育学院学报》2005 年第 4 期），等等。

专门用途外语教学的理论认为，专门用途外语学习者把英语作为一种手段或工具来学习，以便进一步进行专业学习，教学对象应该包括大学非英语专业学生，还有在职的专门人才，如工程师、企业家、医师等，或是正在接受培训的各类人员。冉映《对高职高专专业英语教学改革的思考》（《和田师范专科学校学报》2009年第1期），高巍《ESP及其在中等职业学校英语教学中的应用》（《科技信息》2008年第27期），姚金玲《浅谈高职高专外语教学》（《辽宁行政学院学报》2007年第1期），刘红梅《浅议ESP与成人英语教学》（《辽宁行政学院学报》2007年第2期）等，都是具体教学对象的研究。

东耳《中澳（重庆）职业教育与培训项目》（《职业技术教育》2007年第32期）；苏冬梅《专门用途英语与职业英语教学》（《鹭江职业大学学报》2002年第4期），张修海《运用ESP改善高职高专的英语教学》（《辽宁高职学报》2006年第3期）等，是一些教学实验项目实施研究和介绍。

3. 专门用途外语教学大纲、课程设置、教材、考试的研究

语言测试经历了第一代科学前语言测试、第二代心理测量（结构主义语言测试）、第三代交际语言测试。现代语言测试（Language Testing）作为应用语言学的一个重要分支，涉及语言教学理论、语言习得理论、心理语言学、认知心理学、教育统计学、计算机语料库学科成果，随着20世纪初教育测量学的独立与发展而发展成熟。

专项用途的考试与一般语言测试的分界是否清晰，在于专项用途语言教学目标是否明确，如果有明确的专业方向，测试内容就会相对"单纯"。在对外汉语教学领域，专门用途外语教学发展比较成熟的是商务汉语。商务汉语已经编写出多种教材，有教学大纲、词汇大纲的研究，有课程设置、专门化考试的研究。其中商务汉语测试（BCT）发展出任务型语言测试的样态，体现了现代语言测试的专业化和多样化。

4. ESP引发的语言问题研究

语言问题研究与应用的最新发展主要表现在语料库研究和体裁分析理论两个方面。

语料库能够提供或是分析语篇词汇、句法特征，大容量语料库可以分析某一特别学科语篇的主题词目录，可以实现不同体裁篇章用语数据，弥补人工分析的不足。语言教学也开始运用语料库进行专门语言教学，有些作为学生课外学习资料补充，有些则直接把语料库内容引入课堂。

语料库语言学促成了体裁分析理论的诞生，体裁分析理论的着眼点在于促进教学。例如语言写作课堂上，教师利用体裁分析理论，通过"语料库索引"提出了许多"体裁写作法"。教师在课堂上给出某个词在某个语料库中的上下文，让学生了解其搭配的频率信息和使用方法。体裁分析理论还产生了"体裁教学法"和"体裁基础上的教学方法"，教师教会学生确定哪些是技术词汇，哪些是半技

术词汇,哪些是普通词汇。可以说体裁分析理论和体裁教学法相辅相成地同时促进语言研究和语言教学方法研究的深入。

5. 各种专门用途语言教学

各个专门用途的外语教学名称多种多样,从应用范围看,可以分为科技类、学术/教育类和职业类;从行业看,可以分为商务、金融、法律、导游等,其名称含义可能出现交叉。

科技英语 EST (English for Science and Technology) 是 ESP 中最早的含义,也是最重要的一个分支,以至于相当多的人常用 EST 代替 ESP。凡是与科学技术有关的英语文献(书面的或口头的)都属于科技英语范畴。科技英语学习者为各级和各类科学工作者、工程技术人员和大中专院校的理工科学生、科技英语专业的学生等。他们学习英语的主要目的是以英语为工具获取专业所需信息,提高自身的业务水平,促进科学研究和科技交流。据联合国教科文组织调查统计,世界上约 2/3 的工程技术文献用英语写成,但是世界上 2/3 以上的工程技术人员不能阅读英语资料,科技英语教学需求很高。

在专门用途外语(英语)教学研究中,我们见到的名称有金融英语、广告英语、导游英语、护理英语、航海英语、海事英语、航空英语、会计英语、法律英语、科技英语、计算机英语、体育英语、传媒英语、外贸英语、新闻英语、财经英语、广告英语、工程英语,等等,这些名称的含义可能出现交叉。商务英语研究,例如李琼《商务英语专业专门用途英语课程教学方法探讨》(*A Study of Teaching Methods of ESP for Business English Major*)(《湖南人文科技学院学报》2006 年第 6 期)。旅游英语研究,例如王瑞《关于西安导游英语的课程设计》(《现代企业教育》2009 年第 2 期)。医学英语研究,例如王丽群、闫秀静、杨琳《关于在牡丹江医学院开展专门用途英语教学的可行性研究》(*Feasibility Study of Developing the English for Specific Purposes Teaching in Mudanjiang Medical College*)(《医学综述》2009 年第 4 期)。

# 第三节 专门用途英语教学之一
## ——传媒英语教学

当代英语教学已逐步改变了传统的单一语言教学的模式,打破了通用英语教学一统天下的局面。教育部 1999 年颁布的《大学英语教学大纲》为我国英语教学中专门用途英语教学确定了大政方针。大纲明确指出,在大学英语教学的应用提高阶段,应开设专业英语课程,教学时数不少于 100 学时。专门用途英语教学的实践和理论研究都已日益发展,其中传媒英语的概念已经悄然诞生。以"传媒

英语"为关键词在网络上搜索,"一搜吓一跳",传媒英语教学研究也已经硕果累累。(参见本书第三部分第一章第三节)

## 一、传媒英语定位研究

随着社会对专业能力强、精通外语的人才的需求不断扩大,传媒英语涉及内容又与新闻传播有关,所以我国目前有多所院校开设了新闻传播类课程,如新闻传播英语、广告英语、影视英语、动画英语等,旨在培养既有扎实的新闻传播专业基础,又具较高专业英语水平的复合型人才,以适应快速发展的社会需求。传媒英语教学一般定位在"需求分析"(目标需求和学习需求)基础上,结合传媒类专业课程的特点设计相关的英语课程,培养学生对新闻、广告、动画、播音、影视等专业英语的掌握和灵活运用。

南京师范大学传媒英语专业培养目标是:培养具备扎实的英语语言口头和书面表达能力,同时具有新闻学和传播学系统理论知识、广博的文化科学知识,有着明确的新闻和传媒价值观、一定的创造力和独立思辨能力,具有多元文化素养,从事国际新闻传播的应用型、复合型专门人才。其主要课程有高级新闻英语阅读、英语新闻编译、高级新闻英语视听读、英语新闻写作、高级英语新闻听力、新闻英语文体学、新闻报道写作、新闻传播理论(英语)、广播电视英语新闻节目采写、跨文化传播与交际、英汉翻译和口译等。其专业特色是依托英语和新闻学专业,具有高层次的师资队伍,专业教师都具有硕士或博士学位。多媒体实验室功能完善,设施先进,以培养学生的英语听、说、读、写的专业能力。该传媒英语专业在南京市及周边地区的省市地方电台和电视台、报社、地方外国语学校等设立实习基地,以培养高素质、复合型传媒英语人才,满足社会的急切需求。学生毕业后主要在国内外新闻机构、各级新闻媒体、传媒公司等从事国际新闻传播、英语新闻采编和翻译等工作,也可在政府部门、学校及科研机构等单位从事管理、教学、科研等工作。

中国传媒大学英语教学在多年教学实践中走出了传媒英语教学之路。中国传媒大学攻读硕士学位的学生复试英语口语,需要准备传媒英语的知识。《传媒英语口语阅读材料》一书内容涉及传媒领域的知识与热点话题,具体到国际传媒、知名国内传媒、著名传媒院校、传媒人物、媒介事件、新旧媒体的历史及影响等。为扩充学生的知识面,这本书还在附录里收集了有关中外文化差异、教育的价值、体育运动、新闻等内容。

## 二、传媒英语教材、课程研究

甘肃政法学院马亚伟、薛小莹《传媒英语课程教学方法探析》(《科技信息》2009年第30期)谈道,传媒英语教学的目标是,培养学生全面提高听、说、读、写、译能力，具有一定的专业英语口头表达能力，能基本听懂国外主要电视、广播新闻，读懂英语国家一般性刊物的文章，能借助参考资料写出与专业相关、结构基本清晰、内容较为丰富的报告和论文，能借助词典翻译一般英美报刊上题材熟悉的文章，能摘译所学专业的英语科普文章，并能撰写所学专业的英语小论文。传媒英语教学要培养学生具有与国外相关人士交流媒体发展和新闻传播专业的能力。既有现代传媒英语在标题、语法、词汇和写作层面上的特点，英语新闻的篇章结构及阅读方法，又有新闻传播学的基本理论和国际上著名学者的经典论述。

传媒英语教学初始阶段，各高校没有统一的传媒英语规划教材，教材多为自编教材或自选教材。有的直接选取与本专业相关的国外原版材料进行课堂讲解和阅读，这就使教材的难易度、衔接性、内容的相关性较差，很难切合教学实际需要，缺乏学科专业知识的系统性和技能训练的有序性。学生在学习中往往只掌握了有关专业的相关词汇，而综合运用专业语言的能力却相对缺失。

近些年来，传媒英语教材编写有很大进展。中国传媒大学梁岩、严玲编写的《传媒英语》（高等教育出版社 2008 年版）列入《大学英语选修课/学科课程系列教材》丛书，2011 年度被评为北京高等教育精品教材。

传媒英语课程为基础英语的后续课程，为具备中级或高级英语水平的成年人在大学期间或针对专业性工作而设计。目前接受大学传媒英语教学课程的学生多为大学三、四年级的学生，许多学生反映专业英语只掌握了一些词汇，教学效果不尽如人意。

## 第四节　以商务汉语教学为代表的专门用途汉语教学研究

汉语教学有不同的分类角度：按照语言水平来分，有初级汉语教学、中级汉语教学、高级汉语教学等；按照学历教育来分，有语言预备教育、本科教育、硕士教育等；按照语言技能来分，有汉语听力教学、汉语口语教学、汉语阅读教学、汉语写作教学等；按照语言知识教学来分，有文字教学、语音教学、词汇教学、语法教学等；按照学习者母语来分，有不同国别的二语教学，例如面向欧美留学生的、面向韩国留学生的等等；还有针对不同人群，例如少儿汉语教学、退休人士汉语教学、家庭主妇汉语教学，等等。按照专项用途来分，则有商务汉语、中医汉语、科技汉语，等等。与英语教学相似，对外汉语教学中的专门用途汉语也在逐步发展，很多学校除了开设一般的汉语语言课以外，还开设了专门用途汉语课程，力图培养复合型、应用型国际汉语人才。其中商务汉语教学已形成自己的教学大纲、课程设置体系、系列教材以及考试大纲。

自20世纪80年代起，对外汉语教学界就受专门用途英语教学理论的启发，开设了经贸汉语、理工汉语、中医汉语、法律汉语、导游汉语等不同内容的专门用途汉语课程。我们搜索到的专门用途汉语教学研究的成果中，《专门用途汉语课程设置探析——以〈科技汉语〉课程为例》（单韵鸣、安然，2008）是科技汉语教学的研究。科技汉语是专用汉语中的学术汉语课程（CAP，Chinese for academic purposes），以汉语作为技能训练手段，以理工知识作为讲授内容。它的教学内容包含大量科技专业知识、科技文章频繁使用的专业术语和抽象词汇等。

目前，科技汉语教材编写定位为以阅读理解为主的系列教材，学习科技汉语的学生已经具备一定的汉语基础，绝大部分学生在学习科技汉语课程时还继续进修通用汉语，而且科技汉语课程本身语言层次较高，《科技汉语阅读教程》系列教材从中级开始编写，分为中级和高级两册（以下简称《中级》、《高级》）。（详见本书第三部分第一章第四节）

## 一、商务汉语定位研究

随着中国经济的高速发展，商务汉语作为一种专门用途汉语的实用价值和潜在价值迅速提升。语言是外国人从事对华商务工作，熟悉中国市场，了解中国文化的关键性因素，汉语已成为应聘大多数职位的先决条件。随着商务汉语实践的展开，商务汉语定位研究再次成为热门话题。"名不正则言不顺"，定位研究影响着商务汉语词汇研究、教材研究、教学法研究、考试研究以及评价研究。

关于商务汉语定位，有观点认为应该将商务汉语定位于应用语言学的学科范畴，其学科理论基础应当是功能语言学。有观点认为应该将商务汉语作为应用语言学的一个分支来建设，从社会语言学领域里去寻找理论与实践的支撑，从相关学科中汲取经验与知识。有观点认为我国商务汉语专业的建设应当探讨如何服务于我国的大商务，包括法律、金融、贸易等领域对特殊外语专业人才的需要。有观点认为商务汉语专业应定位在培养立足于汉语专业学科基础、建构于跨学科知识体系和服务于适应大商务的应用型高级汉语专门人才。

在汉语学习的哪一个阶段，零起点还是基础以上抑或是高级以上开始商务汉语学习？黄为之主编的《经贸初级汉语口语》（华语教学出版社1993年版）较早尝试了面向零起点的商务汉语教学，张晓慧主编的《经理人汉语——生活篇》（外语教学与研究出版社2005年版）也为零起点开设商贸汉语课进行了有益的尝试。路志英《商贸类汉语教材编写和研究的基本情况述评》（《云南师范大学学报（对外汉语教学与研究版）》2006年9月版）则认为这些教材实践证明都不算成功，认为"对初级阶段特别是零起点的学生开设商贸类汉语课程在事实上的可能性很小，大部分人认同零起点学生不宜开设商贸类汉语课"。袁建民、杨东升认为商务汉语学习者的语言起点为中级以上（转引自上海交通大学国际教育学院李柏令《从商务汉语的本质看零起点商务汉语教学》。《商场现代化》2008年版）

### 二、商务汉语教材、课程、考试研究

1982年，北京语言学院和北京外贸学院联合编写了《外贸洽谈500句》，这是新中国最早的商务汉语方面的教材。1988年秋，当时的北京语言学院来华留学生二系开始开设经贸班，同时开设了外贸口语和外贸写作两门课程，所用教材《外贸口语30课》和《外贸写作》于1991年由北京语言学院出版社正式出版，是最早的供长期进修汉语的学生使用的商务汉语教材。此后还有《经贸初级汉语口语》（黄为之，1993）及《国际商务汉语》（李忆民，1999）等。丁安琪2004年统计，截至2003年，国内共出版了30种商务汉语教材，而后资料显示2004年至2005年又有10套商务汉语教材问世。

除来华留学生对商务汉语的迫切需求外，国外企业也纷纷提出培训汉语的要求，国内外的汉语教学机构纷纷开设了商务汉语课程，商务汉语教学成为汉语作为第二语言教学领域中的第一热点。商务汉语课程设置方面，根据丁安琪2004年统计，截至2003年，国内外几乎每个汉语教学机构都开设了商务汉语课程。

商务汉语考试方面，已经实行的BCT分初、中、高三个难度层次，涉及的话题范围包括阅读、写作、听力和口语四部分，在三个层次上都有四部分内容，但在语言知识和语言技巧方面三个层次则有明显区分，如社交和个人情况是初等考试常考的范围。商务汉语考试（BCT）用五个等级描述商务汉语水平，各等级对应的语言功能、语言知识、交际任务列举得相当详尽，体现了不同层次的标准。（详见本书第三部分第五章）

## 第五节 以报刊阅读教学为代表的传媒汉语教学现状

### 一、报刊阅读类教学定位

20世纪80年代，我国对外汉语教学在国外专门用途英语的启发下，逐渐在汉语预备教育和汉语进修教育中开发出专项用途汉语教学的模式。1978年，北京语言学院正式创办四年制留学生现代汉语本科专业，并对长期进修和短期进修班的课程进行调整，在课程计划中安排了报刊课，可以看作新闻类汉语教学的发端。20世纪70年代末开始，传媒汉语教学对新闻听力、报刊阅读、媒体汉语阅

读、高级汉语视听说等课程形式有各种零星尝试。进入20世纪80年代后，开设新闻类汉语教学课程的院校逐渐增多，其中报刊阅读课的教材和教学研究发展比较成熟。

国家汉办2002年制订的《高等学校外国留学生汉语言专业教学大纲》对报刊课设置作了详细规定：

在汉语言专本科二年级开设的课程称为"中国报刊语言基础"，教学目的重在帮助学习者掌握一定数量的常用词语和句式。

三年级开设的课程称为"中国报刊阅读"，教学目的重在培养学生快速阅读能力和内容概括能力。

两门报刊课连续开设4个学期，均为每周4学时。

这个文件是对报刊阅读课设置的指导性文件，也是对传媒汉语教学有借鉴性和启发性的文件。据不完全统计，国内外几乎每个汉语教学机构都开设了报刊类新闻类课程，可以说，报刊新闻汉语与商务汉语教学一样，是汉语作为第二语言教学领域中的热点。从北京语言大学新闻类汉语教学与商贸类汉语教学发展过程来看，新闻类汉语教学出现得比商贸类汉语教学要早，今后新闻类汉语教学的发展完全可以参照商务汉语教学的典范，进一步开拓传媒汉语教学及其研究的新阶段。

## 二、报刊阅读类教材现状

对外汉语教学精品课程书系的《汉语报刊教学理论与方法》（北京大学出版社2007年版）对现行报刊教材编写进程作了如下梳理：

第一阶段：1978年，北京语言学院正式创办四年制留学生现代汉语本科专业，并对长期进修和短期进修班的课程进行调整，在课程计划中安排了报刊课，报刊教材的编写拉开序幕。有9种教材：1981年，北京语言学院长期班教材《报刊教材》；1983年，李振杰等编写《报刊语言初阶》；1983年，白玉坤等编写《报刊选读》；1984年，李振杰等编写《报刊论文选读》；1984年，白玉坤等编写《报刊语言基础》，多次改版；1986年，武彤《报刊时文选》；1986年，南开大学《报刊新闻文选》；1986年，广州华侨学生补习学校《报刊文选》；北京语言学院三年级《报刊阅读教程》，四年级《热门话题》。

第二阶段：20世纪90年代，在《汉语水平等级标准和等级大纲》等文献指导下进入学科深化期。有7种教材：北京语言学院二年级《报刊语言基础》修订再版，三年级《高级汉语——报刊阅读教程》上下册，四年级《当代中国话题》；北京大学《读报刊看中国》初中高三册；施光亨《新闻汉语导读》；张凤格《中国报刊导读》、《中国报刊趣文选读》；1999年，王世簧《报刊阅读教程》；1999年，白崇乾《报刊语言教程》。

第三阶段：21世纪。有11种教材：2000年，吴丽君《新编汉语报刊阅读教程》；2000年，黎敏《新编汉语报刊阅读教程》；2004年，吴成年《读报纸学中文——中级汉语报刊阅读》和《读报纸学中文——准高级汉语报刊阅读》；张和生《中国媒体看韩国——汉语新闻语言教程》；2004年，周上之《中文报刊阅读教程（德文注释）》；2004年，王海龙《报纸上的中国——中文报纸阅读教程》，面向海外英语背景学生；朱建中《轻松读报——中文报刊泛读教程》；肖立《报刊语言基础教程》；2005年，吴雅民《读报知中国——报刊阅读基础》；2005年，刘谦功《汉语新闻阅读教程》、《当代话题——高级阅读与表达教程》。

新闻类汉语教材样式方面，现有教材有些以关注报刊语言规律为主，例如较早的《报刊语言基础》；有些以新闻类文章为内容，例如施光亨的《新闻汉语导读》，刘谦功的《汉语新闻阅读教程》；有些以报刊文章为主，例如《当代中国话题》；有些除了新闻类文章，还有读者来信、调查报告、外汇牌价、广告等，例如《中国报刊导读》。还有张和生的《中文媒体看韩国——汉语新闻语言教程》，角度也很新颖。

总体来看，报刊、阅读是传媒汉语教学教材的主旋律。目前传媒汉语教材内容以报刊为主，报刊教材内容以新闻为主，有些兼选广告；技能训练以阅读为主，有些报刊阅读教材融入听、说、写的练习；教材组织形式有的以课文为主，有的以话题为主，有的以技能（阅读微技能）训练为主，有的以报刊语言规律为主；教材编写所遵循的教学理论方面，有以结构为纲、以功能为纲、以交际法为纲、以任务为纲、以文化教学为纲等；教材练习方面，有的偏重语言结构，有的偏重交际功能，有的偏重学习任务；教材篇幅方面，以单册为主，少许上下册，很少系列教材；其中单课型教材和直线发展式教材比较多。

目前，传媒汉语类教材存在两个方面的主要问题：一是目标还不够明确。由于缺乏教学法研究，缺乏对学习者需求的调查，教材以广泛话题为定位还是以专门话题为定位不明确，导致词汇量失控，内容更新慢；二是适用角度仍然比较单一。由于对学习者年龄、母语背景、文化层次、专业背景、语言水平、学习目的、语言学习经历、语言学习环境、语言学习习惯、阅读习惯、对练伙伴等学习者相关信息知之甚少，因此目前传媒汉语类教材选择情景具有很大的随意性和个人偏好，不能满足学校教育和社会上语言教学机构以及课后自学等不同方式学习者的需求。

传媒汉语教材编写需要依托新的理念，突出针对性，加深对汉语媒体语境研究，需要注意适应时代发展，形式上追求多样化，调动学生积极性，做到固定教材和补充教材相辅相成，做到文体多样性，满足普通教育、预备教育、专业教育、课堂教学、一对一教学、远程教学（广播电视函授、网络等）的不同需求。传媒汉语教材应该是嵌入式教学理念指导下和动画技术支持下的多元化数字化教材。（详见本书第二部分第五章）。

# 第二章 传媒汉语教学定位和特色

## 第一节 传媒汉语教学定位和再定位

通过以上对传媒汉语教学的发展和传媒汉语教学教材的分析,我们可以看到,传媒汉语教学开展较早,但是总结和研究还很不够。此外,从事汉语教学以及研究的人群对日新月异的传媒领域认识非常落伍。身处中国传媒大学,我们对这个问题有相当的紧迫感。要展开传媒汉语教学的实践和理论研究,我们需要对传媒汉语的教学对象、目标和习得阶段等问题进行思考,从总体上把握传媒汉语教学定位,以便开展大纲、课程、测试的研究。

### 一、目标需求——传媒汉语教学定位

近年来,世界范围内加入汉语热的潮流进而学习汉语的人数急剧增加,留学生汉语学习要求也呈现多元化趋势,目的性、实用性更强。汉语教学进一步专业化、专门化的趋势越来越显著。对日趋增加的来华从事传媒工作的留学生、有专门需求的留学生来说,通用汉语教学逐渐不能满足他们的需求。有些学生花了很多时间和力气经过通用汉语学习"入系"以后,仍然不能适应专业课学习,往往在一、二年级就出现多门课程不及格、被迫退学的情况。事实上,外国留学生汉语水平达到高等水平,甚至只有中等水平时,就都面临专业择向问题。

随着传媒技术的发展,选择传媒方向进行深造的人越来越多,在日益庞大的学习汉语的人群中,有不少人对中国广播电视行业倍加关注。各国高等学校及各类专门学校学习传媒专业以及相关课程的学生,他们希望将来从事与中国有关的传媒领域工作,希望通过了解中国广播电视以谋求从事传媒工作;有些已经是其本国的广播电视从业者,他们意欲或者已经从事与中国相关的新闻业界工作,希望了解中国广播电视系统,在业界深入发展。

目标情景需求决定传媒工作者面临的交际任务及应对技能。基于目标需求,我们可以将传媒汉语教学定义为一种呈现于媒体、产生于以汉语为交际手段的传媒领域活动、在传媒领域进行工作和交流时所使用的、有别于普通汉语的专门用

途的汉语教学。

从目标情景（target situation）看，情景包含了说话人、听话人、话题、环境、信道（交往方式——口语、书面语、手势等）、语码（使用的语言、方言、文体）、信息形式（闲谈、辩论等）、事件、目标（对交往事件预期的结果）等许多成分。据陈芳、郭鹏的《商务汉语教学需求分析的内涵和框架》（《沈阳师范大学学报（社会科学版）》，2008年第4期）介绍，Dudley Evans和John把ESP主要交际技能分为五项：阅读、听力（listening to monologue）、口头交际（listening and speaking, spoken interaction）、口头陈述（speaking monologue, representation）和写作。语言综合交际能力大致可以概括为：谈话时的自信、流利，有组织信息的技巧，传情达意准确，不含糊、不让听者费劲，掌握快速、复杂或者不完整话语的策略，具有理清、检查模糊信息的能力，能迅速反应他人言论，发音及表达清晰。因而，传媒汉语听说的技能可能包括采访问答，读的技能可能包括看懂报刊社论，写的技能包括编写新闻稿件等。

作为与中外交流相关的媒体采编记者，需要具有汉语听说读写能力，运用汉语从事传媒工作、交际的能力，更需要了解传媒汉语的文化因素和中国传媒政治文化。他们的汉语交际任务及技能可能包括：采访时的交谈，看懂汉语的报纸、信函、传真、电子邮件等，知道汉语的语体、特征及使用技巧，如语篇、功能、结构等。而且传媒汉语目标情景不仅仅局限于传媒领域，还涉及政治、科技、经济、文娱等社会活动的方方面面，目标需求分析也还有文化因素的介入。传媒属于意识形态范畴，传媒汉语教学在跨文化的背景下展开，根据奥克萨（Oksaar）的"文化元素模型"，由文化差异造成的障碍属于"最高层障碍"（钱敏汝，1997），上述种种列举是无法穷尽的。

从职业经历看，与中外交流相关的媒体采编记者，包括传媒专业研究人员、在读学生和从业人员，其中在读学生是职业前学习者，从业人员是职业后学习者。职业前学习者在学习汉语的同时，还要学习传媒知识。职业前学习者由于职业还没确定，或者学习汉语仅是出于朦胧的兴趣，因此对于未来的汉语使用环境也不甚了解。有的学者认为应该将基础语言教学与专业知识教学分开进行，学习者要具备了一定汉语基础和专业知识以后，再进行专门汉语教学，着重排除传媒工作中的语言障碍。有的学者则主张语言和专业知识同时并举，运用内容教学法（content－based teaching），在学习专业的过程中，同时学习语言。职业后学习者已经具有一定传媒知识及工作经验，学习传媒汉语的目的是掌握汉语中相关词汇及中国文化，以便有效开展对华工作。他们的学习需求比较明确，学习目的主要是排除语言障碍，无需过多的专业知识训练。

## 二、学习需求——传媒汉语教学再定位

目的需求分析着眼于学习的起点和结果，学习需求分析则关注学习的过程。

我们认为,传媒汉语作为一门专门用途汉语,不仅是目的,也是一种手段和过程。从学习的过程来看,传媒汉语教学对象除了传媒专业的从业人员和在读学生、研究人员,还有希望利用传媒习得汉语的社会大众。基于目标需求,我们可以将传媒汉语教学定义为一种呈现于媒体、产生于以汉语为交际手段的传媒领域活动、在传媒领域进行工作和交流时所使用的、有别于普通汉语的专门用途的汉语教学。基于学习需求,我们可以把传媒汉语教学定义为一种语言习得环境借助媒体有别于传统学习过程的汉语教学。

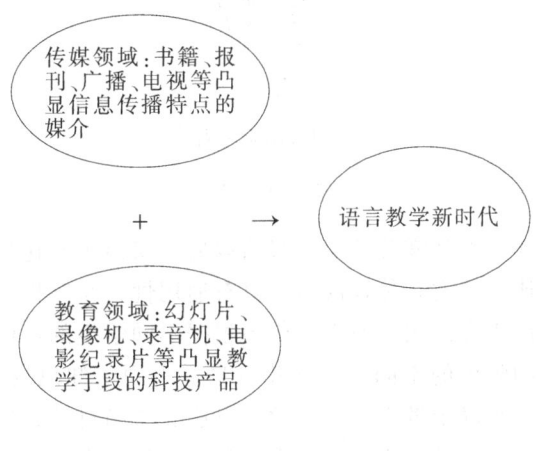

图 1—2—1

所谓多媒体,指的是媒体技术的不断整合。随着数字化技术的发展,原属于娱乐和教育领域的"电化媒体",如幻灯片、录音机、录像机、纪录片电影等科技产品,与原属于传媒领域的书籍、报刊、广播、电视等媒介产品,在"新媒体"时代重新整合,都可以成为数字化汉语教学资源的组成部分。利用媒体习得语言以及了解社会和文化已经成为不可阻挡的发展趋势。

接触媒体汉语是与当今中国百姓思想近距离接触的最佳方式,这种属于学习需求的汉语学习者,通过接触媒体汉语是习得汉语并了解当代中国社会、文化的最佳方式。大众传媒每天涌动着世界的最新变动,传播着形形色色的见解、对立的观点、不同的意识形态,需要传媒汉语教学去引导学生理解、识别、解读。

传媒汉语学习者对传媒汉语教学的需求不一,学习需求的层次和类型错综多样,传媒汉语教学呈现广阔的空间和丰富的层次性,这是传媒汉语教学与其他专门用途汉语教学非常不一样的地方。今后,社会、市场对这种专项用途汉语教学的传媒汉语教学需求会非常强烈,我们应该积极应对,以满足这种需求。

### 三、传媒汉语教学研究的需求

通常来说,专门用途外语教学的对象有研究层次、教育层次和职业层次。我们认为,传媒汉语教学对象还应该包括"媒介"层次。传媒汉语教学针对的人群,除了传媒从业者,还应该包括借助传媒来习得汉语这一庞大的人群。

下图呈现的是所有学习汉语的人群,传媒汉语既具有专业人士的针对性,又具有社会群体的普遍性。

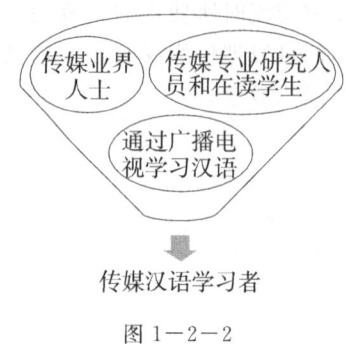

图1-2-2

通常情况下,学习者从零开始学习汉语以后,汉语水平达到初中等时开始接触专业语言学习。比较来看,传媒汉语更具有通用性、交际性,应该在第二阶段甚至更早一些时段加入专门用语教学。应当根据不同学生的不同需求来设计传媒汉语课程,根据不同学生的不同语言文化背景、不同认知风格、不同学习阶段、不同学习条件等因素来确定教学原则和教学方法。应当自然、科学地融入专业汉语内容,而不给学生设置某些不合理的先决条件(如要求先学一年基础汉语等)。

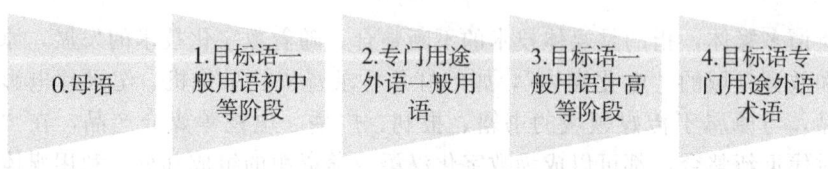

图1-2-3

传媒汉语内部也应该是具有较丰富的层次性,既有初级前期(零起点)与初级后期(基础级)之间的层次,也有初级与中级之间的层次,还有中级与高级之间的层次。传媒汉语的教学设计不仅要指向高级,而且应该着眼于基础。

基于以上认识,传媒汉语教学大纲应该体现传媒汉语教学的理论思考,体现传媒汉语教学理念。我们的基本认识是,传媒汉语教学意指建设国际汉语传媒领域人才语言教学全程培养机制,让学习者扩充已有汉语基础,引导学习者熟悉传媒语言交际特点,启发学生通过传媒汉语获取信息,进行思想交流。

课程设置方面,基础阶段传媒汉语与普通汉语有较多的重叠,但是也可以有一些自身特点。例如教学生识别汉字的同时,可以展示一下报刊文章"宋体"、"楷体"、"隶书"等不同字体,算是媒体阅读的初始阶段,便于学生尽快融入报刊网络等文章的学习之中。随着层次的提高，传媒汉语的专业性不断增强，与普通汉语重叠现象越来越不明显。例如中级词汇拓展阶段可以有目的地更多地介绍媒体用语，在高级阶段则有针对性地训练记者访谈用语、主持人表达技巧等等。

传媒汉语教学的课程设置，可以有学历教育和非学历教育的课程设置，有全日制学习和非全日制学习的课程设置，有集中学习和"自由"学习的课程设置，除了综合语言技能学习的课程设置之外，传媒汉语课程设置应该具有"急用快学"的特点，灵活设置单项语言技能学习，例如播音正音培训。

在入门学习阶段，除了常规汉语教学，可以设置报刊语言基础、中级报刊语言精读等专业课。在提高学习阶段，可以设置传媒新词新语，新闻写作，广告写作，汉语广告语变迁，新闻听力，报刊阅读，报刊文化课，热门话题课，电视新闻视听说，主持人语言表达技巧，媒体汉语泛读，中国媒体语言国情政治术语、简称缩略语、熟语、流行语介绍，新闻标题句式分析，新闻发布会解读，等等，这是专门目标的传媒汉语的主体课程。（详见本书第三部分第三章）

教材方面，传媒汉语教材编写需要依托新的理念，突出针对性，加深对汉语媒体语境研究，需要注意调动学生积极性，适应时代发展，形式上追求多样化，做到固定教材和补充教材相辅相成，以及文体的多样性。传媒汉语教材应该是嵌入式教学理念指导下的动画技术支持下的多元化数字化教材。我们需要通过调查问卷、面对面的访问、跟踪调查等方式和渠道来获得传媒汉语学习者的需求状况。成熟的专业报刊类、新闻类教材的编写样式都具有充分调查基础和多年教学经验积累，对于我们的研究很有帮助。（详见本书第三部分第四章）

测试方面，我们认为传媒汉语考试无疑是专业化和多样化的考试，应试者可以根据自己的职业需要，在不同难度、不同内容的系列考试中选择适合自己的考试。例如有些专门化考试比较接近高度特殊目的的民航飞行英语测试、导游日语测试等语言测试，方式上更呈现系列化特点。

传媒汉语测试是基于对传媒汉语应用的分析，测试内容反映现实中传媒汉语使用情况，测试中受试者语言能力与测试任务交互作用，对受试者在传媒领域使用汉语的能力作出评估（转引自王芳《特殊目的语言测试与商务汉语考试》，《汉语教学学刊》第4辑）。借鉴中国传媒大学传播声学研究所研制的《普通话水平测试自评系统软件》，我们还可以开发传媒汉语考试应试自学系统和自我测试系统。

国家汉办2002年《高等学校外国留学生汉语教学大纲（长期进修）》指出，中级汉语应"能读懂一般性的新闻报道，阅读速度为每分钟120—150字"，而高级汉语应"能读懂报刊上的一般性文章，阅读速度为每分钟200—260字"。这种纲领性要求可以作为报刊阅读测试的参照。（详见本书第三部分第五章）

## 第二节 传媒汉语教学理念上的特色

传媒与中国社会生活密切相关,传媒汉语与"通用汉语"水乳交融,比起其他行业的专门用途汉语教学来说,传媒汉语教学与"通用汉语教学"充分叠合。然而,传媒汉语教学应该具有自己的鲜明特色。我们想要强调的,一是传媒汉语教学理念的特色,二是传媒汉语教学教材的特色。关于教材的特色,我们将在第二部分详细阐述。

### 一、嵌入式教学理念

随着汉语教学需求的增长和汉语教学技术的发展,未来的汉语教学必定会有两个发展趋势:一是内容专项化个性化,二是教学手段多样化和教学形式多元化。未来的教育必定是嵌入式的,嵌入式教学是汉语教学未来的理念。

嵌入式教学的理念来自广告学对"嵌入式广告"的研究成果。以往的广告对受众来说是宣传式的、轰炸式的,这种广告曾经获得巨大的经济收益。但是随着受众对媒体认识清醒程度的提高,广告也渐渐被人反感和拒绝,广告业从广告本体的研究开始转向对广告接受的研究和广告经营策略的研究。"嵌入式广告"则是一种新型广告播出理念,它基于对用户生活常态的全方位调查,在适当时间、地点,以适当方式对广告接收者展示广告,让接收者在"润物细无声"的状态下接受广告内容。嵌入式广告概念的出现被称为广告业拐点。什么是"嵌入式广告"?当广告不是广告的时候,就是嵌入式广告。

同理,教育长期以来被认为是"崇高"的"教书育人"的工作,学习者接受的是灌输的东西。也有不少教育专家注意到"寓教于乐",实际上教育者与被教育者的融洽程度远远不够。未来的学习应该是"教"与"乐"的和谐一体,未来的汉语教学应该是学习的需求与学习的指导和谐一体,未来的学习应该是生活常态中自然而然的部分——教和学都应该是"嵌入式"的。

多媒体技术介入教育,伴随着教育理念的更新,也促进着教育理念的革命。对教育活动的认识方面,人们渐渐认识到游戏与教育一体的问题;教育理论方面,从行为主义到结构主义,再到建构主义、认知理论,再到社会建构;教育模式方面,从古老的私塾教育到现代教育的课堂教学,再到个性化、开放式教育,教育正从必然王国走向自由王国。

上述一次一次的渐变,也是一次一次的推进,多媒体技术的发展和跃进都在这个教育现代化进程中起到推波助澜的作用。多媒体技术支持下的多媒体教学和多媒体教材,使得学习更加快乐,更有娱乐性,更加"游戏化";新媒体技术支持下,教育活动脱离了时间场所的束缚,更多地服务于终生教育、开放教育、非正式教育,更能服务于个体。

多媒体技术与现代教育联手，渐渐地从被动地服务教学转向引导教育形式的新潮流，从传统课堂教学的附庸转向促进教育实现社会建构新理念的手段，促进教育理念的全面现代化。多媒体教学将进一步全面数字化，教育的含义也逐步脱胎换骨，数字化教学中的技术与人文逐步浑然一体，如同巨人滚石，发展势力无可阻挡，共同完成着人类教育事业再生。

表1-2-1 教育新技术引发的学习方式的变革

| 教育的发展历程 | | 学习样式的变化 | 学习理论的沿革 | 游戏含义的变迁 |
| --- | --- | --- | --- | --- |
| 教育的朦胧阶段 | | | | 游戏的朦胧阶段 |
| 教育的觉悟阶段 | 私塾教育 | 电化教学 网络 多媒体 B—learning E—learning M—learning 数字化教学 移动流媒体 …… | 行为主义的学习理论 结构主义的学习理论 建构主义、认知理论 社会建构理论 | 游戏与教育相背离的阶段 电子游戏，游戏与教育的对抗 |
| | 课堂教育（大教育思想） | | | |
| | 远程教学（现代教育技术的加入） | | | |
| 教育的自由阶段 | | 更加先进的教育技术 | 更加科学的学习理论 | 游戏与教育相辅相成 |

教育与游戏，在教育的懵懂阶段直接同一，本是混同一体。教育形式化之后，教育之成为教育，开始与游戏分离。游戏和教育似乎成为两股道上跑的车，其各自的宗旨似乎是相悖的。教育的初始阶段是私塾教育，之后发展为大众化的课堂教育，教育以及学习方式的每一步变化、变革，总是与社会思想的转变、科学技术的发展密切相关。不同时代的很多教育家哲学家都注意到，教育不应该是狭义的、局限的，在一个大教育的范畴里，游戏是剩余能量，游戏是一种人生体验，游戏是一种认知工具，游戏是一种创造，……各个历史阶段的各种精辟的论述不一而足。

人对教育的期待，是教育从形式化走向制度化。教育在科技的助力下，将会成为全民的社会活动。在学习的必然王国里，游戏将再次和教育在更高层次上合而为一。由于技术的支持，人们所期待的面向未来的学习、开放的学习和自主的学习，不再是空想。20世纪以来，现代教育技术成为推动学习方式变革的强大力量。多媒体技术、现代信息技术、网络技术等与教育联姻，出现了B—learning，E—learning，还有M—learning等多媒体教学概念。

## 二、游戏教学的理念

电子游戏技术一直走在多媒体技术发展的前沿，尤其是基于三维仿真技术的模拟体验类游戏愈来愈受到人们的喜爱。电子游戏的愉悦娱乐特性曾经为有些家长和学校深恶痛绝，被视为教育的敌对面，但是电子游戏却从个人行为发展到成熟的行业产业，势头锐不可当。其实，录音机、录像机等一些电子技术也都是先用来娱乐，而后用于教学，促成寓教于乐，电子游戏也可能为我们善加利用。

现代游戏技术采用虚拟现实技术，以数字化的形式体现情节，实现互动，可以表现常规情况下难以实现的内容，因此已经用在技能、反应的培养训练中。如军事的战争策略、陆战、海战、反恐、突发事件等教育软件都已经开发，普通教育中的建筑设计、汽车设计、石油管道设计、股票交易、赛场分析等游戏软件也有开发。这种训练工具源于电子游戏的教育游戏，能降低成本，而且自由便利，作为现代教育技术的多媒体教学的一种形式，能为学习的革命助威。

教育游戏，又称学习型游戏（Edutainment，Educational Games），是教育软件和电脑游戏的结合。我们认为，教育游戏的利于反复使用、能分析评估、能强化其中关键要素等特性完全可以用于语言教学。对外汉语教育工作者应该重新思考和定位游戏与教育的关系，如果游戏的长处被我们揭示和利用后用于对外汉语教学，必将有效地提高效率。

教育和游戏的理论探讨方面：美国2006年举行的美国科学家联盟教育游戏峰会体现了政策制定者、高校教育技术专家、教育软件公司、游戏公司、教师和学生、竞争策略专家等几方面的人才共同参与的研讨；关于网络游戏教育价值，美国得克萨斯大学IC2学院设有专项研究；关于教育游戏与传统课堂的结合，英国Becta机构设立的试点研究项目已提出完整报告。国内的研究，有人提出游戏的成就模型，有人提出游戏融入课堂教学的三种模式，有人提出"轻游戏"理念等等。

教育游戏的开发方面：美国Game2 Train公司、加拿大"用游戏开发智慧"公司，英国、法国、韩国等，都有比较成功的教育游戏产品。在中国，已设立十多家教育游戏研究基地，各地都有类似北京科利华这样的教育游戏开发的公司。目前开发的教育游戏类型，主要有角色扮演类、即时战略类、策略与战棋、模拟经营类、虚拟环境、合作学习等。

上述教育游戏开发的公司和网站，都有语言教学类游戏。语言教学游戏还零星出现在语言教学网站，如歌德学院网站、英国大使馆英语在线网站、VOA慢速英语网站等。主要形式有：配对练习、打字练习、单词记忆练习，还有一些发音练习等。总体来说，语言类教学游戏数量规模有限，形式也不够多样。

我们感到，一方面是日新月异的游戏技术越来越吸引眼球，一方面是教育游戏陷入困境，"叫好不叫座"，这中间的差距需要我们对外汉语教学工作者发起"头脑的风暴"，打开思想的局限，从游戏技术出发，大胆探索语言教学游戏的可能性。例如：

俄罗斯方块，在语言教学中可以看作"两拼合"、"两碰撞"，既可以做声母韵母拼合练习,也可以做名词、量词拼合练习,还可以做动词、补语拼合练习。

玛丽吃草莓的游戏,可以练习"打"这样的动词,"打"吃"人"、"球"得分少,吃"毛衣"、"票"、"酱油"等得分多;

麻将,可以做成把字句和牌练习。

博彩,可以把词汇分为名词组、动词组、助词组等,游戏者压骰子,只求在开心一笑中加深单词记忆。

目前更吸引玩家的游戏是多玩家游戏、基于内容的游戏、高冲击的视频游戏,如果将这些游戏技术全面地服务于语言教学,会给传统课堂带来全新的活力。

在教育游戏的探索还不充分的阶段,我们认为,游戏贵在"精"和"小",作为一个有趣的小课件来辅助传统课堂教学。各式各样的小课件按照统一模板标注,形成便于检索的"积件库",会极大地方便教学。

新的学习理论和新的技术手段为教育游戏的研发提供了理论支撑和技术支撑。对外汉语教学日益多元化为教育游戏的研发展开新天地,提出新要求。开发对外汉语教育游戏可以整合已有的课堂教学经验,可以提炼现代汉语的研究成果。对外汉语教育游戏可以成为传统课堂教学的有效补充,又可以为对外汉语教学研究、现代汉语研究、学习理论研究、现代教育技术研究带来新视野。

教育游戏目前的开发困境并不是开发工作不可行,而是开发商、教育专家、软件专家等几方面的通力协作不够,或者说这几方面的通力协作还需要好的研究、好的理论做指导。来自学生、教师、学校等人群对教育游戏的期待值很高,我们必须清楚地了解、归纳这些要求,也就是说,我们需要知道,在学生、教师、专家的眼里,什么样的课堂教学是成功的,什么样的语言教学是成功的,什么样的多媒体教学是成功的,以此我们推衍出教育游戏的评价标准,以期在开发工作开始之前明确方向。

## 第三节 传媒汉语教材——数字化资源库建设

### 一、相关概念

第二语言教学的全过程和全部教学活动概括为总体设计、教材编写(或选择)、课堂教学和成绩测试四大环节。其中课堂教学是教学的中心环节,课堂上把教学内容有计划、有组织地展示出来,一节完整的课堂通常可以划分为若干个教学环节,一个教学环节就是对某一项内容的具体处理,如要集中处理一个教学单位的生词,生词处理就是一个教学环节,如要围绕一个话题进行交际性练习,这又是一个教学环节。每一个教学环节的实施都需要有相应的教学材料提供支持。

教材是教学四大环节中基础的部分，教材反映了培养目标、教学要求、教学内容、教学原则；同时，教材又是课堂教学和测试的依据。教材体现了教什么和怎么教，教材水平的高低不仅能反映教学理论和教学法研究的深度，而且在很大程度上决定教与学的效果。刘珣（2000）认为在教学活动的四大环节中，教材占有很重要的地位。它是总体设计的具体体现，反映了培养目标、教学要求、教学内容、教学原则；教材又是课堂教学和测试的依据……教材水平的高低不仅能反映教学理论和教学法研究的深度，而且在很大程度决定教与学的关系。如果没有科学理论的指导，各项教学活动都只能盲目从事，不但不会有根本性的突破，连起码的教学质量也难以保证（吕必松，1999）。

随着科学技术的进一步发展，特别是计算机技术与通信技术的发展，教育理论的更新、多媒体教材的制作方式和制作手段也会相应发生变化。传媒汉语教学的教材应该不同于传统纸质教材，无论教材编写的理念方面，还是教材呈现的技术手段方面，都应该跟进传媒领域的全新进展。在如今教育学、心理学的理论支撑下和计算机技术的发展背景中，多媒体课件已从线性知识结构的电子幻灯、网状知识结构的交互式课件向智能化、网络化方向发展。传统课本式汉语教材已经不能满足国际化汉语教学的需求。多媒体教材以其直观性、便捷性、交互性等特点越来越被人们所重视。一个好的多媒体教材能够有效地激发学习者的学习兴趣，使其产生强烈的学习欲望，达到良好的人机交流和生生交流。随着国际汉语事业的推广，数字化汉语教学成为对外汉语教学的新趋势。汉语多媒体教材的编写正是在这种趋势的推动下产生的，其目标之一是以现代科学观念加强对外汉语教学学科理论研究，不断完善和深化学科建设，为数字化汉语教学奠定坚实的学科理论基础。

传统"言传身教"的课堂教学已经沿用了数千年，在教学中具有不可替代性。但是随着教学理念、教学需求的变化，这种教学模式的弊端也逐渐地显现出来。传统方式难以满足学生的个性化需求，在课堂教学中教师一般采用统一的教学进度，难以顾及全体学生在知识程度、学习风格、性格能力等方面的差异，只能适应部分学生的需要；传统方式受时间和空间的限制；传统的课堂教学模式下只能在固定的时间和地点进行学习，由于各种条件的限制，能够来到国内学习汉语的外国友人毕竟是少数，而传媒汉语教学对象来自世界各国，所以传统的课堂教学无法满足现有的需求；传统方式教学手段相对单一，一本书、一块黑板、一支粉笔，在教室环境下，教师难以营造生动的语言教学环境；传统方式教学资料形式单一，信息输入有限，无法为学生提供丰富的视觉和听觉刺激，从而难以全面调动学习者的全部感官参与学习，取得最大的学习效果。传统课堂教学注重知识传授的系统性,而听说方面的训练量不足,教师很难在课堂环境下为学生创造更多的听说训练的机会;传统对外汉语课堂教学模式以教师为中心,教师作为教学活动的组织者发挥重要作用,课堂一般按照"组织教学——复习旧课——导入新课——讲授新课——巩固新课——布置作业"的固定环节进行,而在讲授环节中,教师通常围绕某个孤立的语言点、句式结构或语法知识采用"Explanation——Example——Practice"三段式教学法。

进入21世纪,在日新月异的多媒体技术和传媒技术的影响下,教育领域学习方式的概念、教材的概念都已经发生重大变化。多媒体技术引入到课堂对于对外汉语教学的影响非常大,在语音、汉字、词汇、语法、文化、口语、阅读等各个方面都提高了教学效果。如运用录音媒体进行标准化的范读,并让留学生进行正音、正词、正调的跟读,运用动画动态展示汉字发展演变,可以展示汉字部件进行灵活教学。

多媒体技术支持下的教学资源有利于全面优化课堂教学,激活学习者的学习兴趣与动机,培养观察能力,变被动学习为主动学习,促使教学内容更丰富,教学方法更多样、更灵活,大量的文字和非文字信息极大地改善了教学环境。

以汉字教学为例,IQ Chinese 推出的 Type to learn Chinese 新型教学模式,并将这一模式的应用从电脑迁移到手机端。手机作为移动学习设备已经较为普及,而 Type to learn Chinese 汉语教学模式的出现,相信会对对外汉语移动学习有所启示。

人们对多媒体教材的认识源于电化教学的概念,认为给纸质教材、教辅类杂志配套上磁带、光盘即是多媒体教材。随着多媒体技术的发展及教学实践的不断创新,多媒体教材的含义也产生了变化,根据观察,以下六种形式可以看作广义的多媒体教材,即计算机辅助教学软件、广播电视节目、立体教材、语料库、语言教学网站、教育游戏。纸质教材的固化模式渐渐演变为多媒体教材,在多媒体教材中教材的量词不一定是"本"、"册"或者"套"。

从文本、图片、音频、视频、动画到交互式多媒体课件、游戏,甚至虚拟社区,对外汉语教学资源的制作结合了最新的计算机技术。教师备课时利用多媒体的集成特征与网络化和存储技术相结合,可以获取大量的文字和非文字信息,可以灵活、快速、高效地调用国内外信息资源,可以充分利用各种教育软件、资料及信息源,这种方式具有令人兴奋的前景(Ponterio,1999)。

随着网络视频、手机、VRML、语料库等技术的成熟,结合对外汉语网络教学,必将推出一部分新型对外汉语教学模式,如基于语料库的"数据驱动语言学习(DDL)模式"。就拿汉语教学网站来看,以网络为依托的教学模式有:基于Podcast的自主学习、基于虚拟社区的自主学习、基于交互式多媒体课件的自主学习、协作学习、同伴学习、1对1个别化教学(借助Skype等工具)。再拿语料库语言教学来看,可以给学习者提供丰富的语境,有利于学习者语言知识的建构。

我们注意到,多媒体时代的教材成为对学习者有帮助的工具的总称。现有的一些多媒体教材要么是"生素材",原生态的语言材料没有经过筛选,不能直接生成教材;要么是"死素材",已经做好的课件系统内容或技术过时;要么是板结的"硬素材",只是一厢情愿的单向灌输,没有使用时变动的空间,不能加入学生自主的反应。理想的传媒汉语教学数字化资源库应该能够体现"资"与"源"的流动,像一台万能工作母机,能制作和提取出各种所需的零件,让汉语教学师生双方都可以根据实际需要自由选取和直接享用。

数字化的多媒体教材需要向着教学资源库的概念前行。全立体的多媒体教材运用多媒体教学的先进手段,如终端软件互联网等,可改变传统的被动学习局面,让学生成为机器和设备的主人,完全可以根据自己的意愿控制学习,从而建立起自信心,消除焦虑和紧张感,充分体验在学习过程中的主体作用。数字化语言教学资源库有利于创建新型教学结构。

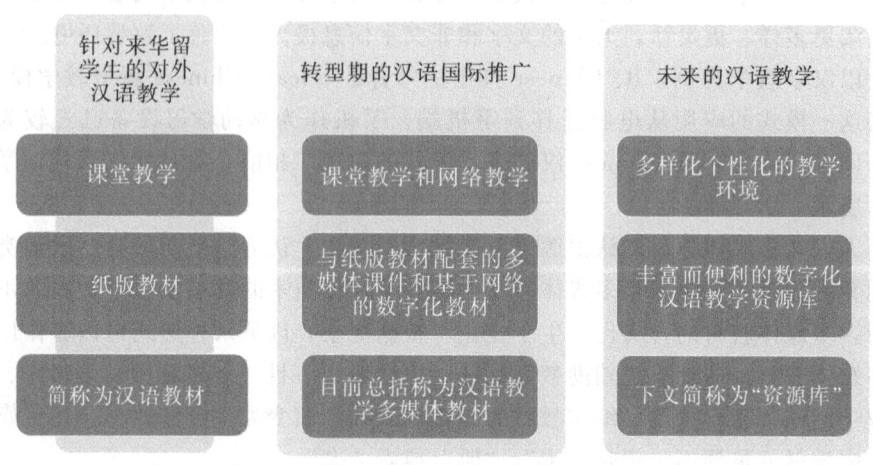

图 1—2—4

## 二、资源库建设的必要性

多媒体教材开发是一项庞大的系统化工程,我们必须把这项工作的视野从传统意义的教材编写领域拓展到资源库建设领域。

多媒体资源库是一种现代信息技术和现代教学理论的集成体系。在近期教学研究和实践中,心理学、社会学、信息论、控制论、系统论、各种教学和学习理论等都已得到广泛应用,但只有在现代计算机性能大幅度提高的情况下,多媒体技术、数据库技术、面向对象技术、网络技术、人工智能技术等高度发展和在教学中成功应用的情况下,多媒体资源库的构筑才得以真正实现。构建多媒体资源库的技术包括：

多媒体技术。多媒体技术对于教学内容的最优表现和建立友好的人机交互界面是多媒体教材应用的魅力所在。多媒体技术与超文本技术的结合即超媒体技术，能使各种媒体的教学信息有机地链接起来形成有效的学习系统。

数据库技术。数据库技术是建立多媒体资源库的关键技术，以成熟的数据库技术集中管理教学内容、教学控制信息、学生反馈信息，这对于教学内容的更新、资源共享和分布式网络利用等方面是必要的和有效的。

面向对象技术。面向对象技术对于复杂知识单元的结构表示、多媒体资源库的构件化集成、信息处理模块的整合等都是至关重要的。

网络技术。网络技术能使教学环境不受地域空间的限制，在生活网络化、网络生活化的时代里，在计算机支持的协同工作的教学模式下，网络技术使多媒体资源库同时具备个性化和群体性两种学习方式的优点。

人工智能技术。人工智能技术在理解学习的结构特征、知识的表示、人机一体化的智能学习界面、培养学习者从多媒体资源库里发现知识的能力等方面发挥了重要作用。

多媒体资源库、多媒体教材开发工具和计算机及网络技术之间的有机结合是保证多媒体教材编写能否实现模块化的基础。多媒体教材的编写可以运用编写工具软件将多媒体资源库的教学资源整合，利用计算机和网络技术将多媒体教材发布以供师生使用，这一流程即体现了多媒体教材编写模块化的趋势。

这些多媒体资源库有着如下的鲜明特点：

1. 能存储巨大的信息量；2. 教学资源有多种表现形式，如文本、图像、影像、动画、声音和游戏等；3. 教学资源的结构可以采用层次模型（Outline 方法）、网状模型（超文本）、关系模型（关系型数据库）及对象模型（面向对象方法）来组织；4. 具有精品意识，多媒体应用于教学时，需要一定规格的硬件设备来满足其大容量的内容，同时在网络上使用也限制其不可太滥，所以多媒体资源库的素材内容必须经过精心挑选，表现形式的设计也要花费一定的心思和精力；5. 多媒体资源库的资源信息可供快速查询、实时存取和多路并发，满足多媒体教学的需求。

目前国内外语言教学与研究机构都在纷纷建设多媒体教学资源库。如美国的语言教育与研究中心（Center For Language Education And Research）和国内的网络孔子学院的资源中心都是比较典型的基于网络的多媒体资源中心。这些多媒体教学资源中心为语言教师和学习者提供着丰富的图形、音频、视频、动画等多媒体资料，尤其是美国的语言教育与研究中心还为使用者提供各种多媒体教材的编写工具以实现多媒体教学内容和在线交互型语言练习的编辑和使用功能。传媒汉语教学数字化资源库应该以这些资源为"源"，并加入到资源库的建设当中，为这些资源注"资"。

本书作为传媒汉语研究的发端之作，倡导学习目标的专门化和学习手段的现代化，传媒汉语教材样式应该不同以往的"通用教材"、"一般教材"、"普通教材"，教材样式应该是多媒体技术支持的专业化教材。本书第二部分以《汉语多媒体教材开发战略研究》（2010年圆满结项）研究成果作为基础，梳理多媒体教材的相关内容。下面内容是贺润黎、曹建勇、王融冰和张晗根据"项目"报告内容的整理。

### 三、资源库建设涉及的各方面因素

以下内容根据宋继华在《汉语多媒体教材开发战略研究》项目报告中的相关内容调整和改写。

传统教材从教学理念上说是灌输式的，从教材形式上则是单一的白纸黑字的书本教材。随着数字化时代的到来，数字化教材（以及数字化教学）的概念应运而生。传媒汉语多媒体教材应该突破传统的纸质平面教材的限制，采用人机对话的先进技术，形成多个部分互动联系的立体化教材。所谓立体化，不仅是教材编写突破个人行为，也不仅是教材配套和成系列，立体化教材应该是现代教学理念、现代信息技术和对外汉语教学需求三者相结合的产物，它以现代教育学理论尤其是建构主义理论为指导，通过多媒体和计算机网络技术等创新教学手段，提供图、文、声并茂的学习资源，便于学生自主学习。

立体化教材中，印刷时代单一的、静态的、历时的、线性的叙述文本让位于电子时代的动态文本。在教学内容呈现方式上，拥有包括纸质教材、助学/助教光盘、网络课件、电子教材等在内的多种载体；在教学资源上，既有听、说、读、写电子教案，又有语言测试题，还有影视多媒体资源；在演示方式上，既有文字表达，又有生动直观的视频、超文本链接、动画和图片等。立体化汉语多媒体教材应该以现代网络技术为依托，建设包括网络版、文字版、光盘版、电子教案、教学平台、教学网站等全方位立体化的媒体材料，创建对外汉语教学与学习环境，为在华留学生、远程学习的学生及教师提供服务。其中网络版教材还应包括视听说子系统、读写译子系统、教学管理系统、测试题库、多媒体素材库等，并在校园网及互联网环境下运行。

传媒汉语教学资源库的建设需求是迫切的，而传媒汉语教学资源建设涉及的因素有方方面面。我们需要对汉语教学资源建设工作的外部环境和内部环境加以分析，确定战略目标，即我们要开发什么样的对外汉语多媒体教材，然后再以此为指导展开具体的战略规划工作，部署人力、物力、财力等相关资源展开具体的多媒体教材开发工作。

从宏观层面来看，多媒体教材开发组织之外的、不能控制的但是对多媒体教

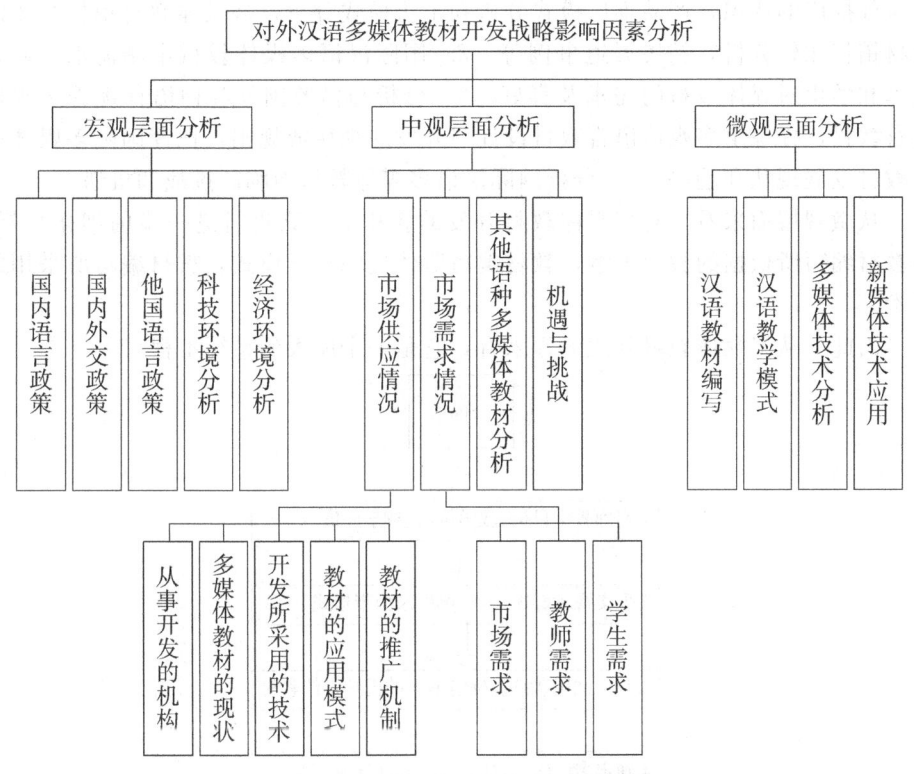

图1-2-5 对外汉语多媒体教材开发战略影响因素分析

材相关决策和绩效会产生影响的外部因素可能包括：1. 我国外交政策，他国相关语言政策，外语政策，外语项目等。如美国鼓励全民学习"关键语言"，汉语被列为第二位，因而推出"汉语旗舰项目"、"AP中文项目"等。2. 科技环境和经济环境，如我国政府每年在汉语国家推广方面的经济投入情况，而国外金融危机需要我们的语言教学政策来应对。

从中观层面来看，行业环境对多媒体教材开发产生直接的影响，我们需要根据多媒体教材开发的变化趋势预测未来发展的变化及趋势，深入分析多媒体教材开发的竞争态势和顾客需求的特点。把握国际汉语多媒体教材领域的行业状况要看四个方面：1. 汉语多媒体教材市场供应情况和竞争情况。包括五个方面内容：一是开发机构的情况，成立时间，理念，所开发的教材，机构的运营模式（企业运营、政府机构运营还是校企合作运营等），机构的特色，核心竞争力；二是汉语多媒体教材的现状，现有教材发行时间，教材目标群体（年龄、汉语等级、国家地区等），教材内容（课程类型、教材体例、教学模式等），教材类型（广播电视节目、CAI教学软件、教学游戏、立体教材等）；三是教材开发流程与关键技术；四是教材的应用模式；五是教材的推广机制，如多媒体教材和相关人员对教材海外推广的认识,产品推广模式分析和销售模式分析,多媒体教材销售与传统教材销售比较分析,销售渠道事例等。2. 国际汉语多媒体教材市场需求,调查教师和学生对媒体教材的需求及喜好。3. 分析与借鉴国外各种语种优秀多媒体语言教材,提炼出多媒体语言教材设计与开发的规律或规则,把握国际多媒体语言教材发展现状和趋势。4. 分析国际汉语多媒体教材面临的挑战和机遇。

从微观层面来看,对多媒体教材开发的各相关要素进行进一步的细化分析,如教材编写所依据的教学大纲,教材编写所体现的教学模式,教材编写所采用的技术。

因此,从多媒体教材开发流程来看,它是一个庞大的系统工程。

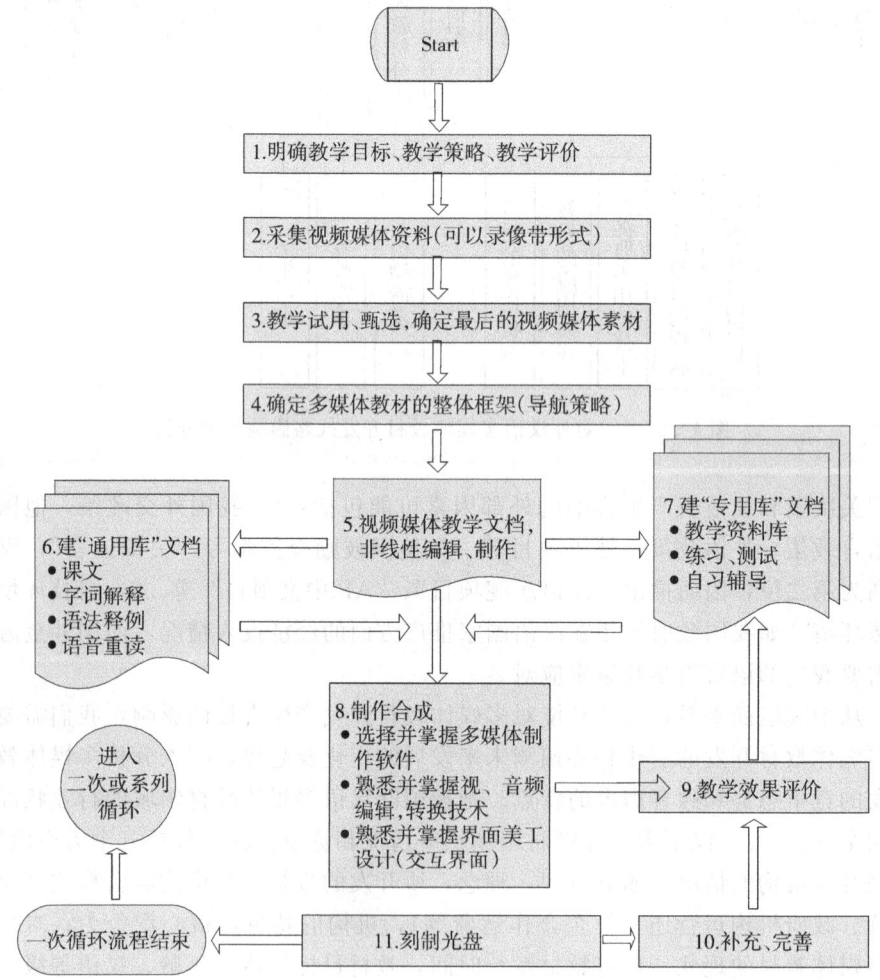

图1-2-6 对外汉语"视、听、说"多媒体课件制作流程设计

# 第二部分

## 传媒汉语教学数字化资源建设研究

CHUANMEI HANYU SHENGCHENG YU FAZHAN YANJIU ◀

# 第一章 资源库现状和需求分析

## 第一节 多媒体汉语教材现状分析

### 一、政府主持的多媒体教材开发

2005年,随着国外对汉语学习的需求日益增长,为了推动中国语言文化在全世界范围内的传播,经国务院批准,教育部制订了"汉语桥工程"行动计划。该工程主要研发服务于汉语教学以及关于中华文化的音像、多媒体和网络教学系列制品。这些网络教学制品主要以中华文化和当代中国为制作视点,内容包括中国的古代、当代、自然、人文、环保、妇女、民族等。该工程还编创了反映当代中国社会风貌和人民生活的汉语教学电视系列短片,并选择内容适宜的国产电影改编成语言教材,用于课堂教学。制作以介绍中国名胜古迹、历史文化名城、自然风光、民族风情、环境保护、建设成就为主要内容的汉语教学画册、挂图等。在制作出的文字、音像资料的基础上,建设优质汉语教学资源库,向全世界开放使用。

时任国家汉办副主任的马箭飞指出,以交际功能为主的教材和内容有趣的教材最受欢迎,配套教材、多媒体教材是今后对外汉语教材开发的重要方向。目前,汉办主抓的多媒体教材有《汉字五千年》、《奥运汉语30句》、"三常"多媒体光盘、游戏式多媒体教材《新乘风汉语》等,还有准备引进墨西哥数字化教学的成功经验,中外合作研制一套标准化、资源型、应用性强的通用教材。

《汉字五千年》是国家汉办主持制作的八集人文纪录片,2009年出版,播出后收到强烈反响。这部纪录片以形象的画面展示了大量资料,讲述了跟汉字有关的方方面面的问题,具有很强的权威性。每一集都用动画展示四个汉字的象形意义。

图 2-1-1 汉字五千年　　　图 2-1-2 汉字五千年

第一集《人类奇葩》用动画展示的四个汉字是"天人合一"。这一集讲述了人类早期的几种象形文字被发现和解读的故事,在人类文明发展的历史中,象形文字只有汉字留存下来,由于汉字不同于其他拼音文字,汉字的特性影响着世世代代中国人的生活,形成同欧美等其他国家不同的政治、经济和文化。

第二集《高天长河》用动画展示的四个汉字是"源远流长",讲述了汉字诞生后的发展历史。汉字最早作为少数人掌握的占卜工具,用一个个图形固化概念,记载远古时代中国人的日常生活。随着孔子"有教无类",汉字成为普通人运用的交流工具。从李斯整理小篆到许慎作《说文解字》,汉字逐渐形成文字体系。

第三集《霞光万道》用动画展示的四个汉字是"春夏秋冬",讲述了汉字由中原到楚、蜀、南越等地,以及日本、韩国、越南等周边国家的传播历程。由于中原人的农耕生活,汉字中原来只有春秋没有冬夏。"秋"、"力"、"男"、"艺"、"周"等汉字的本义都跟农业有关,汉字承载着先进的农业文明技术,所以得以在广阔的疆域传播,形成特有的汉字文化圈。

第四集《华夏心灵》用动画展示的四个汉字是"身家性命",讲述了以农业为基础的中国人特有的家庭、等级、祖宗、孝顺、世袭、分封等观念。孔子说"名不正则言不顺",他提倡汉字"复古"是为了指出当时的战乱和人性贪欲等社会问题,倡导周代就有的伦理等级秩序。中国大地的风土和地理等环境条件决定了中国作为农业大国的特质,也决定了孔子的儒家思想成为具有统治地位的思想。

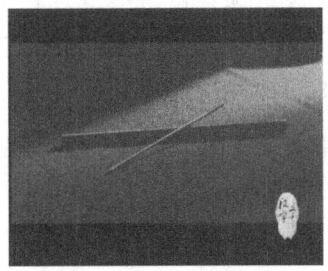 

图 2-1-3 汉字五千年　　　图 2-1-4 汉字五千年

第五集《翰墨情怀》用动画展示的四个汉字是"道法自然",讲述了汉字书法与中国人政治生活、文化生活、艺术生活的关系。从王羲之到颜真卿、苏轼,再到"馆阁体",再到龚自珍,书法从道法自然成为心灵折射的艺术,到"书品"与"人品"的同一,书法成为统治阶级用来选择人才的手段,再到后人"尊魏卑唐",重新诠释艺术的本质,"写毛笔字"早已经远远超出了一般意义的书写,成为中华文化中特有的意志和情怀。

第六集《天下至宝》用动画展示的四个汉字是"引经据典"。中国四大文明中的两项——造纸术和印刷术的发明都跟汉字有关,由于汉字书写的特殊性,反而产生了对人类文明发展进程产生巨大影响的造纸术和印刷术,毛笔、纸张、印章不仅是汉字书写工具,还是福泽后人的天下至宝。

第七集《浴火重生》用动画展示的四个汉字是"殊途同归"。古老的中国文明,古老的汉字文明在鸦片战争时期受到巨大挑战,抛弃汉字的呼声一度响起。20世纪末,随着计算机技术的兴起,汉字信息化问题的提出,汉字的命运再度受到质疑。随着科技文明的发展,汉字有如浴火重生,秀树于世界文明之林。近代西方文明与古老的东方文明碰撞,撞出侵略、掠夺战争,也探明了世界文明谋求共生共存殊途同归的发展方向。

第八集《芳华永驻》用动画展示的四个汉字是"仁义智信",随着中国的发展,随着汉语对外推广普及,汉字重新昂首走向世界。随着中国的崛起,汉字所代表的仁义智信的精神内核芳华永驻,将带给这个世界更加美好的未来。

《汉字五千年》这部纪录片较为全面地梳理了汉字的历史、汉字的艺术等问题,适合外国学生作为学习汉字汉语的资料,这部纪录片对当今汉语走向世界的背景下许多理论问题进行了探讨,也非常适合汉语老师以及相关工作者作为有益的参考。

声典系列汉语教学有声挂图形成了有声教学挂图(Talking Posters)＋数码教鞭(Digital Fescue)＝视听立体课堂(audio visual Chinese learning environment)的教学模式。

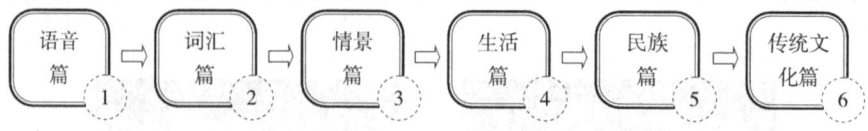

图 2—1—5　声典系列汉语教学有声挂图

语音篇:声母、韵母、音节的构成、声调、变调、学唱汉语歌(《茉莉花》)。

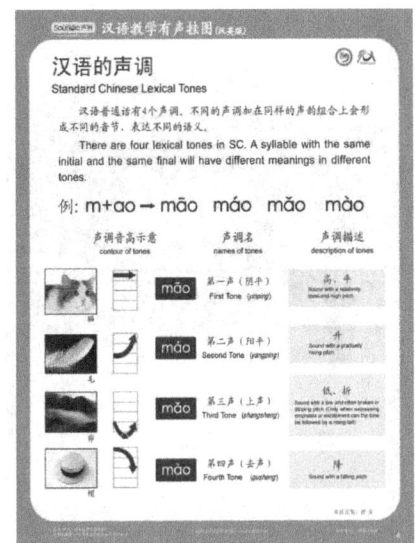 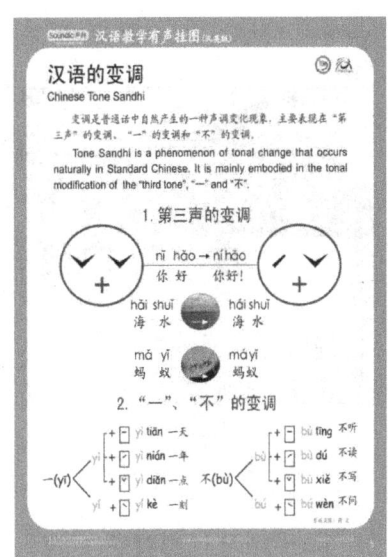

图 2-1-6 汉语教学有声挂图——语音篇

词汇篇：数字、时间、颜色、身体、动物、花园。

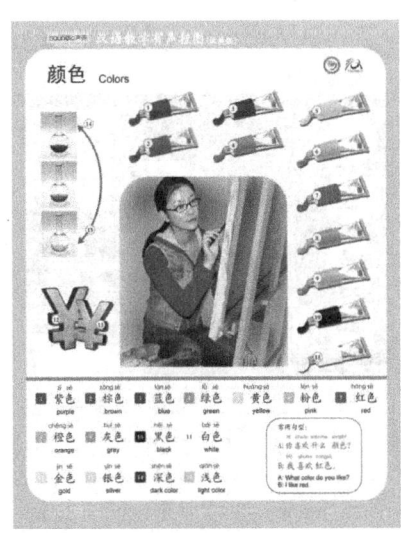 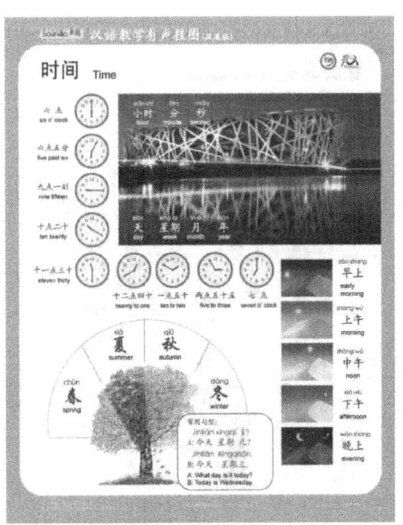

图 2-1-7 汉语教学有声挂图——词汇篇

情景篇：银行、超市、邮局、教室、厨房、问路。

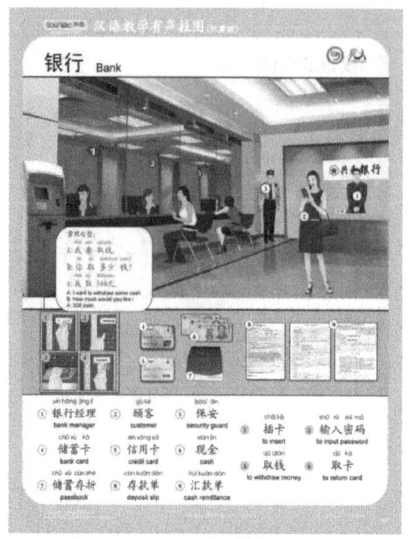
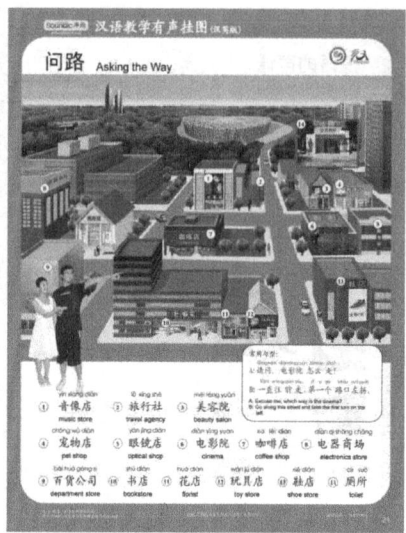

图 2—1—8 汉语教学有声挂图——情景篇

生活篇:家庭成员、中餐和西餐、交通工具、一天的活动、蔬菜和水果、中国政区。

图 2—1—9 汉语教学有声挂图——生活篇

民族篇:中华民族、中国民俗、中国名胜、北京名胜、运动项目 A、运动项目 B。

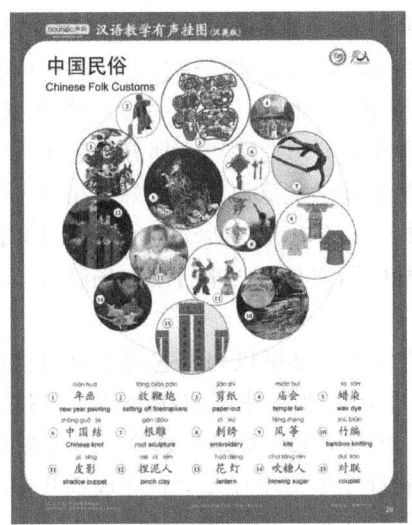

图 2-1-10 汉语教学有声挂图——民族篇

传统文化篇：传统乐器、中国戏曲、中国传统运动、中国传统节日、古诗《小池》、古诗《清明》。

图 2-1-11 汉语教学有声挂图——传统文化篇

与教育部和国家汉办相比，文化部在汉语教学方面更重视中国文化的传播。中华人民共和国文化部下设对外文化联络局，并在全世界多个地方都设有中国驻外文化中心，如开罗、巴黎、马耳他中国文化中心。大部分中国文化中心都设有汉语课程班,主要为当地对汉语有兴趣的外国人讲授汉语及部分中国文化。部分中国文化中心还举办介绍与讲授中国文化的活动,意图通过这种方式将中国文化更好地传播出去。2008年12月13日,毛里求斯中国文化中心举办"快乐汉语"系列活动,主要内容有游艺项目、文艺演出和学员作文展三个部分,近150名汉语班学员参加;2008年10月25日,旨在激发新学员汉语学习爱好,拓展老学员中国语言和文化知识,加强语言实践锻炼的"汉语时光"活动在贝宁中国文化中央多功能厅举行;2008年12月19日,柏林中国文化中心举行了一场联欢会,庆祝第一期汉语课程班的同学顺利结业。

国务院侨务办公室是协助总理办理侨务工作的办事机构,它的主要职责包括联系海外华文媒体、华文学校并支持其工作,促进海外侨胞在经济、科技、文化、教育等方面与我国的合作交流。国务院侨务办公室的汉语教学工作主要针对华人华语教学。2009年10月20日,第一届世界华文教育大会将在成都开幕。面对现在大部分华裔学生的思想、思维方式和价值观在主流影响下更趋西方化,如何保持华人后代对中华民族的认同,成为华文教育面临的一大挑战。在这种大背景下,国务院侨务办公室针对华人开展华语教学工作迫在眉睫。

国家语言文字工作委员会,简称国家语委,前身是中华人民共和国国务院直属机构——中国文字改革委员会,其主要任务是对在中国大陆地区使用的汉语文字进行规范化和标准化,以及执行国务院所决定的对于文字使用方面的政策和法令。随着我国改革开放的不断扩大,汉语越来越受到世界各国的重视,为了使汉语言文字朝着规范化、标准化、信息化方向发展,教育部、国家语委早在2004年就成立了"国家语言资源监测与研究中心",2005年又成立了一批语言文字研究机构。国家语委针对中小学语言建设做了一系列的工作。1994年,国家语委与国家教委就对普通中小学普及普通话工作进行了检查评估。

**二、学术界主持的多媒体教材研发**

现在中国各个大学大都设有对外汉语教学专业,而不少对外汉语培训机构除了在线培训、面授辅导,还注意开发多媒体汉语教材。

E—Chinese Learning是一家在线中文学校,创建于2006年,为所有年龄和各个阶层的人提供系统化的、个性化的、一对一的中文教学服务。其课程包括:成人课程、青少年课程、少儿课程、企业服务、学校服务。

大华风采有限公司由哥伦比亚大学教育学硕士和前联合国官员共同创立于1997年,旨在为母语非华语的儿童提供华语课程和读物。其教育理念为:在故事中学习。其产品包括《快乐幼儿华语》、《快乐儿童华语》、《奇妙中国游》。

北京龙凤之邦国际文化为世界范围内的汉语学习者提供汉语学习培训、语言文化项目、实习生计划、暑期夏令营活动。其宗旨在于为东西方文化和交流架起桥梁。

TLI—中国汉语网院（TLI—China Online）隶属 TLI 全球教育组织机构，是 TLI 面对面教学的重要辅助工具，是 TLI 全球学校的网上再现。机构分支遍布美国、加拿大、北美、中国的北京、台湾、天津、大连、广州。

北京易中文国际汉语言咨询公司拥有海外汉学教学经验，主要面向欧美学习者，曾在慕尼黑大学汉学系进行汉语交流教学，研制开发了全新汉语教学软件 Easy Chinese，解决了对外汉语教学中的最大难关——音调问题，利用多媒体的教学方式调动学习者的学习热情。

中国国信信息总公司中心制作了汉语多媒体课程《汉语入门》和《标准汉语》，由北京师范大学汉语文化学院陈绂、张和生教授主编，包括课本、练习册、教学光盘 A、听力光盘 B。

组织机构、出版机构、企业构成了对外汉语领域机构的整体，这三个部分并不是孤立的存在，而是相互关联、相互合作。伴随着国际汉语热的升温，国内外组织机构、教学机构、出版社机构的合作已成为趋势，如国内出版社与国外出版社合作进行版权输出，使教材更好的本土化。如 2009 年 10 月 14 日，国家汉办与德国知名出版企业——朗氏出版集团在德国法兰克福签署了《汉语图解词典》版权转让合作协议。

### 三、企业主办的多媒体教材开发和营销

汉语热的到来和国家对汉语国际推广的重视，使对外汉语教材成为出版领域的"香饽饽"，众多出版社纷纷涌入汉语教材出版市场。近几年来，参与对外汉语教材出版的出版社逐年增加，截至 2011 年 11 月，已经有上百家出版社出版对外汉语教材，各类出版公司更是不计其数。不仅国内的出版社积极投身对外汉语教材的开发，国外的知名出版集团也已经在对外汉语教材市场蠢蠢欲动，想要有一番作为。

北京语言大学出版社成立于 1985 年，是以出版对外汉语教材及教辅图书为主要特色的专业出版社，近年来电子音像产品出版成为该社立体化发展的重要内容。2005 年以来形成了教材配套音像产品（磁带、CD 盘、MP3）、独立音像产品（DVD）、独立多媒体产品（CD—ROM、DVD—ROM）、汉语教学软件四大电子音像产品出版形式，电子音像产品的销售码洋占到总销售码洋的 15%。同时网络出版也成为另一条发展主线。2008 年 6 月成立网络出版与营销中心，2008 年 10 月，《学汉语》杂志网络版正式出版，成为第一个实现网络出版的中国大学出版社。

外语教学与研究出版社成立于 1979 年。2005 年，外研社提出了"对外汉语出版工程"。根据《中国图书商报》2005 年 11 月 11 日第 5 版文章，外研社此项工程计划每年投资 1 千万，10 年陆续投资 1 个亿，力争探索汉语教材国际化道路。其中历时 6 年完成了《汉语世界》多媒体教材，在法兰克福书展上大受好评，在德国多所大学投入使用。

北京大学出版社的前身是 1917 年北京大学设立的出版部，其出版物主要有

教材（55%）、学术（15%）、一般图书（30%），在汉语方面出版的书籍目前已有近千套。北京大学出版社出版的对外汉语教材主要是《新丝路——高级速成商务汉语》和《博雅汉语》等，截至 2009 年统计数字，北京大学出版社出版的对外汉语丛书有 403 项。

华语教学出版社成立于 1986 年，隶属于中国国际出版集团（CIPG），是中国最早成立的专业对外汉语教学图书的出版社。以多语种、多媒体汉语教材为特色，与国外 20 余家出版机构长期合作，图书发行到全球 150 多个国家和地区。

人民教育出版社直属于中华人民共和国教育部。于 2000 年 3 月成立汉语国际推广中心，主要承担对外汉语教材的研究、编制、发行和推广工作，同时承担教材配套电子音像出版物的策划和脚本编写，并负责人教网汉语教学栏目的稿件策划和组织。

波士顿剑桥出版社（Cheng&Tsui）是独立的出版机构和分销商，致力于出版和亚洲国家相关的多媒体教材，包括语言类教材、名著、学术著作、计算机软件、教育游戏等等。

耶鲁大学创建于 1908 年，是世界上最早设立人文和艺术学科的大学之一。2007 年 5 月 17 日，耶鲁大学与中国国际出版集团在北京人民大会堂举行双方合作项目——《中国文化与文明》系列丛书推介会。同时宣布，两家机构即将在汉语国际推广和语言类出版领域开启新的全方位合作。

培生教育出版集团隶属于 Pearson Plc，总部设在美国，是全球最大的教育出版集团之一。其将业务立足于教育和科技，旨在为教师和研究机构提供服务。

## 第二节　国内留学生和海外孔子学院数字化教材需求分析

本节通过问卷调查和访谈的形式了解国内外汉语教学人员及学习者对多媒体教材的需求情况，根据丁安琪老师《对外汉语多媒体教材开发战略研究》项目研究报告相关部分调整改写。

对已有多媒体教材现状的分析，使得我们需要重新回到需求分析，来评价总结多媒体教材的今天和明天。需求分析可以说明决策性——要不要做这个产品，通过需求分析来决策项目是否需要立项；方向性——良好的需求分析可以对项目人员明确方向，让项目成员知道项目应该如何实施；策略性——需求分析并不是简单的对与错，利用需求分析我们可以从不同的地方去考虑、去定位，采取策略做出最终的产品定位。通过需求分析模型 A 可以进一步了解目前在华留学生及对外汉语教师已经使用过多媒体教材的情况。详见下图：

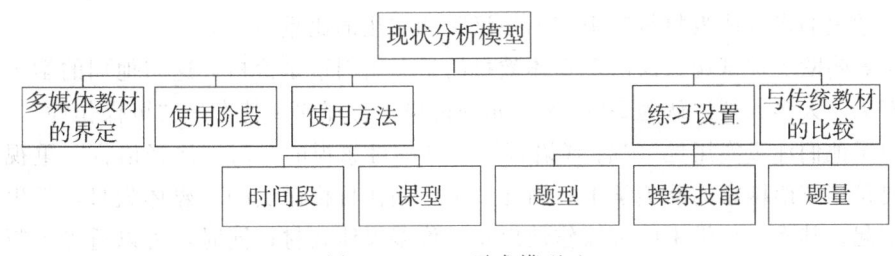

图 2-1-12 需求模型 A

模型 B 可以进一步了解学生和老师的具体需求和期望。详见下图：

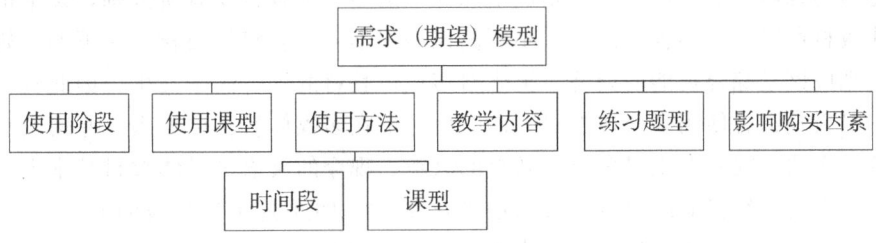

图 2-1-13 需求模型 B

以下是"多媒体教材项目"的调查数据和分析：

## 一、国内留学生多媒体教材需求分析

### 1. 欧美留学生

调查显示，欧美学生对多媒体教材的评价高于非欧美学生。这说明欧美学生比非欧美学生更乐于使用多媒体教材，欧美的多媒体教材市场是很大的。欧美学生认为学习网站和带有 CD 的教材是多媒体教材的人数最多，这说明我们需要在加强学习网站和 CD 教材的基础上，开发更多形式的多媒体教材，尤其是立体教材。

调查表明，大多数被试希望在初中、级阶段使用多媒体教材，但也有少数被试希望在高级阶段使用多媒体教材。现状调查表明，大多数被试在初中、级阶段使用多媒体教材，没有人在高级阶段使用多媒体教材。这与被试基本情况有一定的联系，被试的汉语水平以中级为主，高级很少。但这也从一定程度上说明了我们需要加大开发初级阶段多媒体教材的力度，同时，高级阶段的多媒体教材是一块处女地，可以适当的开发以满足少数学生的需求。

有 60% 的欧美被试认为在汉字和文化中应该使用多媒体教材，这与被试基本情况有关。欧美学生认为汉字学习是难点，也就成为了他们学习的重点，多媒体教材对汉字的笔画笔顺展示等较传统教材更为清晰，他们有希望借助多媒体教材进行汉字学习的愿望；中国文化对于欧美学生来讲是极具吸引力的，欧美学生希望借助视频、音效的多媒体对中国文化进行立体的了解。因此,首先,在针对欧美学生的多媒体教材编写中应加强汉字和文化的比重。

影响欧美被试购买汉语多媒体教材的最突出因素是价格,这与他们的学生身份有关,大多数被试认为200－400元的价格是合理的。其次是"可操作性",这说明了他们注重实用性。"注释语言"也是不可忽视的,对"注释语言"重视的主要是非英语国家的欧美学生。因此,不应制作价格昂贵的多媒体教材,学生负担不起;其次,从学生的可操作性出发评价多媒体教材;同时,可以适当出版小语种注释的汉语多媒体教材。

调查表明,课下使用的多媒体教材和课上使用的多媒体教材的侧重点都是听说能力的练习,对我们的启发是课上和课下的多媒体教材应有所区别,课上的多媒体教材可以照顾到各个课型,不同的课型用不同的多媒体教材,课下的多媒体教材则应该是综合技能的训练。男生对多媒体教材的评价高于女生。因此在男生多的班级较适合使用多媒体教材,同时应考虑在多媒体教材中加入一些使女生感兴趣的东西,提起女生对多媒体教材的兴趣。现今的汉语多媒体教材基本上是针对成年人的,给我们的启示是应该适当开发12－18岁这个年龄段的多媒体教材,不论是内容还是形式都做到符合青少年的认知特点。

大多数欧美被试认为教材中练习量偏少,因此练习设计是我们教材设计的重点。根据对练习题的调查,对于已经有倾向性的练习题,如"录音比较"适合语音,"笔顺练习"适合汉字,"听力选择"、"点读发音"适合听力,"看图说话"适合口语等,学生的回答是符合逻辑推理的。对于传统题型,如填空题、判断题等,学生喜欢用其操练语法和词汇。对于多媒体教材特有的题型,学生的回答对我们是极具参考价值的,如拖拽题,其排序为词汇、汉字、语法、阅读、口语、写作、听力、语音,学生倾向于用其操练词汇、汉字这些汉语组件的学习,设计题目的时候我们就可以多设计从零到整的拖拽题。从预期情况和现状调查的结果比较来看,现状的练习形式是少于预期情况,因此练习题的设计有很大的开发空间。

2. 韩国留学生

韩国学生一直占有比较大的比例,对韩汉语教学是国际汉语教学的一个重要组成部分。根据对韩国学生问卷的分析,我们可以大体看到:汉语多媒体教材并未完全深入到韩国学习者的学习生活中,因此造成他们对汉语多媒体教材的理解各不相同。

阅读类多媒体教材不受韩国学习者欢迎,尽管在调查中显示,21.7%的学习者在阅读课上使用过多媒体教材,但希望阅读课上使用多媒体教材的学习者只占总数的5.2%,换句话说,韩国学习者并不喜欢使用阅读类多媒体教材。因此,我们可以考虑不要将过多的精力放在开发多媒体阅读教材上。

注释语言和趣味性是韩国学习者在选择汉语多媒体教材时考虑最多的因素,

因此也启示我们一定要着重开发具有趣味性的国别教材,目前尽管市场上有了一定数量的以韩国语为注释语言的对外汉语教材和多媒体教材,但同英语相比,数量还远远不够。如果要想赢得韩国市场,我们在开发多媒体教材时,如何考虑韩国学生的实际需求,增加以韩国语为注释语言,甚至专门针对韩国人学习汉语的特点而编写教材,仍然是一个值得研究的课题。

此外,调查也显示韩国学习者更倾向于低价位的多媒体教材,价位越低,选择的人数越多,并且97.6%的人倾向于600元以下,其中83.3%的人倾向于400元以下,50%的人倾向于200元以下。因此,我们在对教材进行价格定位的时候,在考虑成本的前提下,也应充分考虑到学习者的接受水平,价位不能定得太高。价位越高,就会丢失越多的购买者。

现有汉语多媒体教材中练习题的量尚不能够满足学习者的需求,在调查中,认为题量偏少(27.6%)、太少(20.7%)的共占48.3%,正好20.7%,偏多(10.3%)、太多(3.4%)的共占13.7%。因此在将来开发多媒体教材时,可以考虑适当增加题量,以满足学习者的需求。

在使用汉语多媒体教材进行学习的时间上,韩国学习者多数期望能在课上使用(45.2%)或课上、课下同时使用(40.5%),期望在课下单独使用(14.3%)的学习者只占少数。与此同时,在实际使用中,课上使用(27.6%)和课上、课下同时使用(37.9%)的学习者占比例比较高,课下单独使用(17.2%)的人数较少。

由此可见,韩国学习者对使用多媒体教材进行课下自学的兴趣不是特别浓厚。因此,多媒体教材开发时首先应侧重于课上使用,其次应注意开发一些课上、课下皆能使用的多媒体教材。至于专门针对学生自学使用的多媒体教材,在开发时需慎重,最好先做好市场调查后再进行开发。

3. 东南亚留学生

东南亚留学生在来华留学生中所占的比例越来越大,但由于地理、经济等各方面原因,他们对多媒体教材的理解和需求有自己独特的特点。

根据调查的结果来看,把多媒体教材定义为广播电视节目的人数最多,这也可以从一个侧面反映出目前留学生所接触到的,被他们认可为多媒体教材的大多还是广播和电视这些媒介。尽管把多媒体教材定义为立体教材的人数不多,但这也表明立体教材的开发空间仍然很大,尽管市面上的立体教材很多,但是在编写多媒体教材时也应该注意宣传,让更多的留学生知道这些立体教材,才能够进一步吸引他们使用。

从适用的阶段看,已经选择并且希望在初、中级阶段使用多媒体教材的人占绝大多数。在采访中我们也发现,一部分留学生表示在初级阶段不会采用多媒体教材,对零起点的学生来说,他们更希望能够通过面授的方式学习汉语,他们希望在初级向中级过渡的阶段使用多媒体教材;另外,还有一部分留学生则表示希望在初级阶段使用多媒体教材，以帮助他们巩固在课堂上所学习的知识；还有一部分学生则表示，现阶段高级汉语的多媒体教材并不丰富，而且有的教材不能满足他们的学习需要，所以他们不会在高级阶段使用多媒体教材。

从使用的时间看，无论是使用过多媒体教材的学生，还是从未使用过多媒体教材的学生，都希望能在课上、课下一起使用多媒体教材，所以在针对东南亚的学习者设计多媒体教材的时候，应该注意好衔接，什么是供课上学习的，什么是供课下学习的，尤其是供课下学习的多媒体教材更应该注意巩固、提供和扩充。这与韩国学习者不喜欢课下使用多媒体教材有很大的区别。

从适用的课型看，尽管选择曾经在听力课上使用多媒体教材的人数比在口语课上使用的人数多，但是表示希望在口语课上使用多媒体教材的人数比希望在听力课上使用的要多，而选择其他课型的人数都比较小，所以在设计多媒体教材的时候，需要注意对适合其他课型的多媒体教材的开发，尤其是一些比较枯燥的课型上，因为趣味性是多媒体教材优于传统教材的最大特征之一，所以应该很好地发挥这个优势，将一些枯燥的课型设计得更生动有趣，真正帮助学生掌握知识。

从教学内容看，除了选择汉字教学的人比较少以外，其他的都比较平均。其实通过多媒体的方式进行汉字教学比传统的方式要好得多，但是如果只是单一的汉字教学会非常枯燥，所以将汉字教学糅进词汇、文化教学中，往往能起到更好的效果。

影响购买汉语多媒体教材的因素，对东南亚留学生来说，最主要的两个原因是价格和注释语言，其次是可操作性和趣味性。因此，在设计针对东南亚留学生的多媒体教材的时候一定要做好市场调研，清楚学生能够接受的价格和他们所希望的注释语言，以及一些其他的影响因素。在这里我们对价格进行了调查，选择400元以下的学生占2/3。

题量，有45.1%的人认为太少或偏少，22.6%的人认为太多或者偏多，所以认为题量少的人还是占多数。目前市面上的多媒体教材的练习题题型都很丰富，但是我们在关注题型的多样化同时，更应该注重内容的充实性，帮助学生们真正达到学习和练习的目的。

题型，受到东南亚留学生普遍欢迎的题型有判断题、辨析题、改错题、看图说话题，他们认为这些题型适用于各种技能和语言要素的训练。此外，他们认为连线、拖曳、听写适用于词汇练习；在横线上回答问题、排序适用于语法练习；录音比较适用于语音练习；连线、翻译适用于汉字练习（有意思的是他们没有把笔顺练习放入汉字练习中，而是认为单独的笔顺练习没有意义，最好跟其他练习结合起来）；跟读模仿、根据对话选图片、点读发音等适用于听力练习。调查中没有显示他们对口语练习和阅读练习题型的特别倾向，但填空题在阅读练习中最不受欢迎，跟读模仿学习者认为应该放在课下进行而不是在课上进行，值得多媒体教材的设计者考虑。

调查明显显示，除了在"集中注意力"选项上多媒体教材不如传统教材，在"记忆所学内容"选项上多媒体教材的优势没有那么明显之外，其他的方面多媒体教材的优势都十分明显，尤其是在学习语音、汉字、听力、口语和提高学习积极性方面。所以，在设计多媒体教材的时候应该尽可能地发挥这一优势。当然，多媒体教材也有自身的劣势，正如上面的数据显示的，在"集中注意力"这一项中，被调查的东南亚留学生们就认为多媒体教材不如传统教材。在以往的教学经验中，很多教师也不提倡在课上使用多媒体教材，主要的原因之一就是会影响到学生的注意力。尽管多媒体教材的题型多样，趣味性强，但是很容易让学生分心，所以在设计多媒体教材的时候就应该充分考虑到这一点，界面尽量清楚明白，不能够太花哨，把更多的注意力放在内容的丰富性上，而不是外观和界面的趣味性上。

4. 汉语教师

对外汉语教师在课堂教学所使用的教材选取上具有举足轻重的作用，因此了解汉语教师对多媒体教材的需求也是多媒体教材开发的重要因素。

对多媒体教材的定义与学生的反馈不同，教师中有 60.5% 的人认为 PPT 是多媒体教材；48.8% 的人认为带有 CD/DVD 的教材是多媒体教材，至于网站、立体化教材，如《长城汉语》、《新乘风汉语》等是否为多媒体教材，只有不足 1/5 的人有肯定的回答。由此我们可以看出，对外汉语教师对多媒体教材的认识仍然局限于传统的、现有的对外汉语教材资源，对新资源的开发和利用缺乏足够的认识。

从适用的阶段看，绝大多数教师（79.1%）认为初级阶段最适合使用多媒体教材，但认为中高级阶段也适用多媒体教材的老师也占相当大的比例。这跟学生的倾向有所不同。

从适用的课型看，大部分老师认为听力课、综合课和口语课比较适合使用多媒体教材，这与学生的反馈是相符的，学生认为在听力课上使用多媒体教材的机会最多。至于究竟是课上更适合使用多媒体教材还是课下更适合使用，教师与东南亚学生看法一致，认为课上、课下都使用是最好的选择。

教学内容，按照多媒体教材所适合使用的内容来看，教师的选择依次是文化、汉字、语音、词汇、语法。这与欧美学生的需求更接近，欧美学生也认为文化和汉字更适合用多媒体进行教学，而韩国学生和东南亚学生对此则各有不同看法。东南亚学生不认为汉字教学比其他教学内容更适合多媒体教学，这为老师们上课使用多媒体制造了一些困难。究竟该在哪些教学内容中使用多媒体，哪些内容中不使用多媒体进行教学，老师们还需要根据班级内学员的实际情况进行安排。

教师感兴趣的内容在于多媒体教材除了提供教学内容外，还应该能为老师们备课提供相应的支持和服务。在我们的调查中显示，老师们最需要中国文化知识数据库。其次是对外汉语教学语法知识数据库、对外汉语示范课堂数据库、外国留学生常见偏误数据库、优秀教案数据库。在教学管理方面，多媒体教材对学生所做练习能够及时给予反馈和评价、对单个学生的练习能做跟组评价、能了解学生课堂活动的参与率与正误率分布分析、能了解学生课下通过多媒体教材自主学习的参与率与正误分析、能通过网络对学生的情况进行建议和评价、能收到学生对教师教学辅导情况的反馈评价等功能都受到了老师们的欢迎，认为对多媒体教材来说，这些功能是十分重要的。

影响购买的因素，教师与学生不同。影响老师购买多媒体教材的最大的因素是可操作性。这同老师上课要实地操作课件有很大关系，如果课件可操作性不强，老师上课的时候势必要在寻找合适的教学材料上花费很多功夫，这将直接影响教学效果，因此老师们将可操作性强作为最重要的选择因素是可以理解的。趣味性也是影响老师购买的重要因素之一。值得注意的是，尽管大部分老师都有在课堂上使用多媒体教材的经验，但他们却并不主张学生在课下使用多媒体教材，只有一位教师认为多媒体教材适合学生课下使用。在进一步的访谈中，我们得知老师们之所以认为多媒体教材不适合在课下使用，主要原因在于他们认为目前的多媒体教材尚不成熟，对学生课下复习和自学没有太多帮助。在价格方面，老师与学生有共同的倾向，就是越便宜越好，大部分老师认为可接受的价位在200—400元之间。

关于多媒体教材的优势，在针对教师设计的关于多媒体与传统教材优劣比较的选项中，在大部分选项上老师们都给予了多媒体教材充分的肯定，只有增加学生开口率一项，老师们普遍认为多媒体教材没有明显的帮助，有时甚至会有一些副作用，这从一个侧面反映了我们目前多媒体教材对口语练习的设计仍然有待提高。具体来看，老师们认为多媒体教材的绝对优势表现在能调动学生学习兴趣、帮助老师准备上课课件、搜索所需要的图片和资料、帮助设计交际情景。在集中学生注意力及对课堂进度进行掌控方面，多媒体教材具有较为明显的优势，而在帮助了解学生预习和学习情况方面、课堂教学创造性发挥方面、了解班级学习情况及学生对教学的反馈和教学的针对性方面，多媒体教材跟传统教材相比没有明显优势，两者没有特别大的区别。因此，如果想让多媒体教材对老师更有帮助，在后台管理、交际练习设计等方面还需要进一步提高。

## 二、海外孔子学院数字化教材需求分析

通过海外孔子学院教师的调查，我们基本掌握了汉语学习者状况，从而得出对多媒体教材需求的一些结论。下面的调查涉及141个孔子学院。

1. 海外孔子学院特点

（1）班级规模

表 2—1—1　孔子学院班级规模

| 班级规模 | 小班课 | 大班课 | 个别教学 |
| --- | --- | --- | --- |
| 数量 | 132 | 23 | 11 |

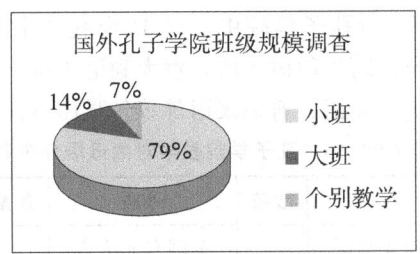

图 2-1-14　孔子学院班级规模

(2) 班级性质

表 2-1-2　孔子学院班级性质

| 班级性质 | 短期培训 | 学历教育 | 其他 |
|---|---|---|---|
| 数量 | 128 | 20 | 13 |

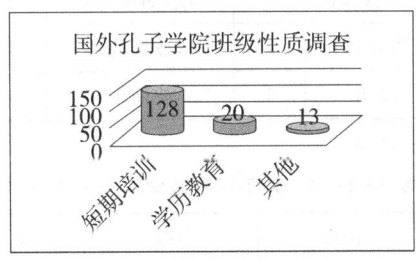

图 2-1-15　孔子学院班级性质

(3) 学员年龄分布

表 2-1-3　孔子学院教学对象年龄

| 教学对象年龄 | 儿童 | 中小学生 | 大学生 | 成人 |
|---|---|---|---|---|
| 数量 | 96 | 110 | 128 | 123 |

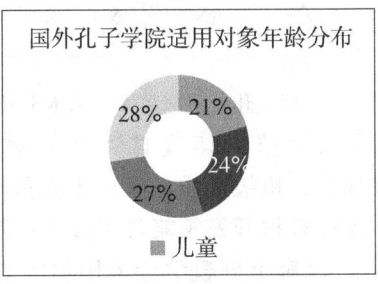

图 2-1-16　孔子学院教学对象年龄

(4) 学员母语情况

调查问卷显示，在78所孔子学院中，有31所孔子学院的教学对象母语为英语，法语8所，俄语6所，阿拉伯语4所，意大利语4所，韩语4所，并且有大量小语种教学对象，如亚美尼亚语、希伯来语等等。具体语种分布见下表：

表2—1—3　孔子学院教学对象母语分布表

| 母语 | 数量 | 母语 | 数量 | 母语 | 数量 | 母语 | 数量 |
|---|---|---|---|---|---|---|---|
| 英语 | 53 | 匈牙利语 | 2 | 泰国东北方言 | 1 | 捷克语 | 2 |
| 俄语 | 11 | 蒙古语 | 2 | 葡语 | 1 | 荷兰语 | 3 |
| 法语 | 9 | 波兰语 | 2 | 缅甸语 | 1 | 斯瓦西里语 | 3 |
| 韩语 | 9 | 约鲁旦语 | 2 | 阿语 | 1 | 阿拉伯语 | 3 |
| 西班牙语 | 8 | 希伯来语 | 1 | 孟加拉语 | 1 | 印尼语 | 3 |
| 意大利语 | 6 | 亚美尼亚语 | 1 | 挪威语 | 1 | 瑞士语 | 1 |
| 德语 | 5 | 菲律宾语 | 1 | 马达加斯加语 | 1 | 芬兰语 | 1 |
| 日语 | 5 | 丹麦语 | 1 | 乌兹别克语 | 1 | 卢旺达语 | 1 |
| 泰语 | 5 | 汉语 | 1 | 波斯语 | 1 | 乌尔都语 | 1 |

(5) 学员汉语水平情况

表2—1—4　孔子学院教学对象水平分布

| 汉语水平 | 初级 | 中级 | 高级 | 不同层次 |
|---|---|---|---|---|
| 数量 | 129 | 67 | 31 | 3 |

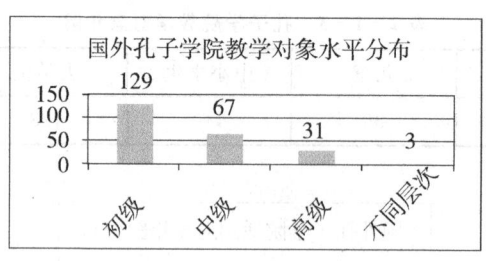

图2—1—17　孔子学院教学对象水平分布

**2. 针对海外孔子学院的多媒体教材特点分析**

海外孔子学院的班级规模、班级性质、学员年龄和母语情况以及汉语水平分布的调查给海外的汉语多媒体教材开发策略带来参考：①海外孔子学院班级规模方面，小班教学占近94%，针对小班教学会采用相应的教学方法，由此可知教学的各个环节和教材编写也会受到影响，多媒体教材的开发也应该关注这个特点。②海外孔子学院班级性质"短期培训"占58%，而目前市场上针对短期汉语培训的多媒体教材比较缺乏。③从海外孔子学院学员年龄和母语情况看，国外孔子学院的学生大部分属于大学生或是成人，但是目前针对成人和大学生的多媒体教材为数甚少。学习者年龄、生活经历、思想差异会影响到对多媒体教材的认识和喜好，汉语多媒体教材开发需要注意到这个问题。④海外孔子学院学员汉语水平分布大部分处于初中级水平，而高级水平的学习者较少，因此加强初级阶段汉语多媒体教材开发很有必要。

## 第三节　软件和网站企业

本节内容根据徐娟老师《对外汉语多媒体教材开发战略研究》项目报告相关内容调整改写。

专门从事汉语教学软件开发的企业和网站，目前已有不少，以下列举一些：

对外汉语多媒体教学网站较早有"网上北语"，这是由北京语言大学网络教育学院主办、面向全球开展远程汉语教学的专业网站，以提供汉语学历教育为特点的收费网站。

中国网提供丰富的对外汉语教学资源，包括对话、歇后语、古诗词、生词、流行词、成语等等。

大象中文网由北京时代大华文化发展有限公司创建于2006年3月，为各个年龄阶段的学习者提供在线一对一教学以及多媒体资源。

E—Chinese中文网是北京语言大学网络教育学院汉语教学部开发和维护的汉语远程教育平台。平台具有多语种机制，内容包括文化博览、资源中心、信息广场、合作园地、虚拟社区、服务中心等。

汉字网于2004年4月创建。汉字网依托互联网全球性传播的优势，得到了来自美国、俄罗斯、澳大利亚、加拿大、英国、日本、法国、马来西亚、新加坡、韩国、德国等79个国家友人的长期访问。

丝路华语的英文品牌是Chinese savvy，是精通中文或者熟谙中国人思想与行为方式的意思，或者指有关中文或中国人的知识和洞察。丝路华语提供在线课程学习。

中文大师（Chinese Master）是由JiangyinYuxing Soft LTD. 制作的一款汉字学习软件。汉字按等级排列。

除了上述列举的一些知名网站和企业，我们借助搜索引擎搜索现有汉语多媒体教材网站：其一是利用关键字"网络汉语"、"远程汉语"、"Chinese Online"、"Mandarin Online"进行搜索；其二是通过文献搜索的方式，以关键字"汉语网站"在CNKI上进行搜索，对相关文献中提到的网站进行提取，如《Internet 上免费的对外汉语教学资源》、《网络汉语学习资源的调查研究》等；其三是在网站所提供的友情链接中挖掘，这样得出进行分析统计的汉语多媒体教材软件开发公司或者网站样本共计 32 个，继而我们对这 32 家企业进行分析统计。从创建机构来看，这 32 家网站分别由政府、学校、企业、个人等创建。

表 2－1－5　对外汉语教学网站所属机构类型

| 创建机构类型 | 个人 | 企业 | 校企合作 | 学校 | 政府 | 未知 |
| --- | --- | --- | --- | --- | --- | --- |
| 数量 | 4 | 18 | 1 | 4 | 2 | 3 |

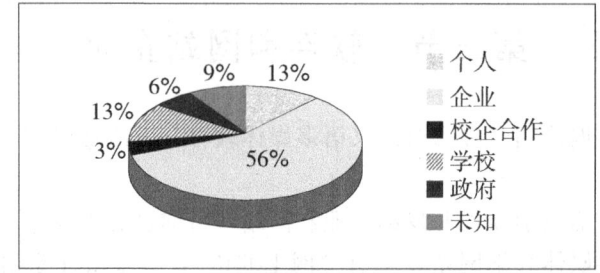

图 2－1－18　对外汉语教学网站所属机构类型

对外汉语多媒体教学网站的创建机构类型较为单一，大多数都为企业行为，而企业的投资的最终目标是为了获取收益，所以很多资源都无法共享。且企业一般都缺乏对外汉语的教学经验，产品的教学功能设置的合理性和适用性往往存在更多的争议，而"学校＋企业"、"学校＋政府＋企业"这样的合作模式更值得推广。学校拥有较多的教学经验及理论知识，企业可以将理念、思想、经验转换为产品，而政府的参与可以为产品的研发提供资金。所以，要开发出符合市场需求的对外汉语教学产品，就应该采取合作模式。

从所属国家或地区来看：

表 2－1－6　对外汉语教学网站所属国家和地区

| 所属国家或地区 | 中国 | 中国台湾 | 美国 | 中美合作 | 未知 |
| --- | --- | --- | --- | --- | --- |
| 数量 | 21 | 2 | 2 | 1 | 6 |

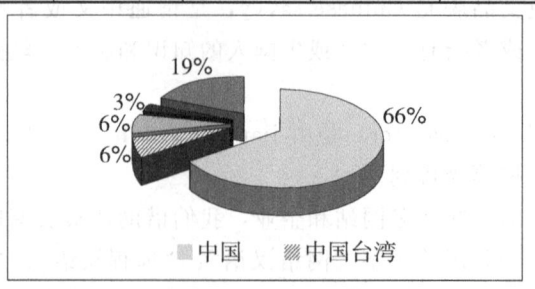

图 2－1－19　对外汉语教学网站所属国家和地区

从上图可以看出，对外汉语多媒体教学网站多为国内的机构创办。而不同国家机构、企业之间的合作甚少。在对外汉语教材领域，呼吁"国别化"教材，要实现"国别化"教材，可通过不同国别的机构共同参与到教材编著中的方式来实现。对于多媒体教材，如果要实现"国别化"，也同样可以采用这种合作编写模式。

从网站经营方式看：

表 2—1—7　对外汉语教学网站经营方式

| 网站经营方式 | 免费 | 收费 | 收费，部分免费 |
| --- | --- | --- | --- |
| 数量 | 13 | 9 | 10 |

从网站的创办机构和经营方式来看，大部分网站由企业创办，且采用收费或部分收费的方式，大部分实现了网站经营市场化。从调查的数据来看，实行收费和免费的网站比例相当，但大部分免费的网站其资源的更新速度较慢，资源的数量也较少，"收费，部分免费"的网站其免费的部分资源数量甚少。

从目标群体看：

表 2—1—8　对外汉语教学网站目标群体

| 网站目标群体 | 成人 | 政府 | 企业 | 未说明 |
| --- | --- | --- | --- | --- |
| 数量 | 5 | 2 | 2 | 32 |

"未说明"是指网站适合一般汉语学习者，即没有特殊需求的学习者。"企业"和"政府"都是不同的培训目标，但由于这部分内容没有对免费用户开放，所以具体内容暂未展开调查。该表呈现的数据表明，我们在企业培训、商务培训方面还有很大的市场空间。

从专门目的看：

表 2—1—9　对外汉语教学网站专门目的

| 专门目的 | 商务 | 旅游 | HSK | 其他 |
| --- | --- | --- | --- | --- |
| 数量 | 6 | 4 | 7 | 15 |

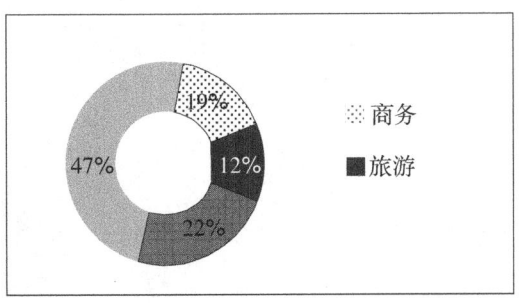

图 2—1—20　对外汉语教学网站特殊目的

各个网站媒介语情况：英语 31 家，日语 6 家，韩语 3 家，法语 2 家，西班牙语 2 家，德语 2 家，汉语 2 家。此外，意大利语、俄语、阿拉伯语、葡萄牙语各 1 家。

从网站授课方式看：

表 2—1—10　对外汉语教学网站授课方式

| 网站授课方式 | 在线学习＋面授＋户外活动 | 在线学习＋面授 | 在线学习 | 其他 |
| --- | --- | --- | --- | --- |
| 数量 | 1 | 11 | 7 | 3 |

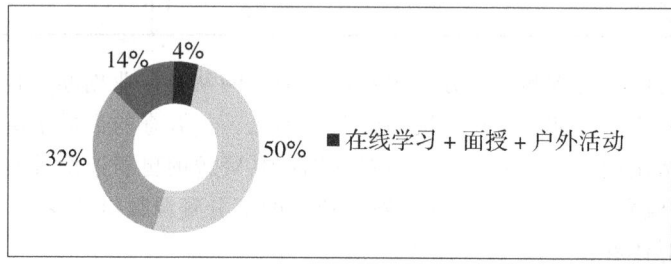

图 2—1—21　对外汉语教学网站授课方式

# 第二章 资源库软件设计

## 第一节 资源库设计相关理论和实现目标

基于对多媒体汉语教材开发现状的分析，我们感到目前多媒体汉语教材的主要问题有两点：

一是目标消费群体不明确。英语类教学网站的目标群体定位较为明确，如WSI针对的是17岁以上人群，主要为白领阶层，走高端市场，EF主要针对学生市场，从留学英语和旅游英语入手。但是调查显示，目前对外汉语教学类网站很少有针对性的目标群体。现有的汉语教学网站同质化程度高，缺乏核心优势，网站特色不明显。

二是资源来源渠道单一。现在绝大多数网站资源采用站内建设的形式，这种形式不利于网站的长期发展，同时也会使网站的运营成本提高。有关语料库的研究在计算语言学领域已经取得较大进展，但是语料库作为工具在语言教学中的应用却为数不多，只有"二语星空"。广大教师对语料库又缺乏必要的了解，这就导致语料库在计算机辅助英语教学领域的应用率非常低。语料库不仅可以作为教师教学的重要工具，也可以作为学生学习的手段，教师可以引导学习者基于大量具体真实语料进行探索学习，这种探索式的语言建构过程就是建构主义学习环境下的数据驱动语言学习（DDL）。它以学生自主学习为主要特征，以真实语言为主要输入语言，强调探索和发现的学习过程。语料库在汉语教学中的应用不仅仅局限在文本语料，还可以构建视听语料库，并对其语料难度进行分级，对学习汉语的口语和听力非常有帮助。除了现有语料库，还可以让用户参与到网站资源的建设中，将自己制作或收藏的资源上传。实时数据收集的方法也能加快资源库建设。鉴于这些问题，我们觉得有必要回顾多媒体教材编写的理论问题，使得今后的教材开发和教学资源库建设更好地把握发展方向。

## 一、资源库设计相关理论

在现代外语教学史上,一定的教学理论产生在一定的语言学、心理学、教育学、社会学等理论的基础之上,它决定教学大纲的制订,而教学大纲又决定教材的设计与编写。教材是教学理论发展和实践的结果。教学理论走在前头,新的教学理论出现了,新教材也会随之出现。有系统理论和原则指导的教材,往往寿命较长,影响较大(盛炎,1990)。

随着学习理论研究的深入,人类学习的建构本质、社会协商本质和参与本质也越来越清晰地显现出来(高文,2002)。多媒体技术在这些方面为人类的学习提供了强有力的支持。课件、试题库等仍然需要,但却不再保持在教学支持范式中所占有的中心地位,而是成为学习环境中的一部分,同网上资源、在线专家、专题论坛等动态的和开放的多媒体学习资源一起来支持学生的知识建构。学生在现代教育技术所搭建的平台上,可以研究、交流、思考,也可以发表自己的研究成果,发表自己的一管之见。此时,学生的个性化学习是开放的,因为他可以根据自己的需要寻求信息,寻求合作伙伴,寻求专家指导。如果我们编写的多媒体教材不能够支持以上学习模式,不具备以上叙述的互动性、开放性的特征,那么即便教材中有图片、声音、视频等超文本内容的展示,也不过是旧教材的纸版本搬家而已。为避免此问题的发生,我们在编写对外汉语多媒体教材时一定要实现从"纸版本搬家"向"技术与课程的整合"理念的转变。

### 1. 学习理论

多媒体技术应以汉语听、说、读、写的知识点为切入点进行选择运用。在不同课型的教学过程中,多媒体技术可切入的知识点很多,应充分利用可切入的知识点,围绕知识点的揭示、阐述、展开、归纳、总结等环节,运用现代信息技术媒体进行有效的教学,有效地开展课程整合,建立多媒体资源库,并对所有的资源建立详细的目录,保证所有师生都能方便查找和利用这些资源,并在教学过程中发挥技术特有的功效。所有这些目标需要我们参照相关的学习理论。

行为主义学习理论的代表人物是桑代克、华生、斯金纳等。其基本观点为:学习过程是刺激与反应的联结过程(S—R),通过反应后的强化建立反应与刺激间的正确联系。在此基础上提出了有重要指导作用的教学设计原则:接近原则、重复原则、反馈与强化原则、提示及其衰减原则(师书恩,2003)。行为主义学习理论对多媒体教材编写的启示有很多。

首先,反应必须在刺激后立即出现。如果刺激和反应之间的时间间隔过长,那么刺激将被淡化,就达不到学习目的。多种教学媒体呈现学习内容后,应该有学生作出积极反应。如果学生反应与刺激相隔时间过长,学习效果就不明显。同时,多媒体教材要能够对学生的回答立刻作出反馈,表扬、鼓励或是指出问题,这些都体现了行为主义的接近原则，不体现接近原则的教学是不连贯的。目前的教材基本上也是按照生词、语法、课文、练习几大模块设计的，利用超文本技术可以实现每一部分学习内容之后立刻进行相关的练习，如生词学完立刻超链接到生词部分的练习，趁热打铁，巩固学习成果，语法和课文部分也分别有各自的练习链接，不必等到学完所有内容再练习。另外，如果是应用在远程教学中，则缺乏教师的监督和指导，那么多媒体教材可以用技术手段对学生进行及时提醒，如学生在点击练习部分后的一定时间内没有任何动作，那么系统可提示尽快作答。

其次，重复练习能加强学习和促进记忆。按照行为主义的理论，不断地重复可以使 S—R 联结更为稳固，这样的学习效果更为明显。对外汉语教学中强调的尽可能提高所学知识点的重现率就是这一原则的最好体现。例如，学习一个生词，当时可能已经理解了词义，并且已经能够用这个词造出合乎语法逻辑的句子，但如果没有及时地巩固，很快就会忘记这个词，或者跟别的词混淆。因此，对外汉语多媒体教材尤其是在初级教材中一定要强调重复性。在远程教学中，学生与教师的交互性不强，更要采取更加丰富的手段来重复所学内容，同时教材的趣味性也不能忽略。

再次，与反应正确性有关的信息可以促进学习。当学生对教材作出反应后，必然要得到及时的反馈。学生的反应只有得到了"及时的强化"或"及时的确认"，才能有效提高其操作能力。多媒体教材要设计能够给予学生适时地反馈强化的模块，正确的要给予表扬，错误的也要给予鼓励，不能无视学生的反应，或者反馈过于简单。尤其是在远程教学中，不能简单地进行书本搬家，一定要在多媒体教材中体现出交互性，使学生在学习过程中感觉到教师的帮助与指导，避免远程学习过程中的孤独感。

最后，在逐步减少提示的情况下，朝着期望的反应引导学生，从而完成学习。行为主义认为，学习开始的时候需要伴随大量的提示和帮助，随着学习的开展，提示信息逐渐减少，到最后学生可以完全不依靠提示信息完成学习任务，这样学习目标也就实现了。如在零起点的学习阶段，开始时学生对汉语一无所知，这就需要多媒体教材提供大量的帮助和提示信息，随着学习的深入，学生的学习能力越来越强，此时的提示便逐渐减少，直到最后无需任何提示，那么学生也就完成了学习任务。

认知主义学习理论的代表人物是皮亚杰、布鲁纳、奥苏贝尔、加涅等。其基本观点为：学习过程是学习者积极主动的信息加工的过程，而不是简单的刺激——反应联结，将 S—R 公式改造为 S—AT—R（A 代表同化，T 代表主体的认知结构），以强调认识过程中主体的能动作用。多媒体教材不是简单地向学生呈现知识，而是要先激发学生的学习兴趣和学习动机，然后再将当前的教学内容与学生原有的认知结构（过去的知识和经验）有机地联系起来。学生不再是外界刺激的被动接受器,而是根据自己的态度、需要、兴趣、爱好,主动地对外界刺激提供的信息进行选择性加工的主体。

认知主义首先强调的是有意义的学习,其实质是符号所代表的新知识与学习者认知结构中已有知识的适当观念建立非人为的和实质性的联系(张剑平,2003)。"有意义"有两层含义:一是指外界的知识和学习者内部的知识结构都不是零散的,而是有结构有组织的;二是指学习者的学习过程不是随意的,而是有规律可循的。对外汉语教学同样是一种有意义的学习,语音、词汇、语法等内容并不是孤立没有联系的,不打好拼音这个基础就无法过渡到语法和词汇学习,不扩大词汇量就无法提高阅读能力;学习者的学习过程也是由易到难,由简单到复杂,当学习者的基础没有打好的时候,必须将教学进度放慢,一步一个脚印,而当学习者已经有了一定的汉语基础,语法结构已经掌握得比较好的时候,教学进度就应加快,进入快速扩大词汇量阶段。在数字化教学中要充分发挥计算机网络多媒体的优势,如利用超链接组织知识变线性结构为网状结构,通过学习者特征分析确定学习者的认知结构,利用计算机强大的信息处理能力记录学生的学习过程,通过分析这些反馈信息再对学生提出学习建议,使学科结构和学习者内部知识结构逐步趋向一致,体现数字化学习的个别性和智能性。

认知主义非常强调认知的过程。学习过程是对知识的认知过程、对知识信息的再加工过程。从信息的接收、存贮、提取和发送的流程来解释学习的具体活动,将有助于确定适当的多媒体教材编写策略。再者,认知主义也强调学习者特征的分析,以学习者原有的知识和认知结构作为学习起点,充分考虑学科内容的知识结构和学生认知结构的协调性,以保证学生对新知识的同化和认知结构的重新构建顺利进行。在对外汉语多媒体教材编写中,我们可以通过设计前测来判断学习者现有的认知结构和知识水平,然后对比学习内容向学习者给出适当的学习建议。

建构主义学习理论的代表人物是皮亚杰、维果斯基、格拉塞斯菲尔德等。其基本观点为:学习过程是学习者在原有知识结构的基础上,在与外部环境的交互作用中主动地进行意义建构的过程。当前建构主义的发展表现为三个主要趋势,即强调学习的主动建构性,强调学习的社会互动性,强调学习的情境性(陈琦,2001)。

汉语多媒体教材在设计中要突出学习者的主动建构性。建构在于学习者通过新、旧知识经验之间反复的、双向的相互作用,来扩充和调整自己的原有经验结构。学习不是新旧知识经验的简单叠加,而是利用新信息对原有知识经验的改造。这就意味着学习具有主动性、连续性、改造性、自我监控性。例如学生首先通过多媒体教材对生词声情并茂的展示并认识生词,接着调用原有的语义、语音、字形知识在心理内部形成一个语言图式或者语言情景,再利用情景模拟的方式尝试着将该生词同化到自己原有的语言知识结构中,最后通过多媒体教材中的练习模块运用该生词造句或者扩展练习,并通过练习的反馈来考察自己的学习效果。

汉语多媒体教材在设计中应该利用交互性优势强调学习的社会互动性。每个学习者都有自己的经验世界,不同的学习者可以对某种问题形成不同的假设和推论。学习者可以通过相互沟通和交流,相互争辩和讨论,合作完成学习任务,共同解决问题,从而对知识形成更丰富、更灵活的理解。同时,学习者可以与教师、学科专家等展开充分的沟通。这种社会性相互作用可以为知识建构创设一个广泛的学习共同体,从而为知识建构提供丰富的资源和积极的支持。因此,现代化的多媒体教材要有开放性接口,通过网络实现人机、师生、生生之间的交流与合作。语言是人类思维和交际的工具,社会交际性是它的本质特点,不用于交际的语言是没有生命的,语言的学习是为了社会交际,而社会交际反过来又会促进语言的学习。因此,在汉语多媒体教材编写中应当大量设计学生对话练习、小组角色扮演、互相批改作业、辩论讨论等形式,来提高学生的交际能力。而远程教学中,计算机可以扮演具有一定学习风格的"学习伙伴"或者某一领域的"专家",教学从过去主要关注"人机交互"到关注"人际交互"。人工智能、网络通讯等技术的发展为上述功能的实现提供了可能。多媒体教材可以借助远程教学系统构建的开放教学环境,最大可能地模拟真实校园、真实社会,让学生作为社会的一分子在虚拟生活中开展交际活动,为学生的协作式学习和个性化学习搭建一个平台。

2. 教学法流派

第二语言教学的成功与否,很大程度上取决于学生对本门课程的兴趣,首先要解决学生想学、爱学的问题。情境激励策略,就是通过多媒体技术创设教学情境,开展课堂智力激励,要求学生面对问题情境积极设想解决问题的各种可能性。同时,通过增进师生的情感交流等有效手段,引发学习动机,使学生积极主动参与新知识的学习,极大地激发学生探索和发现的热情。

外语教学理论主要表现为各种不同的语言教学流派。这些教学流派包括:翻译法(the Translation Method)、直接法(the Direct Method)、听说法(the Audio-Lingual Method)、视听法(the Audio-Visual Method)、认知法(the Cognitive Approach)、任务型教学法(Task-Based Language Teaching)、全身反应法(Total Physical Response)、语言经验教学法(Language Experience Approach)、合作语言学习法(Cooperative Language Learning Approach)、自然教学法(the Natural Approach)、整体语言教学法(Whole Language Approach)、内容教学法(Content-based Instruction)等。这些教学法流派基于对语言和语言学习的不同认识并受到不同时代的影响,提出的语言教学方法各

有侧重,有的侧重听、说和结构,有的侧重功能和应用。语法翻译法、听说法的五步教学法、任务型教学的三阶段模式等都是我们在汉语教学设计中曾经和正在遵循、借鉴、使用的程序和方法。

听说法的理论基础是结构主义语言学和行为主义心理学(Richard,2000),在听说法原则指导下制订的教学大纲主要包括语法和词汇两项。这种结构大纲特别注意结构的难易顺序排列,而且直接决定多媒体结构教材的基本面貌。

功能法的理论基础是社会语言学以及它的分支话语分析。在功能法原则指导下制订的教学大纲,一般包括学生情况、学生需要、所需功能项目和与功能相对应的形式。功能大纲制订者在分析学生需求时需要考虑诸如年龄、性别、母语、已有水平、学习语言的目的(职业需要、教育需要)、在什么样的环境中使用语言(国内、国外、大城市、小城市、公司、工厂、学校、医院等)等因素。因此,在功能大纲原则下设计的多媒体教材在一定程度上要比前者更复杂。

早在20世纪80年代,Forman(1987)就提出人类教学信息的获取与交流已从重重力(Heavy gravity)的报纸时代和重力(Mid-gravity)的广播电视时代发展到零重力(Zero gravity)的数字信息时代,人们可以自由自在地进行信息交流,就像宇航员在太空失重环境中身体可向任何一个方向移动一样容易。随着计算机、多媒体技术和网络的飞速发展,数字化教学成为一种趋势。科技的飞快发展,必然会要求教学方法也进行相应的变革,传统的对外汉语教学方法正在面临着一场前所未有的挑战。对外汉语教学采用的传统教学法一般是讲授法,在教学过程中教师是中心,教学仍以传授式为主,教师很少考虑到学习者的需求、学习动机等情感因素。随着教育学、心理学的发展,一些新的教学方法伴随着信息技术的进步应运而生,如情境教学法、任务驱动教学法、启发式教学法等。

情境教学理论认为,学习总是与一定的社会文化背景、情境相联系的;在实际情境下开展学习,可以使学习者利用自己原有认知结构中的有关经验去同化和顺应当前学习到的新知识,从而赋予新知识以某种意义;知识是学习者在一定的情境即社会文化背景下,借助教师和学习伙伴的帮助,利用必要的学习资料,通过意义建构的方式获得的(曹辉,2007)。多媒体教材可以利用其技术优势为学习者提供形象直观、界面友好的交互式学习环境,并能为学习者创设接近真实的情景,为汉语作为第二语言的学习者提供丰富的背景知识,并使其在获得直接经验的同时实现有意义的学习。

任务驱动教学法是一种能够很好地应用于实验性、实践性与操作性较强的教学内容的教学方法,它的含义是以富有趣味性、能够激发学生学习动机与好奇心的情景为基础,与教学内容紧密结合的任务为载体,使学习者在完成特定任务的过程中获得知识与技能的一种教学方法(郭绍青,2006)。多媒体教材的引入可以使学习者获取丰富的教学资源,能够根据自己的学习进程选择学习任务,完成自主学习。对外汉语多媒体教材的发展为对外汉语教学提供了丰富的、技术支持的、便捷的教学、学习环境，促进了对外汉语教学方法的全面革新。

另外，任务型教学法、内容教学法、语言经验教学法、全身反应法等教学思路也应该引起教材编著者们的重视。另有一些关于新的教学思想的论述，如2003年的《英语教学三十年之回顾》、2004年的《英语教学变迁的方向》等，在这些文献、教学方法中有三个基本的理念地位非常突出：（1）语言教学的总体目标是培养学习者综合语言运用能力；（2）学生是语言学习的主体。（3）语言是在使用中学会的（崔永华，2008）。这三个基本理念构成当代语言教学理念的核心，汉语多媒体教材的编写应该在这些理念的指导下进行。

除了上述语言教学流派和方法，国内外语言教学的理论和实践也值得我们在编写汉语多媒体教材中借鉴。如美国外语教学委员会（1999）提出的《21世纪外语学习标准》、欧盟委员会（2001）提出的《欧洲语言学习、教学、评估共同参考框架》、中国教育部（2001）公布的《英语课程标准》、《大学英语教学要求》等。这些语言教学的文件体现了新的语言教学理念，值得对外汉语多媒体教材编写借鉴。

3. 教材编写原则

多媒体教材在体现多媒体技术方面尽管有其突出的个性，但多媒体教材的编写与广义上的教材编写也有诸多共性，那么一般意义上的教材编写原则，多媒体教材同样要遵循和借鉴。

国家《英语课程标准》提出的教材编写原则：发展性和拓展性原则、科学性原则、思想性原则、趣味性原则、灵活性和开放性原则。

吕必松（1993）提出的各种类型教材普遍使用的六条原则：实用性原则、交际性原则、知识性原则、趣味性原则、科学性原则、针对性原则。

刘珣（2000）概括的"五性"教材编写原则：针对性、实用性、科学性、趣味性、系统性。

李泉（2002）归纳出教材编写的十项原则：定向原则、目标原则、特色原则、认知原则、时代原则、语体原则、文化原则、趣味原则、使用原则、立体原则。

对外汉语多媒体教材的编写更要遵循并体现对外汉语教学原则，这些原则包括：培养运用汉语进行交际的能力；以学生为中心，教师为主导；结构、功能、文化相结合；强化汉语学习环境，扩大学生对汉语的接触面；精讲多练，以言语技能和交际技能训练为中心；以句子和话语为重点，语音、语法、词汇、汉字综合教学；听、说、读、写全面要求，分阶段侧重；利用但控制使用母语或媒介语；循序渐进，螺旋式提高，加强重现率；充分利用现代化教学技术手段（刘珣，1997）。

在编制汉语多媒体教材时，我们必须遵循语言教学规律，从语言教学法中吸取精华，参照国内外语言教学标准，借鉴对外汉语研究者的先进成果，根据实际培养目标编制出体现特定教学法优势,并具有先进时代性的汉语多媒体教材,以更好地服务于对外汉语教学。

4. 相关心理学理论

在对外汉语多媒体教材编写中,通过发挥多媒体技术的优势,力求为学生提供多种感官参与学习的氛围,让学生充分动眼、动耳、动脑、动手、动口,并通过动手操作多媒体软件,边想、边做、边练来感知汉字的结构、领悟意义、掌握语法。多种感官参与学习,能大大提高学生的感知效果,并使学生由被动学习变为主动学习。

学习任务的这一范围是由学习者来承担的,在其先天的能力、背景知识和经验以及学习动机方面,他们在范围和细节上存在着巨大的差异。接受新的学习任务的学习者们在其作为学习者的特征上是非常不同的(Gagne,2005)。美国心理学会工作组回顾了许多心理学研究领域的文献,以便从研究中找出与学习者的特点和学习环境有关的主要成分,其目的是为了开发出一套以学习者为中心的心理学原理。他们由此得到了14个心理特征与原理,这些特征与原理被分成四种因素:认知的与元认知的,动机的与情感的,发展性的与社会性的以及个别差异(APA Work Group,1997)。面对学习者的不同特征,汉语多媒体教材的编写必须符合学习者的心理因素。

(1) 视觉注意区域

心理学研究证明,人们在观察一幅图像时,较多从左上方开始,即注意力首先集中于画面横竖各三分之一的交叉处,此处被称为视觉中心。另外"井"字区域(九宫格的交点)是视线集中的地方,因而常把主体安排在这些位置附近(聊城大学教育技术系网络课程制作小组,2004),一方面容易引起人们的注意,另外一方面符合人的视觉习惯,使人们容易接受。根据这一规律,在编写汉语多媒体教材的时候,可把重点信息布置在画面的"井"字区域,利用学习者的认知特点把学习者的注意引向重要内容处。

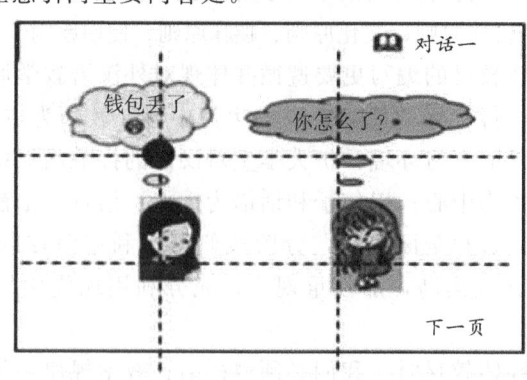

图 2—2—1 视觉中心与"井"字区域

（2）遗忘规律

遗忘是学习者在学习过程中需要努力克服的一大障碍。德国的心理学家Ebbinghaus首先对遗忘现象作了系统深入的研究，并制作出艾宾浩斯遗忘曲线。从中可以看出记忆量与时间变量的关系：遗忘进程不是均衡的，在识记后最初一段时间遗忘率很高，接下来会随时间的延长逐渐趋缓；如果没有及时地复习，记忆保有量仍会大幅衰减，复习作用不明显；在记忆量没有急剧衰减时及时地复习，记忆保有量会大幅提升。一般来说，记忆20分钟后的遗忘率为42%，1小时后为56%。此后的遗忘逐渐减慢：1天为66%，2天为72%，31天为79%。另外，2002年中科院心理研究所记忆研究课题组的研究表明，学习后的一小时、第二天、第三天、第七天都是复习的黄金时间。

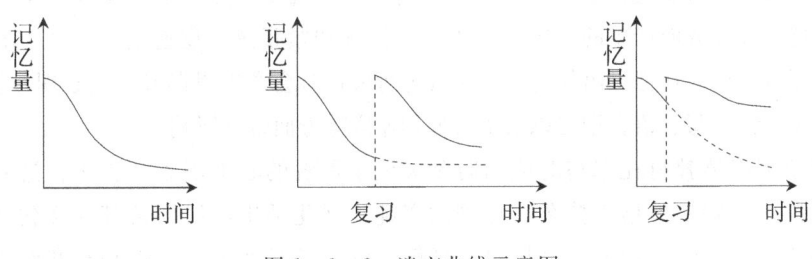

图2-2-2　遗忘曲线示意图

结合上述研究成果，在多媒体教材数字化学习环境中，可以充分利用计算机的信息处理能力，定时提醒教师和学习者复习所学的内容。比如学习者一周以内都没有再复习某一课内容，那么系统可以用对话框的形式提示"某某课已经一星期没有复习"，帮助实现对外汉语教学中的提高重现率原则，这在传统面授教学中是很难做到的。

（3）动机因素

在编写汉语多媒体教材时，一定要考虑学习者的学习动机因素。动机可以说是用来解释目标导向行为的引发、方向、强度与坚持性的一种假设的构念。动机的原因可分为外在于学习者的和内在于学习者的两个方面。一种类型的内部动机是好奇心，另一种十分不同的内部动机是成就需要。

我们通过理解何种内部因素激发学习者，就可以设计具有激发动机作用的汉语多媒体教材。我们可以通过设置问题来激发好奇心，或者就成就需要而言，增加一些设置个人目标和竞争的机会。像教学的外部事件一样，外部的条件能够引发动机过程或状态。但并非所有个体都由同一事物而被激发动机。这就是说，因为先前的学习、经验或期望的不同，一个特定的情境可能激发某一个体的动机，但并不能激发另一个体的动机。动机研究者描述了许多原理或条件，它们看来有足够普遍性,保证了在教学材料的设计中考虑它们。如 Keller(1999)开发了一个称为"ARCS"的动机设计模型:注意(attention)、适切性(relevance)、信心(confidence)与满意(satisfaction)。

汉语多媒体教材编写者可通过向学生呈现具有中国特色的卡通或彩色图片来引起学生的兴趣。为使课程与学生高度适切,可让学习者对所要学习的主题设置自己的目标。为树立学习者的信心,需要提供具有高成功率的练习机会;为让学习者获得满意感,多媒体教材应为良好的表现提供奖励。在汉语多媒体教材编写中关注动机的目标,是为了让学生付出必需的时间和一定程度的努力,以便学会所要求的语言知识和技能。

(4)学习中的焦虑感

汉语多媒体教材应能够适度控制学习者的焦虑程度。焦虑是一种由于害怕失败,担心不能完成任务而产生的一般性的不安、担忧和紧张感(皮连生,1997)。由于受到母语干扰,成人在把汉语作为第二语言进行表达时会产生恐惧或不安心理,焦虑会对听、说、读、写、语言记忆以及语言处理速度等方面带来影响。

汉语多媒体教材在编写时应当时刻关注学习者的心理因素,善于营造轻松的学习氛围,鼓励学生培养持久、深刻的兴趣;强化学生对汉语及其汉文化兴趣的内在动机,引导学习者充分利用自己理解力强、长时间记忆力强和自我约束力强的优势;注重学习策略和学习方法的培养;多媒体教材要注意为学生展示清晰的教学结构,并合理地安排教学进度和教学内容,既不要吃不饱,也不要消化不良。

在多媒体课堂环境下,由于刺激源更加丰富,气氛更活泼,更加贴近真实的生活环境,因此有助于消除学生的焦虑;在远程汉语学习中,学习者压力更小,可以完全以放松的心态投入学习,但是要避免另一个极端,就是学习活动过于散漫,没有压力就没有动力。

## 二、资源库设计实现目标

多媒体技术的支持使得语言学习模式产生革命性巨变。在多媒体时代,汉语教学模式出现了基于 Podcast 的自主学习,基于虚拟社区的自主学习,基于语料库的数据驱动学习模式,基于交互式多媒体课件的自主学习、协作学习、同伴学习等新概念。多媒体教材的编写不应该是纸质教材搬家,而应该是秉承全新的理念,胸怀全新的目标。

1. 以学生为中心

"以学生为中心"的教学理念起源于美国教育家杜威为代表的"儿童中心论",他主张解放儿童的思维,以儿童为中心组织教学,发挥儿童学习主体的主观能动作用,在"做中学"。杜威极力反对在教学中采用以教师为中心的做法,反对在课堂教学中采用填鸭式、灌输式教学。20世纪80年代中期,以Von Glasersfeld(1995)为代表的建构主义者主张学习是学习者主动建构知识的过程,在一定的学习环境中,利用教学资源,使学生在合作和交流的氛围中积极、主动地学习,有效实现对当前所学知识的意义建构。Von Glasersfeld提出,概念不能简单地从教师到学生传输,而必须通过学生的感知习得。知识是通过学习者的主动参与获得的,并非靠简单地模仿和重复(Kroll,1996)。在教学设计上,建构主义者认为教学应以学生为中心,教师是学生学习的帮助者和促进者,这种教学理论随着多媒体技术和信息化的发展,在教学实践中得到了广泛的运用。

在汉语多媒体教材的设计中,要想实现以学生为中心就需要考虑到以下几点:(1)学生是学习的主体,汉语多媒体教材要充分调动学习者积极性,帮助学习者实现"有意义"的学习。(2)注重学习者的情感因素,发挥多媒体教材交互性特征,实现师生、生生间的良好沟通。(3)对学习者的学习作出及时有效的反馈,激发其学习动机,帮助其树立正确的学习态度。总之,汉语多媒体教材的编写要充分利用现代教育技术的优势,通过立体化、全方位的模块设计丰富课堂教学的方式和结构,使学习者在教师的协助下充分享受自主学习的快乐,打破传统教材的教师中心。

2. 情景化设计

汉语多媒体教材的设计中应该强调学习的情境性。学习总是与一定的社会文化背景相联系。学习的目的不仅是要让学生懂得某些知识,而且要让学生能真正运用所学知识去解决现实世界中的问题。在汉语多媒体教材的设计中,我们主张把所学的知识与一定的真实性任务情境挂起钩来,提倡在教学中使用真实性任务,让学生通过解决情境性问题和参与情境性的活动来建构起能灵活迁移应用的知识经验。

外语教学中的"情景对话教学"、"视听说教学"等做法都基于这样的经验,如果让学生学习完全不熟悉的材料,效果不会好,但是如果内容背景是学生熟知的,即使句子很难,生词比较多,学生也可以借助情景猜测。学生在听的过程中调用了先前已习得的情境模式以及相关信息来帮助听力材料的理解,然后构建新的语言情境。

多媒体教材编写要注意听前引入部分的背景介绍,而不要仅仅局限于为新词新句等细节问题扫清障碍。

语言教学中的听、说、读、写、译能力是一种技能培养,需要在真实情境中获得,而教学环境与真实环境又存在差异,所以多媒体教材要发挥媒体素材丰富的特点,从词汇、句子、篇章和文化背景、语法库、技能库等各方面提供丰富的材料资源,包括文字、图形图像、音频及视频等,模拟真实的语言环境,使学习者能够在多媒体的帮助下，根据自己的知识水平和学习风格来建构新的知识。

  3. 使用智能化

  多媒体教材呈现使用智能化的趋势。智能化多媒体教材能够给学生自主学习、自由发挥的空间，这就需要使制作的多媒体教材具有灵活性、多向性和互动性，使学生觉得面对的不是生硬的机器，而是具有人性化、智能化的"教师"。在多媒体教材中，应适当运用各种新手段，达到能与教学进程随意结合的模式，并能对学生的各种表现有所反映，以摆脱按部就班的教条模式，从而使学生有自主活动的余地。不断尝试用新的技术和新的教学方法制作更完善、更加人性化和智能化的多媒体教材是多媒体教学发展的趋势，也是难点。虽然目前在多媒体教材的编写上已经有所改观，但要想有所突破，则难度越来越高。

  智能化多媒体教材一般要满足三种要求。首先，智能化多媒体教材可根据设计的顺序学习各知识点内容，这是最基本的知识点主线；其次，还能够以学习者为中心，由学习者自我制订学习计划（顺序）；再次，对知识点进行扩展补充，学习者将自己的多媒体资料添加到已有的知识点中或者替换该知识点。同时，能够反映学习者的学习过程，检验知识掌握程度，并自动给出学习建议等。所谓智能化多媒体教材，核心体现在智能化。这不仅是从技术层面，也是教学系统设计思想的再现。优秀的教学设计既以教为主，又以学为主，教学并重（何克抗等，2002）。这一般体现在以下几方面：

  1. 导航灵活，网状的链接结构使得学习者很容易找到所需信息；2. 组合灵活，知识结构可随意组合又不失逻辑关系；3. 内容扩展，可加入学习者自己组织的内容，包括各种媒体；4. 网络更新，可以从网络及时更新内容；5. 过程记录，记录学习步骤，了解学习过程的情况；6. 自我测试，作为知识掌握程度的检验，尤其是主观性问题答案的判定及反馈；7. 总结评估，具备一定程度的分析功能，统计对各知识点的学习时间、次数、掌握程度等学习信息；8. 智能检索，不仅能够检索内容，还可以查询各种媒体素材、学习过程记录、笔记、批注等并进行定位。

  智能化设计的多媒体教材除提供必要的学习内容外，还可帮助学习者了解学习进度，添加自定义附加内容，使得内容更丰富，链接面更宽；可对知识点内容、笔记、教学计划等信息进行全文检索；记录学习时间，统计自测成绩；还能够针对某段时间内累计学习过的知识点和时间给出指导建议。

  未来智能化多媒体教材的发展趋势要符合这些特点，以此改进多媒体教学单纯强调教学媒体形式而忽视对媒体元素重新加工、重组的局面，要给教学带来很大的自主性；要使学习者能主动掌握、配置知识结构，更有利于因人施教和个性化教学。智能化的多媒体教材要使其灵活的方式更适合教学系统设计，促进教学设计理论和计算机技术有机结合，更好地体现多媒体教学优势。

4. 学习协作化

多媒体教材呈现学习协作化的趋势。多媒体教材编写中要体现的协作，实质是指多个学习者对同一问题用多种不同的观点进行观察、比较、分析、综合等交互活动，这些活动是深化问题理解、知识的掌握应用、人际关系技能和高级认知能力的获得等目标学习的外部条件。协作化就是能对多个学习者群体针对共同任务的合作学习进行支持，为学习过程的参与者相互交流、信息共享和合作学习的共享环境的创设。

多媒体教材的编制不仅要遵循因材施教的原则，而且要能使每个学生都享有学习的主动权。随着学习理论研究的深入，人们发现仅强调个别化教育是不够的，在有些学习场合（如学习高级的认识技能、人际关系、情感态度等目标时），个别的孤立的教学效果并不理想。因为这些学习场合要更多地依赖于师生、同学之间的交互作用和群体动力。随着现代社会的发展，工作复杂程度的提高，群体工作比个人工作显得更为重要，完成一项工作往往需要许多人的协作。而且，经济、科技和社会活动逐渐打破了区域和国家的界限，在信息化社会中，人们的工作方式明显带有群体性、交互性、分布性和协作性等基本特征。即使在日常生活中，人与人之间的合作也日趋重要。由此可见，理论研究的深入和社会的发展都对多媒体教材的编写提出了更高的要求，即不仅考虑个别化学习模式，还要考虑协作学习模式。另外，教育经验也告诉我们，教育需要一个必要的竞争气氛，同学共处的环境是十分重要的，也是十分有益的。同学之间互相不服气的好胜性和互助性可以促进学习，竞争性环境则有助于学习和获取知识。面对面课堂教学有着一种无可比拟的吸引力，很大原因是由于它提供了一个符合学生认知规律性的学习环境，提供了一个促进学习的合作环境。因此，多媒体教材创设的群体化环境效应是不能被忽视的，个别化教育无法完全取代群体教育。所以，协作化是多媒体教材的必然发展趋势。

未来多媒体教材呈现协作化的发展趋势也是因为协作化有其突出的优势。第一，协作化的多媒体教材有利于培养高级认知技能、人际交往技能和情感态度方面的教学目标，补充个别化教学的不足；其次，能产生一种群体气氛，充分发挥群体动力和集体运动协同合作的协同效应；再次，真正把因材施教和扩大教学规模统一起来，这一直是个别化教学与班级教学的矛盾，但协作化能彻底地解决这一对矛盾。多媒体教材的协作化功能要充分利用传统的班级集体教学的优势，并结合现代教育技术，使远程学习在家庭学习中更加有效和更具吸引力。开发基于计算机网络的协作式多媒体教材是我们努力的方向。

5. 国别化目标

Keats 和 Schmidt（2007）对第二语言教学的观点是，语言的学习涉及母语及目的语国家文化、政治、经济等诸多方面的因素，是在两种语言所承载的文化背景下的跨文化交流和学习。语言学习离不开语言本体的对比性研究，教材建设同样要在对比研究的基础上提高质量和水平。开发放之四海皆准的汉语教材在理论上和现实上都是不可能的。因此，在我国大力发展汉语教育的同时，不可以在教材建设上模糊地将对外汉语教学理解为千人一面，不加区别，这既不符合学习者要求，也脱离了汉语教学的实际。语言教学的出发点是学习者要学什么，而不是教师让他们学什么（Patsy，1999），因此，必须把中国式的教材变为当地本土式的教材，即开发国别化的对外汉语多媒体教材。只有加强国家间教材建设信息沟通，以本体研究为根本，以对比研究为依托，走合作开发、针对性开发的路子，才能更加有力地促进我国对更多不同国家的汉语教育。因此，体现先进科技和教学理念的多媒体教材更应该实现从通用型向国别化的转变。

国家汉办官方网站的"教材资源"目录下有 104 种汉语教材，大学汉语 43 项；中小学汉语 38 项；社会类汉语 8 项；短期汉语 3 项；电子音像类 5 种；中国文化读物 7 项。这些对外汉语教材虽然包括一些外文注释教材，如日语、韩语、法语、德语、西班牙语、俄语、泰语等，但是绝大部分还是以英语学习者为对象。国内出版的对外汉语教学方面的书，大多是作者自己的观点，且教材形式单调、落后，提不起学习者的兴趣。国家汉办主任许琳认为，教师要贴近外国学习者思想、贴近外国人的习惯、贴近外国人的生活来编教材，目前国内输出的汉语教材都不可避免地带有汉语为母语的中国教师和编写者的思路，如果有大批外国人来编汉语教材，汉语推广才大有希望（新华网，2008）。

缺乏针对性是大多数对外汉语教材的弱点，通用式教材难以满足不同国家、不同母语、不同学习环境的学习者的不同要求（杨庆华，1995）。佟秉正（1991）在谈到教材的针对性时指出：国内的教材都是以汉语为本位的，未能从学习者的角度出发；对母语不同的学生使用同一教材，尽管有时生词及注释的外语翻译有别，很少有针对学生母语与汉语的关系而特别编写的。从近些年汉语教材的建设实际情况来看，从通用型向国别化的转变还没有完全实现。市场上可见的对外汉语教材，多数还只不过是在原有教材的基础上进行的翻译工作。

## 第二节 优秀多媒体教材教学模式分析

本节内容根据徐娟老师《对外汉语多媒体教材开发战略研究》相关章节内容调整改写。本节对国内外较有影响力的语言教学机构和多媒体教材进行案例分析，研究其如何基于多媒体教材进行语言训练，归纳总结其中的教学模式。

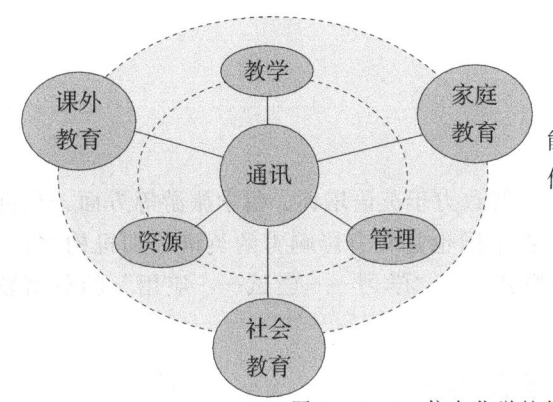

祝智庭教授的信息化学校的功能模型中，教学和资源被视为网络信息化教育的基本功能。

图2-2-3 信息化学校的功能模型

因此，我们确定出以下对外汉语网站分析框架，制作如下量表观察多媒体教材的基本内容：

表2-2-1 多媒体教材基本内容量表

| 一级指标 | 二级指标 | 选项（所列选项只作参考） |
|---|---|---|
| 基本信息 | 创办机构类型 | 个人/企业/政府/学校 |
| | 网站经营方式 | 无注册/免费注册/部分收费/收费 |
| | 目标群体 | 个人/企业/政府/学校 |
| | 语种 | 中文/英语/俄语/法语/德语/ |
| | 类型 | 课程类/辅助资料类/工具类/ |
| | 网站提供内容 | 应用（旅游/商务……）/考试（HSK）/文化/普通课程 |
| 资源 | 来源 | 站内资源/调用外部资源（如新闻等）/实时数据收集（由网站用户提供）/链接资源 |
| | 检索 | 是否提供检索，检索方式多样化 |
| | 呈现形式 | 文本/图片/音频/视频/动画 |
| | 组织形式 | 线形/分支/网状 |
| | 辅助工具 | 笔记/辞典/翻译/电子书签 |
| | 课程类型 | 知识（拼音/汉字/语法）/技能（听说读写综合）/文化/HSK |
| | 共享 | 是否提供下载，有无权限限制 |
| 教学 | 教学模式 | 自主学习/辅助学习/协作学习/同伴学习 |
| | 教学手段 | 开放式活动/有组织活动/虚拟环境/工具 |
| | 交互类型 | 同步交互/异步交互 |
| | 交互手段 | 论坛/即时聊天工具/电子邮件/视频交互/音频交互 |
| | 评估 | |
| | 反馈 | |
| | 学习指导 | |
| | 学习跟踪 | 能否正确记录学习者使用资源的进度，提供便于查看的报表 |

## 一、英语教学网站类

### 1. 英孚（EF）

EF英孚教育创办于1965年，主要致力于英语培训、留学旅游等方面，在世界上拥有300多个办事处和学校。在中国也是较有影响力的英语培训机构之一。EF英孚教育有其独立的语言培训模式——"学习——尝试——应用"的英语教学模式：

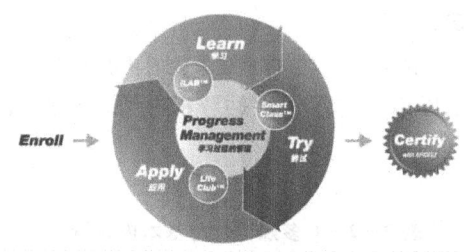

图2-2-4　EF英语训练模式

Learn（学习）环节采用iLAB在线英语实验室量身定制的英语教材来传授主要的概念与词汇；尝试（Try）环节让你在口语教学中操练所学到的新知识。共有四种形式：小组讨论（Small Group），工作组（Workshop），在线讨论（Online），教师面对面（Private）。应用（Apply）则通过大量生活俱乐部的社交活动让你沉浸于真实的生活环境中练习英语教材中学习到的内容。

（1）iLAB在线英语实验室

iLAB在线英语实验室是EF英语培训机构的网上学习系统，该系统功能包括：英语学习视频、课程作业、英语学习进展报告、发音实验室、英语语法、英语识字、声音游戏、学校聊天、英语学习游戏。

图2-2-5　iLAB课程视频观看

iLAB在线英语实验室的课程学习分四个步骤：观看、学习、尝试、测试。观看（Watch）：是指通过观看视频的方式对课文进行整体理解和把握。每一个视频有一个主题。视频以真人实拍的方式呈现，并配以字幕，但字幕是否可以播放无法控制。Learn（学习）：以练习的形式进行听、说、读、写语言技能的训练；Try（尝试）：以小组学习、Workshop、一对一教学、在线对话四种形式练习口语；Test（测试）：在单课学习结束后对学生的学习情况进行评测。

通过英孚所提供的课程Demo，其多媒体教材的教学模式如下：

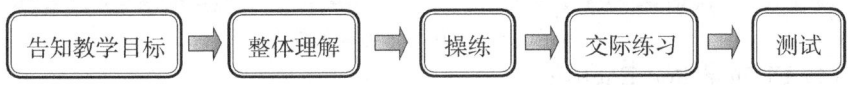

图 2—2—6　EF英孚教材训练模式

（2）iLAB语音实验室（Pronunciation Lab）

语音实验室以声音和发音口型动画结合的形式训练学习者音标、单词和句子的发音，学习者还可以进行录音比较。同时，学习者还可以选择两种不同的发音方式：北美音和英国音。

（3）iLAB语法实验室（Grammar Lab）

EF英孚将英孚语法教学作为一个独立的教学子系统，以一个语法点作为一篇课文。该系统的语法教学可划分为三个步骤：告知目标及情景呈现，即告知学习者本课的

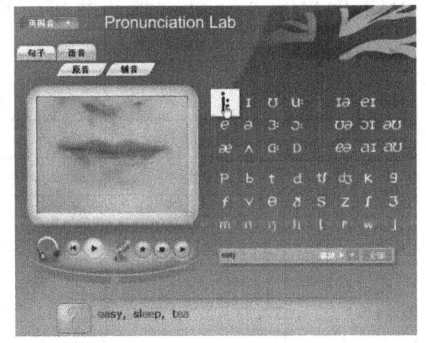

图 2—2—7　iLAB语音实验室

学习目标，而后以图片的形式呈现给学习者某一个情景；围绕所呈现的情景给予学习者大量的例句；学习者自主练习并在练习结束时给予反馈。

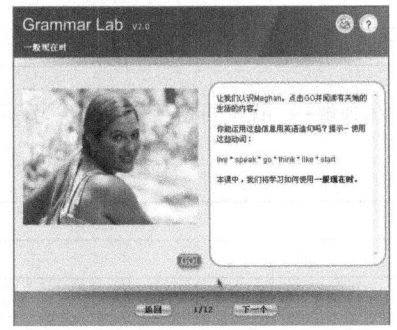

图 2—2—8　告知目标及情景呈现

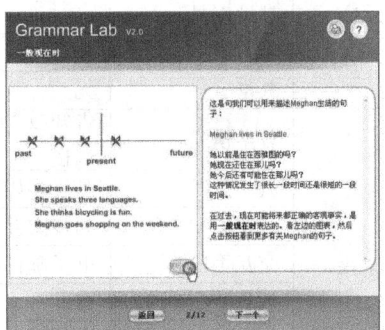

图 2—2—9　例句

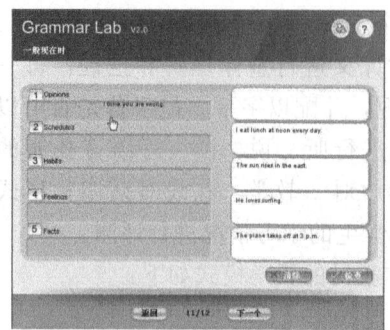 

图 2—2—10 练习及反馈

(4) EF 英孚 Pod English

2006 年 12 月，英孚推出与都会娱乐紧密结合的 pod English 英语教学，其中包含了听力、发音和语法练习，让全世界所有 EF 学员于每日生活中，透过 iPod 及 MP3 上生动有趣的英语短片学习英语。

表 2—2—2 英孚 Pod English 调查量表

| 一级指标 | 二级指标 | 选项（所列选项只作参考） |
|---|---|---|
| 基本信息 | 创办机构类型 | 个人/企业/政府/学校 |
| | 网站经营方式 | 收费 |
| | 目标群体 | 个人 |
| | 语种 | 英语 |
| | 类型 | 课程类 |
| | 网站提供内容 | 应用（旅游/商务……）/普通课程 |
| 资源 | 来源 | 站内资源 |
| | 检索 | 提供检索，检索方式多样化 |
| | 呈现形式 | 文本、图片、视频、音频 |
| | 组织形式 | 网状 |
| | 辅助工具 | |
| | 课程类型 | 技能（听说读写综合） |
| | 共享 | 无 |
| 教学 | 教学模式 | 告知教学目标——整体理解——课文讲解——交际练习——测试 |
| | 教学手段 | 基于多媒体课件自学 |
| | 交互类型 | 同步交互 |
| | 交互手段 | 电子邮件 |
| | 评估 | 有 |
| | 反馈 | 有 |
| | 学习指导 | 场景模拟/语音纠正 |
| | 学习跟踪 | 有 |

pod English 共包括 80 个短片,每个短片均为 5 分钟左右的培训课程。目前,EF 英孚教育已推出 12 个 pod English 短片。在设计上,每部五分钟的短片与课堂中教授的主题相呼应,透过短片中创造的各种生活场景呈现所需的重要语句,并由专家主持和教师亲自演绎。每个 pod English 的创作模式包括五大步骤:

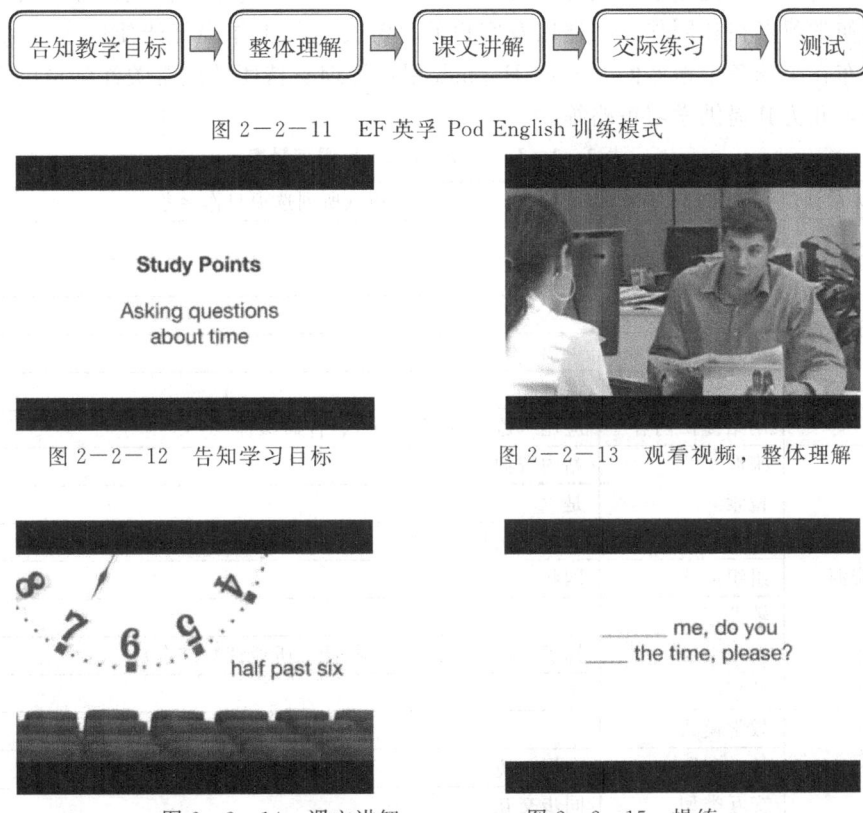

图 2-2-11　EF 英孚 Pod English 训练模式

图 2-2-12　告知学习目标　　　　图 2-2-13　观看视频,整体理解

图 2-2-14　课文讲解　　　　　　图 2-2-15　操练

图 2-2-16　回顾

## 2. Global English

Global English 全球英语创建于 1997 年,目前在 140 个国家开办教学服务,拥有 500 多家客户,110 000 位用户。Global English 的核心业务是为企业提供在线英语培训的服务——Corporate Learning Service 系统,该系统具备四大特征:①该系统布置在因特网上,学员随时随地都可以进行学习;②富交互环境,大量学习材料,个性化教学和及时反馈,教师在线指导;③为用户提供外部工具和资源,使学习者在和同伴、搭档以及客户的日常交流与工作中都能使用这些工具;④分布在全球各个地区的 Global English 用户管理支持团队经常关注学员的学习进展,并为其提供学习策略等。

表 2—2—3　Global English 调查量表

| 一级指标 | 二级指标 | 选项(所列选项只作参考) |
|---|---|---|
| 基本信息 | 创办机构类型 | 企业 |
| | 网站经营方式 | 收费 |
| | 目标群体 | 个人 |
| | 语种 | 英语 |
| | 类型 | 课程类 |
| | 网站提供内容 | 应用(旅游/商务……)、普通课程 |
| 资源 | 来源 | 站内资源、外部资源 |
| | 检索 | 是 |
| | 呈现形式 | 文本、图片、音频、视频 |
| | 组织形式 | 网状 |
| | 辅助工具 | |
| | 课程类型 | 知识(词汇、语法)、技能(听说读写综合) |
| | 共享 | 无 |
| 教学 | 教学模式 | |
| | 教学手段 | 虚拟环境 |
| | 交互类型 | 同步交互 |
| | 交互手段 | 即时聊天工具/电子邮件 |
| | 评估 | 有 |
| | 反馈 | 有 |
| | 学习指导 | 有 |
| | 学习跟踪 | 有 |

Global English 采用交际法进行教学。交际法的根本目的是鼓励学生用新习得的语言进行交流。为了达到有意义交际的目的,Global English 采用"4P"模式:即 Present,Practice,Produce 和 Perform,如图所示:

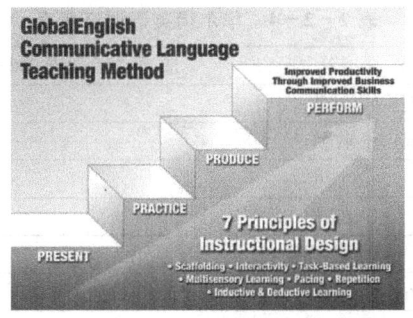

图 2-2-17　Global English 4P 教学模式

Global English 4P 教学模式是：Present（呈现）：首先将语言学习内容和结构呈现在学习者面前；Practice（练习）：学习者在一个提供教学支持的环境下进行交际练习；Produce（创造）：学习者能利用新习得的语言进行有意义的交际；Perform（完成任务）：学习者能在工作中使用该语言并顺利完成任务。

Global English 除了独特的训练模式之外，其课程的教学设计也别有特色，教学设计七大原则如下：①提供适当的支架（Adequate Scaffolding），通过学习支持服务系统，在学习新内容时提醒学习者他们已经学会了和该学习内容相关知识，将学习分成一系列小步骤，并提供 desired behavior 模型；②富交互（Interactivity）；③基于任务的学习（Task-based learning）；④多通道学习（Multisensory Learning）；⑤自定步调（Pacing）；⑥循环（Repetition）：语言习得的过程是非线性的，是递归式的，需要不断地循环反复。基于此，Global English 将新的材料不断在学习者面前呈现，让学习者吸收；⑦归纳演绎（Inductive and Deductive），给予学习者一个规则，然后让学习者将该规则运用到具体的语言环境中。归纳法是指学习者通过多个实例总结出某个语法规则，并为忙碌的商务人士提供高效率的学习方法。

图 2-2-18　Global English 训练模式

3. 华尔街英语

华尔街学院由 L. T. Peccenini 于 1972 年创立，意在解决学生围绕英语课来安排生活而无法避免的困难。华尔街学习方法注重个性化的学习、小组教学、尽可能使用英语，在全世界 22 个国家的 440 个中心里，有近 20 万名华尔街学生。自 1972 年以来，超过百万人用华尔街方法学习了英语。现在每年有超过 13 万学员通过华尔街提高他们的英语水平。华尔街英语的任务：致力于成为提供世界一流的英语培训及其他教育服务的机构。

表 2—2—4　华尔街英语调查量表

| 一级指标 | 二级指标 | 选项（所列选项只作参考） |
|---|---|---|
| 基本信息 | 创办机构类型 | 企业 |
| | 网站经营方式 | 收费 |
| | 目标群体 | 个人 |
| | 语种 | 英语 |
| | 类型 | 课程类 |
| | 网站提供内容 | 应用（旅游/商务……）、普通课程 |
| 资源 | 来源 | 站内资源 |
| | 检索 | 有 |
| | 呈现形式 | 文本、图片、音频、视频、动画 |
| | 组织形式 | 网状 |
| | 辅助工具 | |
| | 课程类型 | 知识（语音、词汇、语法）、技能（听说读写综合） |
| | 共享 | 无 |
| 教学 | 教学模式 | 告知教学目标——整体理解——跟读模仿——录音比较——操练——反馈 |
| | 教学手段 | 虚拟环境 |
| | 交互类型 | 同步交互 |
| | 交互手段 | 即时聊天工具、电子邮件 |
| | 评估 | 有 |
| | 反馈 | 有 |
| | 学习指导 | 有 |
| | 学习跟踪 | 有 |

华尔街英语多元教学法的具体内容是：

（1）多媒体互动课程：通过听、理解、跟读、模仿、电脑检测、角色扮演等提升您的英语沟通技能。丰富、有趣而且真实，您将主动学习并欣喜地看到自己的每一次进步。

（2）学生手册——强化关键知识点：多媒体互动课程学习结束后，学生手册上的读写练习帮助您进一步巩固并加强您刚才在多媒体互动课程中习得的新知识。

（3）外教小班辅导课：外籍教师通过丰富有趣的话题、角色扮演，让学习者练习、运用、巩固并扩展在多媒体互动课程中习得的内容，从而鼓励学习者用英语沟通并提升您的沟通技能。

（4）外教补充课：进一步与外教交流及场景对话练习。

（5）社交俱乐部和英语角：社交俱乐部让学习者可以参加各种范围的集体活动，使其在真实的语言环境中练习英语。此外，华尔街英语国际网络社区与全球华尔街英语学员可以在国际互动网络社区进行聊天、语法练习、交友以及询问"英语医生"关于英语学习的问题。

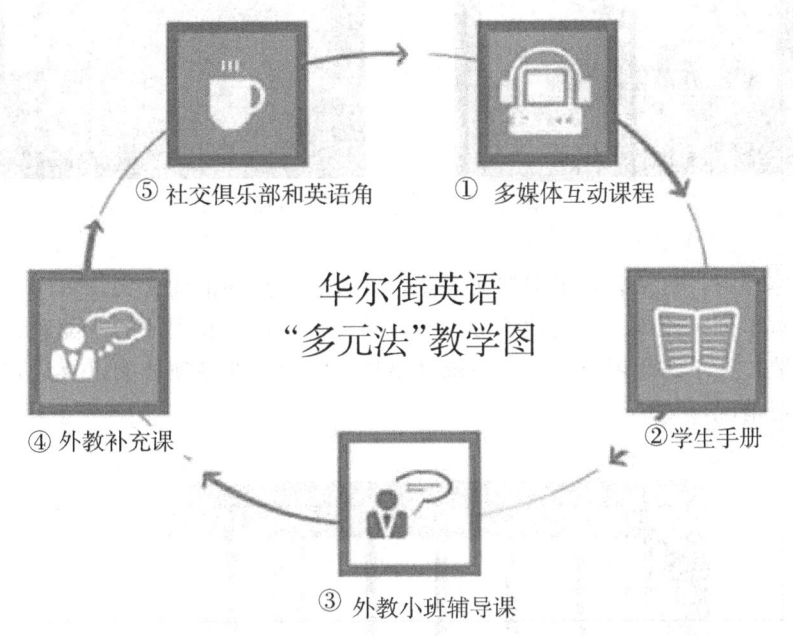

图 2-2-19 华尔街英语多元教学法

华尔街英语多媒体课程训练模式如下

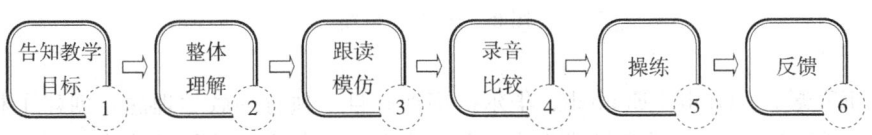

图 2-2-20 华尔街英语多媒体课程训练模式

告知教学目标,如:
In this lesson you will learn how to:
Introduce someone A, this is B.
Reply to an introduction: How do you do?
Ask someone's name : What's your name?
Greet someone politely: Hello!
Identify someone: That's……

图2—2—21　告知教学目标

整体理解：听录音，了解课文大意，并理解重点词汇的含义；巩固：重放录音，填写单词；操练：学生做练习，练习类型包括词汇和图片的匹配题、语法题等；反馈：在单课学习结束后，系统会给出该学习者在各项技能以及语言知识方面的学习情况。

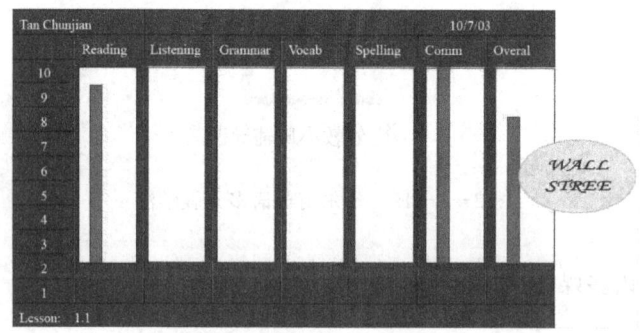

图2—2—22　反馈

EF英孚、Global English、华尔街都拥有自己独特的教学理念，创建了相应的教学模式。可见，教学模式作为一种具有典型示范意义的教学范式，同时具有一种品牌效用。因此，我们在建立对外汉语多媒体教材时，必须具有国际意识，打造自己的品牌，建立符合对外汉语教学的教材训练模式。无论是EF英孚的"学习——尝试——应用"，还是Global English的"4P"模式，抑或华尔街英语的"多元法"，其最终的目标都是培养学习者的英语交际能力。而如何培养学习者的交际能力，这已经是第二语言教学研究中的热点。

三种模式的亮点是：

1. 教学形式丰富多样，如小班授课，一对一辅导，小组学习，Workshop，在线学习。

2. 教学支持服务全方位，建立相应的网络社区。如华尔街的Vill@ge。Vill@ge强调个性化和实用化，它借助因特网以生活化模式打造了一个丰富多彩的大型虚拟城市,在这个城市里设置有"聊天咖啡屋",用以学员之间的交流;"语言健身室",教练为学员定制语言练习的方案;"华尔街报亭",提供丰富多彩的刊物;"门诊部",学员在遇到问题时可以求助;"PEP 大学",为专业人士提供关于市场营销、管理信息系统、销售等知识。

3. 教学资源丰富,如 EF 英孚的 Pod-English,充分利用当下的播客技术,让学习者无时无刻都可以学习。

4. 语言环境真实,如 EF 英孚的 "Life Club",华尔街的"社交俱乐部"。

5. 多媒体学习系统独特,如 EF 英孚的 iLAB 实验室,Global English 的 Corporate Learning Service,华尔街英语的多媒体互动课堂。

## 二、汉语教学网站类

1. 长城汉语

长城汉语创办于 2005 年,是国家汉办/孔子学院总部规划、组织、研发、运营的重点项目,是基于网络多媒体技术开发的新型对外汉语教学模式。"长城汉语"以培养学习者的汉语交际能力为主要目标,运用网络多媒体课件与面授教学相结合的多元教学方法,依托丰富的教学资源,采用即时更新总学习进度和测试效果的管理模式,向学习者提供个性化的学习方案,满足海内外汉语学习者任何时间、任何地点、任何水平的学习需求。

表 2-2-5　长城汉语调查量表

| 一级指标 | 二级指标 | 选项(所列选项只作参考) |
| --- | --- | --- |
| 基本信息 | 创办机构类型 | 政府 |
| | 网站经营方式 | 收费 |
| | 目标群体 | 个人 |
| | 语种 | 中文 |
| | 类型 | 课程类 |
| | 网站提供内容 | 应用(旅游/商务……)、普通课程 |
| 资源 | 来源 | 站内资源 |
| | 检索 | 是 |
| | 呈现形式 | 文本、图片、音频、视频、动画 |
| | 组织形式 | 线形 |
| | 辅助工具 | |
| | 课程类型 | 知识(拼音、汉字、语法)/技能(听说读写综合) |
| | 共享 | 无 |

续 表

| 一级指标 | 二级指标 | 选项（所列选项只作参考） |
|---|---|---|
| 教学 | 教学模式 | 整体理解——跟读模仿——录音比较——模拟交际——技能练习 |
|  | 教学手段 | 虚拟环境 |
|  | 交互类型 | 同步交互 |
|  | 交互手段 |  |
|  | 评估 | 有 |
|  | 反馈 | 有 |
|  | 学习指导 | 有 |
|  | 学习跟踪 | 有 |

长城汉语的多元教学模式特点是：

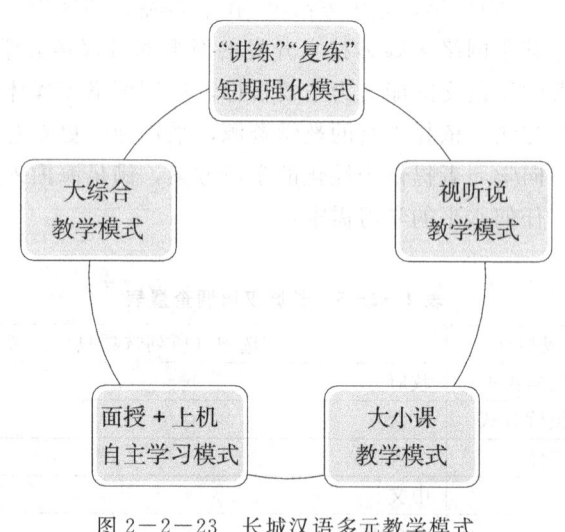

图 2—2—23　长城汉语多元教学模式

（1）"讲练——复练"短期强化教学模式，以学习实用的交际汉语，提高汉语听说水平为目标，典型特点为短期、强化、速成；教学目标突出重点，强化听说；教学内容突出实用性和针对性；教学手段、练习形式丰富多样；充分利用、合理分配有限的教学时间；能有效地激发学生的学习动机，提高学生的学习兴趣，使之对学习保持高度的投入。

（2）视听说教学模式，适用于听说课；培养学生的听、说技能；促进输入与输出，提高参与度，提高开口率，能有效培养学生的语言交际能力。

（3）大综合教学模式，适用学期制的听说读写一体的综合课；全面培养学生的听、说、读、写技能；通过课程设计，将教学分为四个阶段，每个阶段的教学重点和学习目标各不相同；全面培养学生的汉语交际能力。

（4）大小课教学模式，适合综合课；全面培养学生听、说、读、写的能力；课程可采用主讲复练的模式。

（5）面授＋上机自主学习模式，充分发挥了网络多媒体教学的优势，利用先进的信息技术手段，改变以往的语言教学模式，使学生的学习自主性加强，学习时间变得灵活；适用于课堂学习时间有限的个性化教学；特别适用于有强烈正音要求的学生。

多媒体课程训练模式如下：

图 2－2－24　长城汉语教材训练模式

整体理解：以形象生动的卡通动画呈现课文内容
跟读模仿：学习者分句跟读
录音比较：学习者分句录音并将学习者发音和系统发音进行比较，给予反馈
模拟交际：将学习过的知识点换另外一个场景加以呈现，并让学习者模拟
技能练习：包括语音、汉字、词汇、语法、交际五大练习模块

图 2－2－25　长城汉语——整体理解

图 2－2－26　长城汉语——跟读模仿

图 2－2－27 长城汉语——录音比较

图 2－2－28 长城汉语——模拟交际

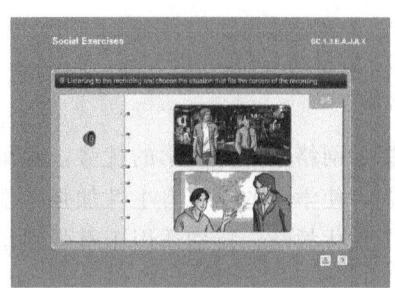 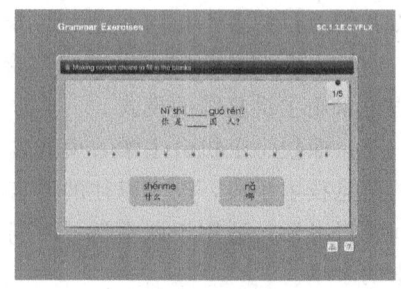

图 2-2-29 长城汉语——练习——交际练习　　图 2-2-30 长城汉语——练习——语法练习

### 2. BCIT—汉语教学直通车

《汉语教学直通车》是由加拿大不列颠哥伦比亚（BC）省政府和国家汉办合作的项目，由加拿大温哥华 BCIT 孔子学院参与执行。开发团队由国外同领域专家、国内到达国外的学者组成。

表 2-2-6　汉语教学直通车调查量表

| 一级指标 | 二级指标 | 选项（所列选项只作参考） |
| --- | --- | --- |
| 基本信息 | 创办机构类型 | 政府 |
| | 网站经营方式 | 收费 |
| | 目标群体 | 个人 |
| | 语种 | 中文 |
| | 类型 | 课程类 |
| | 网站提供内容 | 普通课程 |
| 资源 | 来源 | 站内资源、外部资源 |
| | 检索 | 是 |
| | 呈现形式 | 文本、图片、音频、视频、动画 |
| | 组织形式 | |
| | 辅助工具 | |
| | 课程类型 | 技能（听说读写综合） |
| | 共享 | 有 |
| 教学 | 教学模式 | 整体理解——活动设置——汉字词汇——语法——操练——测试——文化 |
| | 教学手段 | 虚拟环境 |
| | 交互类型 | 同步交互 |
| | 交互手段 | 教案互动 |
| | 评估 | 有 |
| | 反馈 | 有 |
| | 学习指导 | 有 |
| | 学习跟踪 | 有 |

《汉语教学直通车》初级对象定位小学6年级以上，课时一周2个学时，教学内容参考欧盟语言框架和汉办教学大纲；包含15个情景的"交际任务"，总共15课；配备了20个对话视频，30个课堂活动，46个语法点，以及15篇当代中国文化视频、活动和短文。有40-50个以上场景；未来共计45个MODULE。

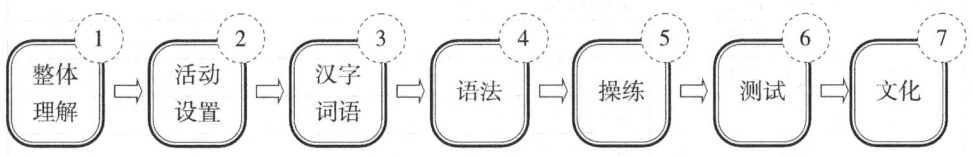

图2-2-31 《中文资源宝》训练模式

3. 八仙过海学汉语

《八仙过海学汉语》（Chinese your way）是针对美国高中学生设计的，基本目标是让每个想学习汉语的人都可以学习到汉语，了解到中国文化。《八仙过海学汉语》按照美国的学期分为高中一年级的1A/1B，高中二年级的2A/2B，高中三年级的3A/3B，共六期课程。目前高中1A/1B/2A课程已经开发完毕，并在美国投入使用。

表2-2-7 八仙过海学汉语调查量表

| 一级指标 | 二级指标 | 选项（所列选项只作参考） |
| --- | --- | --- |
| 基本信息 | 创办机构类型 | 学校 |
| | 网站经营方式 | 收费 |
| | 目标群体 | 个人 |
| | 语种 | 英语 |
| | 类型 | 课程类 |
| | 网站提供内容 | 应用（旅游） |
| 资源 | 来源 | |
| | 检索 | |
| | 呈现形式 | 文本、图片、音频、视频、动画 |
| | 组织形式 | |
| | 辅助工具 | |
| | 课程类型 | 技能（听说读写综合） |
| | 共享 | 无 |

续 表

| 一级指标 | 二级指标 | 选项（所列选项只作参考） |
| --- | --- | --- |
| 教学 | 教学模式 | 故事学习——深入探索——巩固提高——文化拓展——本课测试 |
| | 教学手段 | 虚拟环境 |
| | 交互类型 | |
| | 交互手段 | |
| | 评估 | 有 |
| | 反馈 | 有 |
| | 学习指导 | 有 |
| | 学习跟踪 | |

八仙过海的特点是将汉语学习和汉字学习分离开，使用拼音作为汉语学习的主要文字体系。汉字作为辅助，主要承担欣赏和学习兴趣的功能。

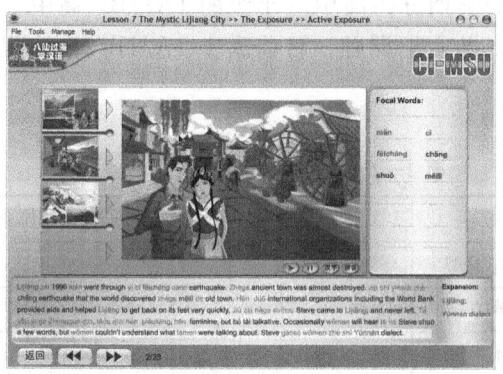

图 2—2—32 八仙过海

通过 English Ordered Chinese（在英语句中穿插汉语单词）和 Chinese Ordered English（用英语单词组成遵循汉语语法结构的语句）辅助汉语学习；以词汇学习为初级阶段语言学习的主导，采取 EOC，即英语为叙述文本，其中嵌入汉语词汇的方式，解决初级阶段了解中国文化时的语言障碍。

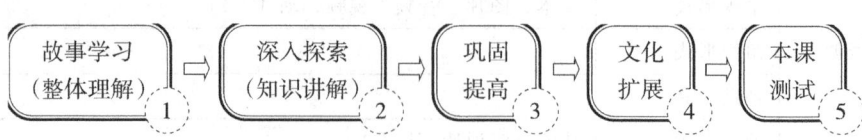

图 2—2—33 八仙过海教材训练模式

（1）故事学习（整体理解），以几个美国中学生到中国旅行为故事线索，将中国的地理、历史、人文等文化内容组合成故事，语言以 EOC（英文带中文的形式叙述，采用 flash 呈现主体内容。（2）深入探索（知识讲解），常用词语：以"故事"中某背景元素为画面，让学习者从特定的场景中学习词汇；交际文化：采用视频和真人情景表演的方式展现特定交际场合的交际性文化知识；语法结构：对故事中涉及的语法进行讲解和练习；语言典故：对嵌在故事中的成语、熟语等，以文字形式讲解它们的典故、故事。（3）巩固提高：听、说、读、写四个模块，从各个角度加强学习者对课程内容的掌握。（4）文化扩展：给学习者提供有关中国历史、地理、人文以及当代中国的知识，包括说古道今、九州览胜、华夏风情、走马观花。（5）本课测试：从课件各个模块的习题中自动生成一个题库，测试学生对本课的掌握情况。

4. 网络孔子学院

网络孔子学院（www.chinese.cn）针对三类不同的对外汉语教学用户——儿童、成人、教师分别建设了相应的网站，并提供了丰富多样的资源。

表 2-2-8 网络孔子学院调查量表

| 一级指标 | 二级指标 | 选项（所列选项只作参考） |
| --- | --- | --- |
| 基本信息 | 创办机构类型 | 政府 |
| | 网站经营方式 | 无注册 |
| | 目标群体 | 个人 |
| | 语种 | 中文、英语、俄语、法语、德语、日语、韩语 |
| | 类型 | 辅助资料类、工具类 |
| | 网站提供内容 | 应用（旅游/商务……）、考试（HSK）、文化、普通课程 |
| 资源 | 来源 | 站内资源、调用外部资源（如新闻等）、实时数据收集（由网站用户提供）、链接资源 |
| | 检索 | 有 |
| | 呈现形式 | 文本、图片、音频、视频、动画 |
| | 组织形式 | 线形 |
| | 辅助工具 | 辞典、电子书签 |
| | 课程类型 | 知识（拼音/汉字/语法）、技能（听说读写综合）、文化 |
| | 共享 | 有 |
| 教学 | 教学模式 | 自主学习/辅助学习/协作学习/同伴学习 |
| | 教学手段 | 开放式活动 |
| | 交互类型 | |
| | 交互手段 | |
| | 评估 | |
| | 反馈 | |
| | 学习指导 | |
| | 学习跟踪 | |

网络孔子学院对于两类学习者（儿童、成人）在模块设置上比较类似（除了娱乐模块和实用模块），但每个模块的设置有很大的区别，无论在难度上、风格上、内容上都针对学习者的年龄特点和需求提供不同的资源，满足不同用户的需求。

图 2—2—34　网络孔子学院网站模块图

· 少儿版

界面轻松活泼，色彩较为艳丽，以图片、视频、动画居多。

图 2—2—35　网络孔子学院少儿版界面图

课程：目前包括四套少儿汉语教材——快乐汉语、乘风汉语、汉字王国、异趣少儿汉语。课程的训练模式和原有教材的设计相同。

娱乐：汉字游戏，词语游戏，幽默逗画，趣味故事。娱乐板块为少儿版所独有。

图 2-2-36 网络孔子学院少儿版娱乐

游戏的表现形式虽然不同，但同一模块的游戏机理都相同，如汉字游戏通过听录音选择汉字。词汇游戏即选字组词。

视听：经典卡通，家有儿女，中华礼仪故事，儿歌，童谣，动画系列剧。通过视频呈现丰富多彩的内容，一般配有文字讲解。

基础：拼音，汉字，词汇，语法，成语。运用枚举的形式，将课文中的语法、词汇、汉字等语言知识点列举于基础部分，辅以视频讲解及交互练习。

文化：中国历史常识，中国地理常识，书法借鉴，古文鉴赏，诗词。

题库：专项练习，模拟题库，在线测试。

• **成人版**

课程：汉语我和你，疯狂汉语。

视听：快乐中国，汉字五千年，留学生才艺展示，汉语听读，中国全景。

实用：音乐汉语，电影汉语，商务汉语，作文。

文化：历史常识，地理常识，文化常识，诗词，古文，书法。

基础：每日一字，汉字，每日一词，快乐汉字，语法，快乐汉语。

题库：专项练习，模拟题库，在线测试。

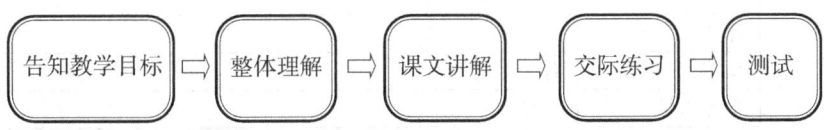

图 2-2-37 网络孔子学院训练模式

• **教师版**

课件：汉语教学示范课，汉字五千年，课件展示，万里海疆中国行。

资源：汉字，快乐汉字，词汇，语法，阅读，作文，文化常识。

考试：考试介绍，考试动态，教辅教材，历年真题，教师题库。

教师沙龙：名师风采，交流中心。

教学站点：汉语学习，留学中国，学习产品，中国旅游，生活服务。

### 5. 新乘风汉语

新乘风为多人在线角色扮演的对外汉语教学课件，为汉语学习者提供了一个蕴含丰富语言文化信息的沉浸式学习环境。新乘风的游戏背景为当代中国。学习者以游客身份登陆游戏，逐步晋级为居民和公民。根据不同的身份层级，学习者会得到难易度不同的学习资料、游戏指令，并参与、开展不同程度的社会活动。

表 2-2-9　新乘风汉语调查量表

| 一级指标 | 二级指标 | 选项（所列选项只作参考） |
| --- | --- | --- |
| 基本信息 | 创办机构类型 | 学校 |
| | 网站经营方式 | 收费 |
| | 目标群体 | 个人 |
| | 语种 | 汉语、英语 |
| | 类型 | 课程类 |
| | 网站提供内容 | 游戏 |
| 资源 | 来源 | 站内资源 |
| | 检索 | 有 |
| | 呈现形式 | 文本、图片、音频、动画 |
| | 组织形式 | |
| | 辅助工具 | |
| | 课程类型 | 技能（听说读写综合） |
| | 共享 | 无 |
| 教学 | 教学模式 | 场景体验——语言输入——强化训练——场景练习——互动交流——移动学习 |
| | 教学手段 | 虚拟环境 |
| | 交互类型 | 游戏互动 |
| | 交互手段 | 电子白板、博客、维基、交流论坛、视频音频会议、文字语音即时讯息 |
| | 评估 | 有 |
| | 反馈 | 有 |
| | 学习指导 | 不详 |
| | 学习跟踪 | 不详 |

新乘风汉语课件的设计原则是：建立一个便于综合语言学习的环境；以任务为导向的语言学习；针对国外汉语教学的资源不足而设计；以游戏为载体，系统地进行汉语教学，与传统课堂学习环境相接轨；侧重社会交际和文化交流，突显互动性。

课件训练模式：

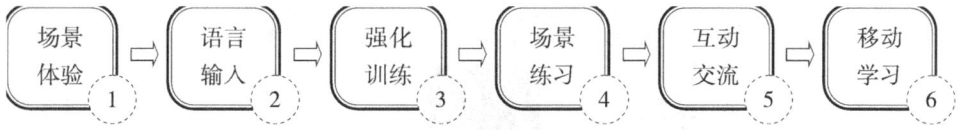

图 2—2—38　《新乘风汉语》训练模式

（1）场景体验：课件围绕一定的故事情节展开，学习者可选择三种游戏身份，"游客"、"居民"、"公民"，游戏身份的级别随学习内容和参与活动的累积而晋升。在虚拟的场景中，学习者学习词汇，体验文化，进行交际。

图 2—2—39　《新乘风汉语》场景图

（2）语言输入：语言学习材料除文本对话还有语法注释，学习者不仅可以收听录音，还可以利用录音，利用比较功能练习发音。

图 2—2—40　《新乘风汉语》语言输入

（3）强化训练：提供大量的练习，强化所习得的语言技能和语言知识，其训练题型包括听说训练、词句整序训练、连线搭配训练、听力理解训练、完型填空。

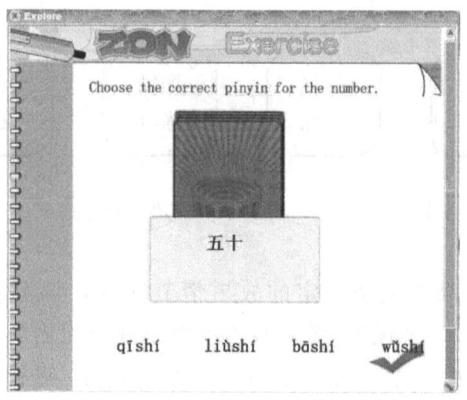

图2—2—41 《新乘风汉语》强化训练

（4）场景练习：基于一定学习场景的练习。

（5）互动交流：为学习者提供了一个相互交流和学习的平台，包括电子白板、博客、维基、交流论坛、视频音频会议、文字语音即时讯息。

（6）移动学习：为学习者提供丰富的视音频、游戏等多媒体素材，并可移植到移动通讯装置，方便学习者在线下学习。

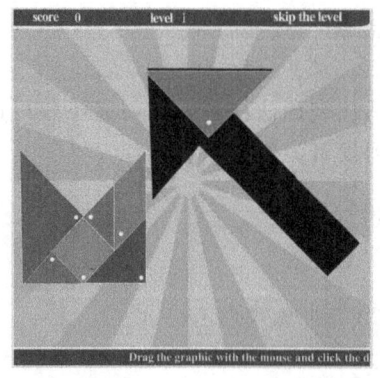 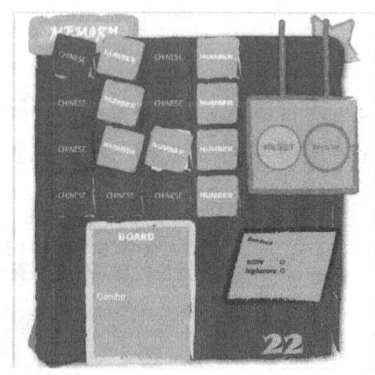

图2—2—42 《新乘风汉语》移动学习

## 6. IQ Chinese

IQ-Chinese建立于2006年，总部设在南加利福尼亚，其核心市场为美国，目前业务在亚洲市场和欧洲市场扩展。所提供的产品和服务涉及教材、教师培训、E—learning服务、教学方法和教学模式的研究、软件工具的开发等等。提倡通过电脑学习中文，并推出了这一系列教材的应用模式，介绍如何将教材作为学习教材或作为辅助教材使用，如何利用网络自编教材等。

表 2－2－10　IQ－Chinese 调查量表

| 一级指标 | 二级指标 | 选项（所列选项只作参考） |
|---|---|---|
| 基本信息 | 创办机构类型 | 企业（中国台湾） |
| | 创办时间 | 2006 年 |
| | 网站经营方式 | 收费（有 7 天免费试用） |
| | 目标群体 | 学生、教师 |
| | 媒介语 | 英语 |
| | 类型 | 辅助资料类 |
| | 网站提供内容 | 多媒体汉字教材 |
| 资源 | 来源 | 网站提供 |
| | 检索 | 无 |
| | 呈现形式 | 多媒体课件 |
| | 组织形式 | 文本、图片、音频、视频、动画 |
| | 辅助工具 | 无 |
| | 课程类型 | 汉字书写、阅读 |
| | 共享 | 无 |
| 教学 | 教学模式 | Type to learn Chinese（打字学中文） |
| | 教学手段 | 基于多媒体课件自学 |
| | 交互类型 | 不详 |
| | 交互手段 | 不详 |
| | 评估 | 有 |
| | 反馈 | 有 |
| | 学习指导 | 不详 |
| | 学习跟踪 | 不详 |

汉语学习的多媒体课件主要有：IQ－Chinese Go、IQ－Chinese Reader、Mandarin Basics、IQ－Chinese RUN 等。例如 Type to learn Chinese（打字学中文）让学生在练习识字的过程，透过"拼音打字、听音辨字、即时错误回馈"有效帮助学员记住字形与声音。

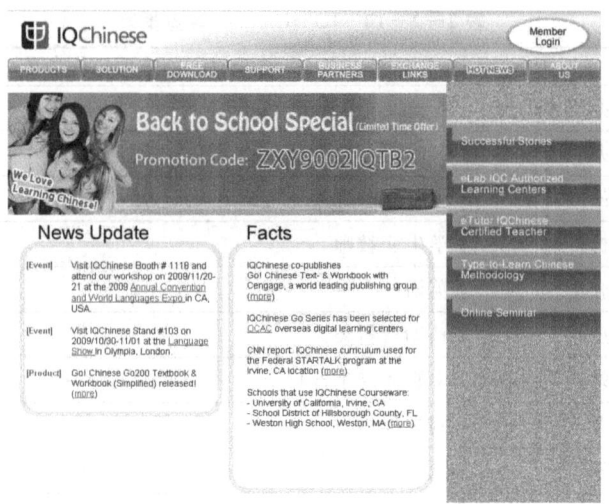

图 2—2—43　IQ－Chinese 首页

7. Chinese - Pod

Chinese－Pod 成立于 2005 年，教学模式：基于 Podcast 的自主学习模式。

表 2—2—11　Chinese－Pod 调查量表

| 一级指标 | 二级指标 | 选项（所列选项只作参考） |
| --- | --- | --- |
| 基本信息 | 创办机构类型 | 企业 |
| | 创办时间 | 2005 年 |
| | 网站经营方式 | 收费（注册后免费试用 7 天） |
| | 目标群体 | 学生（菜鸟、初级、中级、中高级、高级） |
| | 媒介语 | 英语 |
| | 类型 | 课程类 |
| | 网站提供内容 | 视频课件 |
| 资源 | 来源 | 网站提供 |
| | 检索 | 有 |
| | 呈现形式 | |
| | 组织形式 | |
| | 辅助工具 | 无 |
| | 课程类型 | 口语、听力 |
| | 共享 | |

续表

| 一级指标 | 二级指标 | 选项（所列选项只作参考） |
|---|---|---|
| 教学 | 教学模式 | Listen（听）——Review（回顾）——Practice（实践）——Reinforce（应用） |
| | 教学手段 | 基于视频课件自学 |
| | 交互类型 | 不详 |
| | 交互手段 | 不详 |
| | 评估 | 不详 |
| | 反馈 | 不详 |
| | 学习指导 | 不详 |
| | 学习跟踪 | 不详 |

Podcast——播客，作为一种新兴媒体，以其制作的平民化和口语化、传播个人化等特点，在当前强调个性和时效性的时代受到越来越多人的欢迎。

图 2—2—44　Chinese—Pod 首页

Chinese—Pod 基于播客技术，为学习者提供大量的视频、音频，采用播客，辅以博客、社区、维基等产品进行汉语教学，让学习者随时随地学习。

Chinese—Pod 利用播客以"视频＋音频"的形式有效激发学生兴趣，可满足学生个性化需求，学生可以根据自己的兴趣、程度通过 RSS 订阅汉语教学视频或音频，也可以主动参与到播客制作中。因而，这种方式实现了更大程度的资源共享，发挥 RSS 技术的聚合性。

目前拥有 200 000，300 000 访问用户，200 000 多注册用户。网站每日进行更新，所有课程以话题为中心，采用对话式的解释、声音演员的对话来完成一课。所有课程分为五个等级：菜鸟、初级、中级、中高级和高级。

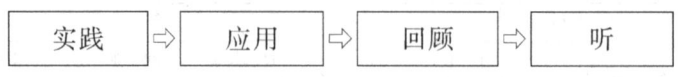

图 2—2—45　Chinese—Pod 训练模式

### 8. Chinese Hour

中文时间（Chinese Hour）是一家与 TCFL 合作的汉语学习机构，提供多媒体在线学习课件，并提供大量的多媒体资源。同时提供一对一的面授辅导，为高校在校学生、企业商务汉语学习提供服务。

表 2—2—12　Chinese Hour 调查量表

| 一级指标 | 二级指标 | 选项（所列选项只作参考） |
|---|---|---|
| 基本信息 | 创办机构类型 | 企业和机构合作 |
|  | 创办时间 | 不详 |
|  | 网站经营方式 | 收费，可免费试用 |
|  | 目标群体 | 学生、企业员工 |
|  | 媒介语 | 英语 |
|  | 类型 | 课程类 |
|  | 网站提供内容 | 商务/应用 |
| 资源 | 来源 | 网站提供 |
|  | 检索 |  |
|  | 呈现形式 |  |
|  | 组织形式 |  |
|  | 辅助工具 |  |
|  | 课程类型 | 听力、口语 |
|  | 共享 |  |
| 教学 | 教学模式 | C—H—I—N—A |
|  | 教学手段 |  |
|  | 交互类型 | 同步/异步 |
|  | 交互手段 | E—mail，Live Chat |
|  | 评估 |  |
|  | 反馈 |  |
|  | 学习指导 |  |
|  | 学习跟踪 |  |

图 2—2—46　Chinese Hour 首页

中文时间办学模式是：C：Communications（交流/交际）——学习目标；H：Harmonious（和谐）——建立师生和谐关系；I：Interactive——形成课堂互动，作为学习平台；N：Network——借助网络管理做好教学支持；A：Advisor——学生顾问是学习效果的保障。

图 2—2—47　Chinese Hour 训练模式

### 9. Chinese Time

中文时代（Chinese Time）是一家从事对外汉语教学的汉语学校，采用混合学习系统的中文培训。

表 2—2—13　Chinese Time 调查量表

| 一级指标 | 二级指标 | 选项（所列选项只作参考） |
| --- | --- | --- |
| 基本信息 | 网站提供内容 | |
| | 创办机构类型 | 学校 |
| | 创办时间 | 不详 |
| | 网站经营方式 | 收费（有免费试用） |
| | 目标群体 | 学生、商务人士 |
| | 媒介语 | 英语、日语 |
| | 类型 | 课程类 |

续表

| 一级指标 | 二级指标 | 选项（所列选项只作参考） |
|---|---|---|
| 资源 | 来源 | 网站提供 |
|  | 检索 |  |
|  | 呈现形式 |  |
|  | 组织形式 |  |
|  | 辅助工具 |  |
|  | 课程类型 |  |
|  | 共享 |  |
| 教学 | 教学模式 | 面授辅导，在线自主学习，在线实时交流 |
|  | 教学手段 |  |
|  | 交互类型 | 同步 |
|  | 交互手段 | Skype |
|  | 评估 |  |
|  | 反馈 |  |
|  | 学习指导 |  |
|  | 学习跟踪 |  |

中文时代既提供在线一对一自学课程，也提供面对面小班授课。中文时代有丰富的网络课程，包括电影、游戏、录音等，拥有超过700个flash游戏，3000个课程页面，10000个MP3、图片等多媒体内容、学习报告、汉字工具。中英日翻译，并提供定制、下载等，使学生实现在线自定步调学习。

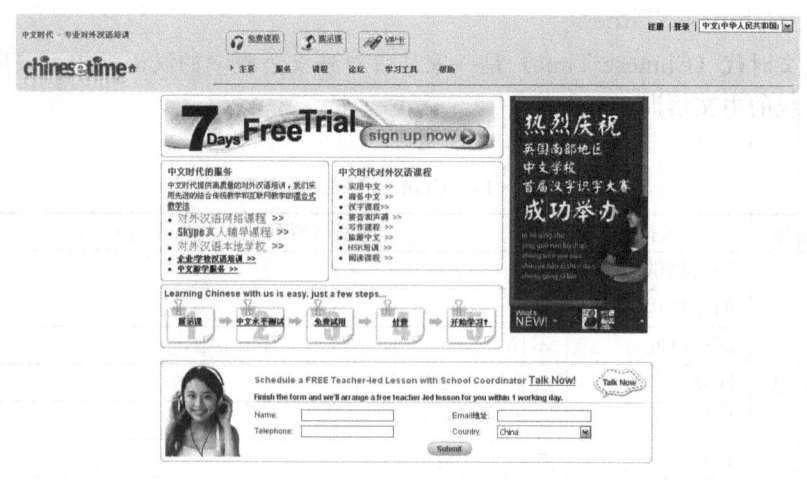

图2—2—48 Chinese Time 首页

中文时代课程类型有商务中文课程，汉字课程，拼音和声调课程，中文写作课程，旅游中文课程，HSK 强化课程等等。

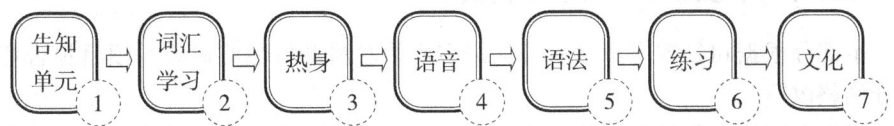

图 2—2—49 中文时代训练模式

图 2—2—50 告知单元目标

| 1 | 你 | ● | 代 | nǐ | 你 |
| 2 | 好 | ● | 形 | hǎo | 好 |
| 3 | 叫 | ● | 动词 | jiào | 叫 |

图 2—2—51 词汇学习

情景对话

图 2—2—52 情景对话

图 2—2—53 语音

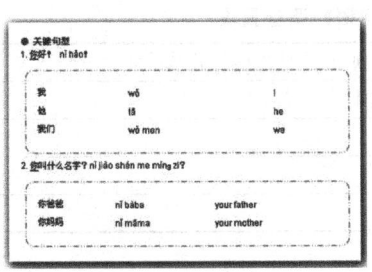

图 2—2—54 语法

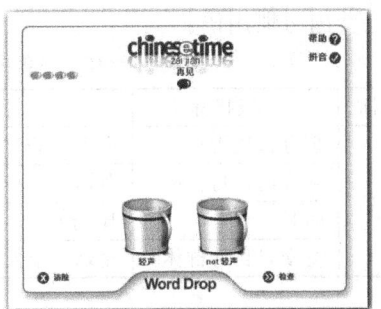

图 2—2—55 练习

### 三、广播电视语言教学节目类

本部分根据司红霞老师《对外汉语多媒体教材开发战略研究》项目报告相关部分调整改写。

广播电视语言教学节目作为多媒体教学的一种形式,虽不是主流,但其发展历史也早于基于计算机的多媒体教学,虽受到新媒体技术的冲击,但很多节目都借助互联网平台为用户免费提供节目资源,还是颇受学习者欢迎,如美国的VOA、德国之声等。本部分我们按照教学网站的调查量表梳理广播电视语言教学节目的各项指标。

1. 国外语言教学节目

(1) 英国英语教学节目

表 2—2—14　BBC 广播教学节目《英国问答》调查量表

| 一级指标 | 二级指标 | 选项（所列选项只作参考） |
| --- | --- | --- |
| 基本信息 | 创办机构类型 | 电台（BBC） |
| | 目标群体 | 个人 |
| | 语种 | 英语 |
| | 类型 | 辅助资料类 |

BBC《英国问答》节目训练模式主要包括话题导入、课文讲解、材料回放和总结等环节。这是一个谈话类节目,围绕一个设置好的主题展开,知识具有系统性。这种通过空中电波、在线收听和在线资料提供的方式起到了很好的语言推广效果,方便学习者学习。

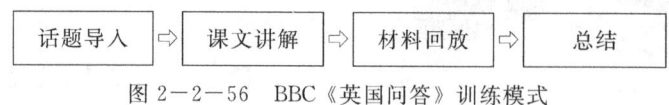

图 2—2—56　BBC《英国问答》训练模式

(2) 美国英语教学节目

① 《美国习惯用语》

表 2—2—15　《美国习惯用语》调查量表

| 一级指标 | 二级指标 | 选项（所列选项只作参考） |
| --- | --- | --- |
| 基本信息 | 创办机构类型 | 电台（VOA）,美国 |
| | 媒介语,目标语 | 英语 |
| | 时长 | 10分钟 |
| | 受众,目标群体 | 全球,个人 |

《美国习惯用语》属于知识讲解型的语言教学节目,专门介绍美国人常用的

习惯用语和俚语、习惯用语的出典，并以富有生活情趣的实例来说明用法。话题导入环节以文化背景知识介绍为主引入话题，教学重点在节目开始就介绍给听众，目标明确，使得学习者能够容易抓住学习重点。词汇讲解环节解释短语的意义和用法，然后在一个设定语境造句，并用汉语解释句意和涉及的文化背景，再以相同的方式解释第二个短语，造句并解释句意。有时还会在节目过程中加入意义相关的其他短语。通常以包含一个相同词的两个或两个以上有联系的短语为语言点展开教学，设置语境提供例句，能够帮助学习者更好地理解和运用。兴趣培养环节涉及丰富的文化背景知识，有助于学习者培养兴趣。

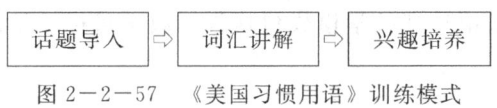

图 2-2-57 《美国习惯用语》训练模式

② 《中级美国口语》

表 2-2-16 《中级美国口语》调查量表

| 一级指标 | 二级指标 | 选项（所列选项只作参考） |
| --- | --- | --- |
| 基本信息 | 创办机构类型 | 电台（VOA），美国 |
| | 媒介语，目标语 | 英语 |
| | 时长 | 10 分钟 |
| | 受众，目标群体 | 全球，个人，英语中级水平 |
| | 教学辅助手段 | 中国出版《中级美国口语》教材 |

《中级美国英语》是 VOA 专为中级英语学习者设计的英语对话教学节目，深入浅出地帮助学习者口语用法。这一节目以结构为纲，注重结构的教授和联系，受到行为主义心理学的听说法教学法影响，追求语法点的反复练习。整体理解环节以文化背景知识介绍为主引入话题，通过短文录音对话的内容展示知识点，短文和录音对话占了相当的部分，录音内容用常速和慢速两个速度播出，能帮助听者得到更多的信息，语言输入清晰。讲解（词汇、语法）环节解释词汇和短语的意义及使用方法，并设定语境造句。有时还会在节目过程中加入意义相关的其他短语，加入了句式转换的部分，是对知识点的实际应用，能够收到更好的效果。听短文回答问题栏目能够对学习效果形成监控，学习者能够迅速地知道自己的掌握程度。

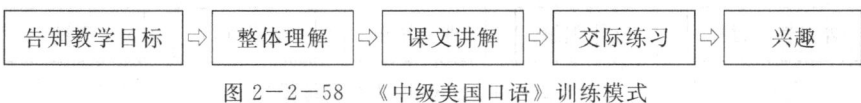

图 2-2-58 《中级美国口语》训练模式

(3) 德语

① 德语教学节目《Deutsch — warum nicht?》

表 2—2—17 《Deutsch — warum nicht?》调查量表

| 一级指标 | 二级指标 | 选项（所列选项只作参考） |
|---|---|---|
| 基本信息 | 创办机构类型 | 电台（德国之声） |
| | 目标群体 | 个人 |
| | 语种 | 中文 |
| | 类型 | 辅助资料类 |

电台德语课程《Deutsch — warum nicht?》分四个系列介绍新闻系大学生安德里亚斯和他无形无影的女性伴侣小精灵的故事。听众跟随他们俩经历种种冒险，游戏般轻松学德语！其教学模式包括告知教学目标、整体理解、课文讲解、交际练习和兴趣等。

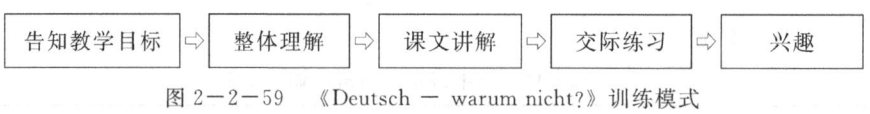

图 2—2—59 《Deutsch — warum nicht?》训练模式

②德语教学节目《Radio D》

表 2—2—18 《Radio D》调查量表

| 一级指标 | 二级指标 | 选项（所列选项只作参考） |
|---|---|---|
| 基本信息 | 创办机构类型 | 电台（德国之声） |
| | 目标群体 | 个人 |
| | 语种 | 中文、德语 |
| | 类型 | 课程类 |

《Radio D》是一档面向所有德语学习者的德语教学节目，教学训练模式主要包括告知教学目标、整体理解、课文讲解、交际练习和测试等。中国的观众可以收听用汉语制作的针对汉语学习者的教学节目。这是德国之声推出的最新德语音频课程。

《Radio D》的节目模式在很大程度上与《Deutsch — warum nicht?》很相似，但是多设置了一个称为"教授"的人物，使知识点的讲解分析更为权威、细致、客观。

图 2—2—60 《Radio D》训练模式

(4) 日语

①日语教学节目《实用日语 100 句》

表 2—2—19　《实用日语 100 句》调查量表

| 一级指标 | 二级指标 | 选项（所列选项只作参考） |
|---|---|---|
| 基本信息 | 创办机构类型 | 电视台（NHK 环球广播网华语广播） |
|  | 目标群体 | 个人 |
|  | 语种 | 中文等 17 种语言 |
|  | 类型 | 课程类 |

NHK 的《实用日语 100 句》共使用 17 种语言播出，分为正篇《初到日本》和副篇《日语百草园》。《初到日本》向初学日语的朋友介绍 100 句实用生活用语，并配有生动的声音和图像资料。《日语百草园》则介绍日语特有的表达方法和拟声词、拟态词，也介绍一些描写四季的日语短诗。

《初到东京》以连续剧的形式进行，每期都有故事新的发展，对学习者有长期的吸引力，广播剧中的人物也是外国人，剧中人物的学习进步对于学习者有鼓励作用；《日语百草园》介绍日语的各种发音，使学习者不仅知道书本上的语言，更可以深入了解生活中的日语的多种形式，介绍日本的风土人情，展示日本的文化。

《实用日语 100 句》的教学模式主要有话题导入、整体理解、课文讲解、回顾课文和句型等阶段，并且始终贯彻功能法教学原则，教学过程交际化，选取真实而实用的语言材料，以提高听力水平和口语水平为宗旨，注重言语技能的操练。

图 2—2—61　《实用日语 100 句》训练模式

②日语教学节目《エリンが挑戦！にほんごできます》

表 2—2—20　《エリンが挑戦！にほんごできます》调查量表

| 一级指标 | 二级指标 | 选项（所列选项只作参考） |
|---|---|---|
| 基本信息 | 创办机构类型 | 电视台（NHK） |
|  | 目标群体 | 个人 |
|  | 语种 | 日语 |
|  | 类型 | 课程类 |

NHK 电视台推出的以学习日本语言文化为目的的语言教学节目，适合初学日语的外国人。节目运用动画人物作为主持人，用国内新近演员作为教学短片的参演者，使用幽默、趣味性强的语言进行语法语用的解释。

节目以情景剧的方式展开，每期通过幽默故事讲解一种常用语和常用话题。节目由三个卡通人物主持，形式上很新颖，吸引不少喜欢日本动画的观众的眼球。而且校园短剧中有杂志模特的出演,增加了节目在学生中的人气。节目中的教学短片重复播放,提高语言点的复现率,加深观众的印象。场景不断转换,使观众没有乏味感,充分运用了视听手段提高教学效果。节目还设置宣传日本文化的板块,在介绍国外学习日语的人的故事的同时宣传日本文化,在语言教学中重视语言和文化的相互关系以及文化对语言的重要推动作用。

语言教学模式充分体现功能法的教学过程:展示、语言要点练习、语境练习、实际运用这四个方面,每期话题和内容都与日常生活用语紧密相关,以语言技能训练为主,以让学习者掌握基本表达为目的。

此节目不重视语法讲解,甚至没有语法的讲解,但是包含一定的知识讲解,时长20分钟的节目包含新词汇和句型的练习。运用情景法教学,将每期所学内容带入四个不同的情景中展示,学习不同情景下的语言应用。节目中的一个卡通人物在讲解语言知识时会变身为其他卡通人物的老师,二者亦师亦友,谈话轻松。

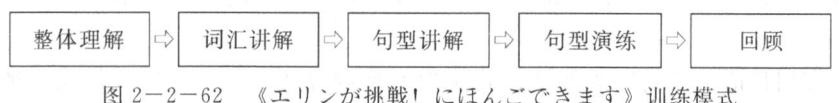

图2—2—62 《エリンが挑戦!にほんごできます》训练模式

③日语教学节目《新生活日语》

图2—2—63

本节目采取模拟课堂教学的教学方式,老师带领四个学生学习词汇语法等知识,使用四国语言来解释对话内容,突破其他语言教学节目的单一的媒介语的范式,短剧重复播放,增加语言点的复现率,安排节目中三位学生在实际中运用,巩固学习成果。教学模式主要包括整体理解、句型讲解、汉字、文化讲解和回顾。

表 2—2—21　《新生活日语》调查量表

| 一级指标 | 二级指标 | 选项（所列选项只作参考） |
| --- | --- | --- |
| 基本信息 | 创办机构类型 | 电视台（NHK） |
| | 目标群体 | 个人 |
| | 语种 | 日语等四种语言 |
| | 类型 | 课程类 |

虽然这也是课堂式的授课模式，但是通过专题短片学习重点句型，用图片、图表讲解语法语用，充分体现视听法的优点，节目的形式较为轻松活泼。

节目采用结构和功能相结合的语言教学模式，重视语法的教学，句型的掌握，同时对实际生活中的具体运用也同样重视。运用任务型教学法，老师讲解后，四位学生扮演不同的角色进行一些具体情景下的表演，将课堂教学的目标真实化、任务化，让学生在真实的语言环境中体会语言和运用语言，感受语言的真实。

此外，本节目还加入讲解日语中汉字这一板块，这既是加强语言要素的学习，更是通过汉字来学习日本的一些传统文化，将语言和文化的联系紧密结合。

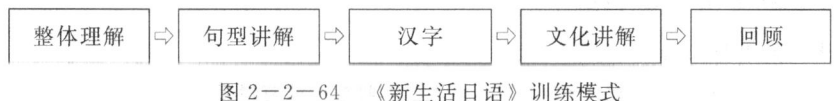

图 2—2—64　《新生活日语》训练模式

（5）韩语

图 2—2—65

《Let's Speak Korean》（《让我们说韩语》）是由韩国阿里郎电视台制作的面向韩国的英语教学节目，采用互动交流的上课方式，在轻松的环境里不断提高学员对韩语的兴趣，日常用语脱口而出。

表 2—2—22　《Let's Speak Korean》调查量表

| 一级指标 | 二级指标 | 选项（所列选项只作参考） |
|---|---|---|
| 基本信息 | 创办机构类型 | 电视台（阿里郎） |
| | 目标群体 | 个人 |
| | 语种 | 英语、韩语 |
| | 类型 | 课程类 |

教学模式主要包括话题导入、句型讲解、整体理解和语音练习。这个节目以流利的英语为教学工具语言，使其拥有更大规模的受众群体；采用互动交流的节目编排方式，节目气氛轻松活泼；专题式内容安排得使得每一集的重点突出，让观众能在短时间内集中注意力，抓住重点句型；Korean Insight 板块对韩国文化的介绍能很好地调节语言教学节目的枯燥感，丰富观众对韩国文化的认识；短小精悍，以十分钟的节目内容教授简单句型或情景会话。

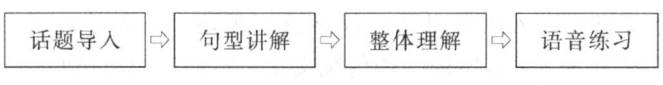

图 2—2—66　《Let's Speak Korean》训练模式

2. 国内语言教学节目

（1）美语咖啡屋

表 2—2—23　《美语咖啡屋》调查量表

| 一级指标 | 二级指标 | 选项（所列选项只作参考） |
|---|---|---|
| 基本信息 | 创办机构类型 | 电台（VOA） |
| | 目标群体 | 个人 |
| | 语种 | 英语 |
| | 类型 | 辅助资料类 |

这一语言教学节目属于谈话类节目模式，对话生动，情景真实。教学模式包括话题导入、成段理解、翻译和词汇讲解。这是 VOA 推出的经典教学节目，具有很大的推广力度，可以通过空中电波，在线收听感受语言场景，起到推广效果，并可以轻松下载到文字材料，方便学习者的学习。采取知识讲解型教学模式，有生动真实的例句，能够帮助学习者准确地理解意思。其背景音乐丰富，交际场景真实，话题新颖，能抓住学习者的耳朵。

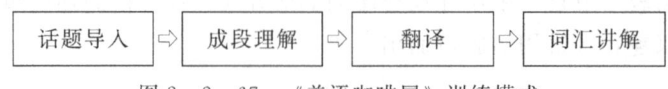

图 2—2—67　《美语咖啡屋》训练模式

(2) 色拉英语

表 2—2—24　《色拉英语》调查量表

| 一级指标 | 二级指标 | 选项（所列选项只作参考） |
| --- | --- | --- |
| 基本信息 | 创办机构类型 | 电视台 |
|  | 目标群体 | 个人 |
|  | 语种 | 英语 |
|  | 类型 | 课程类 |

　　这一节目教学模式包括整体离家、词汇讲解、句型讲解、词汇讲解和回顾。具有以下优点：以幽默生动的动画短片为教学素材，能很好地提高青少年的学习兴趣，吸引其注意力；每集 10 分钟的教学内容，短小精悍，力求在短时间的学习中，让学生掌握地道的口语表达，学以致用，交际性强；集与集之间的故事情节关联较少，即使间隔学习也不会影响到学习者的学习进度；节目中活泼夸张的卡通形象和鲜亮的色彩，是吸引青少年的法宝；每集的策划中对于高频词和高频句的选定，让学习者在学习的过程中较少遇到生僻词，能提高学习者的学习信心和成就感。

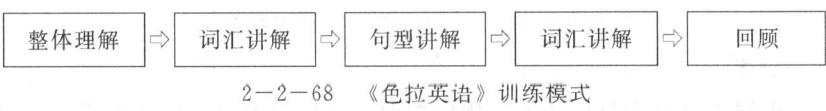

2—2—68　《色拉英语》训练模式

(3) 开口 ABC

表 2—2—25　《开口 ABC》调查量表

| 一级指标 | 二级指标 | 选项（所列选项只作参考） |
| --- | --- | --- |
| 基本信息 | 创办机构类型 | 电视台 |
|  | 目标群体 | 个人 |
|  | 语种 | 英语 |
|  | 类型 | 辅助资料类 |

　　这一节目是以综艺娱乐的方式组织的语言教学节目，新颖独特，能很好地调动学习者观看教学节目的兴趣，具有极强的互动参与性与任务执行性，这使得每一集节目的学习都充满挑战性。并且，主持风格幽默风趣，设置的场景为 365 天中所能遇到的各种生活场景，给观众以亲切感。符合所有层次的英语学习者，强调日常口语和语言的交际性功能，让学习者能在实际任务完成中获得较高成就感。其教学模式主要包括话题导入、词汇与句、交际训练、评价和回顾。

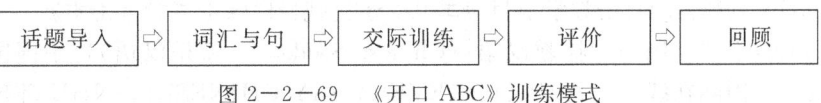

图 2—2—69　《开口 ABC》训练模式

(4) 每日汉语

表2—2—26 《每日汉语》调查量表

| 一级指标 | 二级指标 | 选项（所列选项只作参考） |
| --- | --- | --- |
| 基本信息 | 创办机构类型 | 电台（中国国际广播电台——国际在线） |
| | 目标群体 | 个人 |
| | 语种 | 中文、英语 |
| | 类型 | 辅助资料类 |

这是由国家汉办和孔子学院联合推出的汉语学习节目。通过空中电波、在线收听和在线资料提供的方式起到很好的语言推广效果，方便学习者学习。

此节目教学模式包括话题导入、整体理解、课文讲解、文化和测试。其运用听说法教学，使用丰富的对话来展开新内容的学习，很少有语法的讲解。配乐美文欣赏运用暗示法教学，文字和音乐的美彼此呼应，既有利于培养学生的创造力，又有助于记忆。

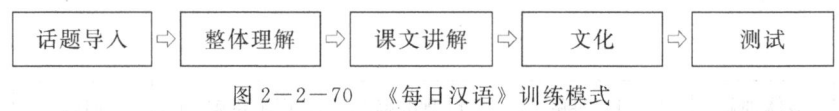

图2—2—70 《每日汉语》训练模式

3. 分析

广播电视语言教学节目一般采用模拟课堂的形式进行，模拟课堂教学可以利用先进的多媒体技术，采用虚拟演播室、动画制作、视频播放等多种手段来表现课堂内容。形式新颖，引人入胜，更能激活学习者的学习兴趣。另外，传统的课堂教学往往受到时间和空间的限制，无法充分地展现目的语国家的文化特色和风貌，广播电视教学节目可以弥补传统教学在文化教学上的不足，将语言教学与对目的语国家风土人情、社会制度、风景名胜、自然环境等的介绍结合在一起，语言、文化双管齐下，其中的文化教学部分也将成为该档节目的亮点，在满足学习者学习目的语、了解目的语国家的同时，还能够让学习者从观看教学节目中获得乐趣。

(1) 广播电视语言教学节目的教学模式分类

访谈式模拟课堂式教学：韩国阿里郎电视台韩语教学节目《Let's Speak Korean》。

情境接触式教学：德国之声广播德语教学板块《Deutsch — warum nicht?》，德国之声德语广播教学节目《Radio D》，《色拉英语乐园》电视节目，韩国阿里郎电视台韩语教学节目《Let's Speak Korean》，NHK电视台的日语教学节目《新生活日语》，NHK电视台的日语教学节目《エリンが挑戦！にほんごできます》。

功能教学法：国内广播教汉语《Chinese Studio》（欢乐汉语），中国国际广播电台——国际在线——每日汉语（EVERYDAY CHINESE），NHK环球广播网华语广播《实用日语 100 句》，NHK 电视台的福原爱汉语课程《急中生智说汉语》。

任务教学法：《开口 ABC》电视节目。

从以上分类中不难看出，情景接触式的教学方法在目前的广播电视语言教学中运用较为广泛，而"任务法"作为目前语言教学界逐渐兴起的教学方法之一，其在广播电视语言教学节目中仍未得到广泛的运用，"任务法"是未来广播电视语言教学节目制作中值得借鉴并具有综艺娱乐潜力的教学方法。

（2）广播电视语言教学节目的优势

虽然广播电视语言教学节目和基于计算机的多媒体教材由于其传播媒介有着本质的不同，从而导致其训练模式的差异，但这并不影响广播电视语言教学节目中计算机多媒体教材值得借鉴之处。

话题导入。

计算机多媒体教材中显然很少存在"话题导入"这一环节，通常是直接告知学习者目标，然后就进入课程内容。而话题导入实际上可提升学习者对话题的兴趣和注意力。

语料来源真实。

更加注重真实的、而非剧本式的语料，甚至可以用街头采访的录音作为语料，针对同一种用法收集行人的形形色色的声音，这样既富生动性、趣味性，同时使学生学到的知识更加真实。在计算机多媒体教学中，可将操练部分的语音换成真实语料，这样有利于学习者在真实的语言环境中体验汉语，学习汉语。

教学形式多元化。

访谈类、街头采访类等方式是广播电视语言教学节目中较多采用的，而这种形式在计算机多媒体教材中可以转变成语言交际能力训练的一种形式，丰富交际训练形式的多元化。

国别化。

国别化一直是对外汉语教材建设的热点问题，在广播电视语言教学节目方面，德国之声广播电台针对不同国家的学习者开办了不同的教学节目。

打造品牌特色。

如 VOA 慢速英语以自己慢速和内容丰富的特点赢得了市场。

丰富的辅助材料。

广播电视语言教学节目具有实时性的特点，一旦学习者错过了时间，就无法再收听节目。而互联网给广播电视语言教学节目提供了良好的支持，如"每日汉语"除了电波传送以外，还选择网站支持的手段。

文化内容吸引听众（观众）。

从社会和文化入手的角度组织内容教学，用文化亮点吸引人，潜移默化的情况下使得听者产生很多内化，从而能够更好学习语言。而计算机多媒体教材更注重语言知识和语言技能的训练，对文化的关注则较少。

# 第三章 资源库软件实现

## 第一节 多媒体教育技术及其整合

本节根据宋继华老师《对外汉语多媒体教材开发战略研究》项目报告相关内容调整改写。

Jonassen 曾以 mind tools 说明教学科技有三个层次的应用,分别是学计算机知识(Learning about Computer)、从计算机学知识(Learning from Computer)与用计算机学知识(Learning with Computer)。这三个层次的应用对应的信息教育分别是:信息概论(Computer Literacy)、计算机辅助教学(CAI)和技术与课程整合(Technology Implementation)(William,2003)。随着互联网与通讯科技、计算机科技、软硬件设备与技术的快速进步,可以预见,信息技术将是现今教育与教学中的必要元素。教学科技理论的发展也支持未来学习模式朝向信息技术融入教学的方向转变,信息技术与学习领域整合应该是未来主流的学习方式。

传媒汉语教学数字化资源建设可以充分利用技术手段实现课程的最优化。技术本身是为教育、教学服务的,但随着多媒体和信息技术的发展演变,课程目标、课程内容、教学模式、教学方式和手段、师生角色、课程评价方法等都因技术的变革而改变(Roblyer,2003)。多媒体技术和信息技术已经不是被动地为语言教学服务了,二者是互相促进、相辅相成的关系,因此我们需要具有将技术与对外汉语课程有机地整合并使其最优化的战略眼光。

多媒体汉语教材需要根据对外汉语的不同课型的具体实际,选择运用多媒体技术手段,充分发挥技术的优势。即要根据教学内容、教学目标、教学对象及教学策略,找到切入点,并结合教学的各个环节合理运用。

编写对外汉语多媒体教材的目的是让汉语学习者的学习过程是在多媒体技术的支持下进行。学生的学习过程是动态的、开放的,因此对外汉语多媒体教材中的技术手段与教学设计的结合也必须是动态的、开放的。现在有了多媒体技术的参与，我们可以从不同的视角看待学习语言的过程，这使得我们的思考展现出不同的问题解决方法。

Jonassen（1998）与 Land 从环境入手，而 Brown 等研究者从情景入手进行教学设计，他们的方法都有助于借助多媒体技术进行教学设计，他们从分析不同的技术手段所能实现的功能入手来寻找教学设计的方法，发现多媒体技术为教学设计与实施提供了强大的支持，直接影响学习的深度和广度。

在利用多媒体教材进行教学的过程中可以使用的技术手段，可以参照下表的梳理（闫寒冰，2005）：

表 2—3—1　教学过程中的多媒体技术支持

| 教学过程 | 可用技术手段 |
| --- | --- |
| 导入学习情境 | 虚拟现实、情境演示 |
| 告知学习目标 | 问题设计模板、概念图等 |
| 个别化调整 | 适应性课件、智能导师软件等 |
| 提供评价工具 | 模板、试卷生成工具、量规生成器、电子学档、文件夹管理等 |
| 建议学习过程 | 多媒体演示文稿、新闻稿、网页等 |
| 补习前需知识 | 多媒体演示文稿、智能导师软件、模拟演示软件、个别授导软件、操练与练习软件等 |
| 促进交流合作 | 虚拟教室、电子邮件、聊天室、公告栏、即时聊天软件、MUD/MOO、文件共享软件、群件系统、专家网站、电子学友网站、虚拟学社等 |
| 提供学习资源 | 获取类、授导类、交流类、合作类、探究类、 |
| 提供学习支架 | 电子范例、模板、概念图、流程图、维恩图、归纳塔、组织图、时间线、比较矩阵等 |
| 促进成果发布 | 视频软件、音频软件、多媒体演示文稿、新闻稿、网页等 |
| 组织实施评估 | 虚拟教室、BBS、E—mail、即时聊天软件等 |

多媒体的基本元素包括文本、图形、图像、动画、视频、音乐、解说等，不同用途的多媒体教材所包含的元素会有差异。我们希望分析各种多媒体表征形式在语言类多媒体教材的应用情况，重点分析动画技术在多媒体技术中的应用情况。

## 一、文本、声音和视频

几乎所有多媒体教材中都不会缺少文本，文本作为一种不可或缺的重要元素，在多媒体教材中起着非常重要的作用。我们将从讨论字体及颜色的特点与应用出发，探讨多媒体画面中文本的设计原则。（李增富《浅谈多媒体教材的文本

艺术》）

### 1. 字 体

在多媒体教材中，文本指的是以字幕形式呈现的文字。字幕的功能主要体现在以下几个方面：通过头、尾及菜单中的字幕，可以总揽教材的概况；在图形（图像）画面上叠加或穿插字幕，或把某些知识的关键点通过字幕的方式加以强调，能够加深对重要信息的理解和记忆；字幕配合解说，可以防止教学内容在传授过程中出现错、漏现象。在多媒体教材字幕设计过程中，正确地选择字体，不仅关系到多媒体画面的艺术效果，而且对学习者阅读也有直接的影响。古人言："凡状物者，得其形，不若得其势；得其势，不若得其韵；得其韵，不若得其神。"要想设计出高水平的字幕效果，首先要对字体有深刻的理解和认识。

表 2-3-2 字体

| | |
|---|---|
| 印刷字体 | 印刷字体属于基本字体，是在承袭汉字的各种书写风格的基础上，经过统一整理、修改、装饰而成的，分为宋体、黑体、仿宋、楷体等四种类型。印刷字体较为常见，其字形特点大家也比较熟悉，在此不再详述。 |
| 书法字体和扩充字体 | 书法字体使单纯的文字书写成为一种艺术，能够传达出一种内在的精神，不但具有朴素亲切的情调，更能体现出一种强烈的民族特色。扩充字体与基本印刷字体比较有较大的变化，具有一定的美术效果，如常见的线体、圆体、琥珀等。 |
| 行书 | 飘逸洒脱、行笔流畅自然、刚劲舒展、书法韵味浓，常被用于书籍、报刊标题字和宣传、装饰用字。由于行书的笔画粗细变化较大，字数较多时可能不易辨认，在多媒体画面中要慎用，但可在字数较少、字体较大的场合中使用。 |
| 隶书 | 浑厚饱满、婉转流畅，笔法古朴典型、韵味深长，常被用于书、报、杂志标题字和宣传、装饰用字。 |
| 魏碑 | 苍劲坚实、结构跌宕起伏、笔意朴拙、不避锋芒，常被用于书籍、报刊的标题。 |
| 综艺 | 字形见方、结构饱满、笔法新颖雅致，具有独特的艺术效果，常被用于书、报、杂志标题及正文字，也作装饰字。 |
| 琥珀 | 圆润饱满、新颖活泼、结构错落有序、粗而不重、胖而不臃，常被用于书、报、杂志和各类印刷体的标题和装饰用字。 |
| 圆体 | 字形方正、匀称美观、排列整齐，常被用于书、报、杂志的正文及装饰、广告、各类标题字。 |

### 2. 色 彩

色彩的基本特点由色的性质和人的某些主观因素所决定，色彩能使人产生情感变动。要做到合理地选色、调配色、应用色，我们首先要认识色、理解色，掌握色彩的基本特点。

色彩可分为冷暖两大类：红、橙、黄色和倾向于此色的颜色被称之为暖色；

蓝、蓝绿、白色和倾向于此色的颜色被称之为冷色。一般来说，暖色系列给人以温暖、快活、兴奋的感受；冷色系列则给人以清凉、寒冷和沉静的感觉。若将冷暖两色并列，给人的感觉则是：暖色向外扩张、前移，冷色向内收缩、后退。掌握这些规律，对字幕设计中色彩的处理是很有帮助的。

表 2—3—3　色彩

| | |
|---|---|
| 红 | 红色最容易引起注意，令人兴奋、激动、紧张，同时，红色也最容易造成视觉疲劳。在自然界中，鲜花、甜果、美味肉类都呈现红色，因此给人留下艳丽、芬芳、青春、富有生命力的感觉。 |
| 黄 | 黄色常给人留下光明、辉煌、灿烂、轻快、柔和、纯净和充满希望的印象。在自然界中，芳香多姿的蜡梅、迎春、玫瑰、水仙、郁金香、秋菊、油菜花、向日葵等多是美丽娇嫩的黄色。因此，黄色常给人们以美丽与芳香的感觉。 |
| 绿 | 绿色是植物的色，最能表现活力与希望。艳绿、浓绿象征盛夏、成熟、健康、兴旺；灰绿、土绿、褐茶色意味着秋季，反映了收获、衰老和终结。 |
| 蓝 | 蓝色让人联想到天空、海洋、湖泊、远山、冰雪、严寒。让人感到崇高、深远、纯洁、透明，但缺少生命活力。蓝色容易给人以冷静、沉思、智慧之感，并象征着征服自然的力量。 |
| 紫 | 眼睛对紫色光细微变化的分辨力较弱，容易感到疲劳。无论是在自然界还是在生活中，紫色都比较少。 |
| 白 | 白色明亮、干净、畅快、朴素。白色是阳光色，又是冰雪、云彩的色，因此常会使人感到寒冷、轻盈、单薄、爽快。 |
| 黑 | 从理论上讲，黑色是无色之色。在生活中只要反光弱的物体都会呈现相对黑色的面貌。黑色会使人产生休息、安静、深思、坚持、准备、考验、严肃、庄重的感觉，也会使人产生阴森、恐怖、烦恼、忧伤、消极、沉睡、悲痛甚至死亡的感觉，巧用黑色常会产生意想不到的效果。 |
| 灰 | 灰色居于白与黑之间，是最不容易引起疲劳的颜色，给人以高雅、精致、含蓄、耐人寻味的感觉。因此，灰色也往往是具有较高文化、艺术知识与审美能力的人乐于欣赏的。 |

多媒体教材字幕的整体设计、字体的选择与排列需要注意艺术性。多媒体教材中的字幕可分为标题性文字和说明性文字。在字幕设计过程中，当混合使用两种以上的字体时，字体组合不好，有可能使画面显得整体不协调；全部内容自始至终使用一种字体又显得过于单调。

3. 声音

实验证实，人们获取的信息83%来自视觉，11%来自听觉，3.5%来自嗅觉，1.5%来自触觉，1%来自味觉。而能记住自己阅读内容（文字）的10%，所听到内容的20%，所见到内容的30%，所听到和见到内容50%，由此可见，在多媒体中声音媒体是除视觉媒体外最重要的媒体，也日益被制作多媒体教材所重视。(韩强、杨守斌《多媒体教材中声音媒体的研究》)。

多媒体教材中的声音包括三类：人声、音乐、音响。其中人声是主体，可以提供男声和女声。由于语言的逻辑性强，能够系统和完善地表达概念、理论和细节，因此，完全可以配合画面中的图、文表述教学内容的具体含义。

背景音乐备有多种选择，这三类声音的内容和音量可以根据需要选择性播放。由于多媒体教材具有很强的交互性，可实现关键声音的循环播放或更换背景音乐，可在学习开始改变声音的播放顺序，如跳过片头音乐或不重要内容的声音信息，直接进入所要学习的章节等等。

多媒体教材对交互按钮、图标加入了提醒式音乐音响，如快门声、开关声等，对学习者转入下一阶段的学习起到了很好的提示作用；在人机对抗、解答问题等相关内容中加入具有判断对错、成败类型的声音，如欢呼、掌声、叹息声等。这就使学习者从视听两个方面得到结果信息，不仅增强了教材的趣味性，而且加深了学习者对所学知识的理解和印象。又如介绍各种乐器或各种鸟类的图片时，随着鼠标指向目标，画面上随即出现扼要说明的文字，并且配合发出相应的乐器演奏声或鸟叫声，增加了画面的动感和生气，其教学效果是一般教学挂图和图片画册所不可比拟的。

4. 视 频

多媒体教材中视频画面是用来教学的，力求简洁明快。画面的构图、色彩、镜头运动都是构成画面语言的词汇，每一个因素的消长都会引起画面语义的变化。在拍摄和制作过程中发挥画面语言中每一个因素的功能，突出画面的表现力，以求更有效地传递教学信息，争取最好的教学效果。

视频的组接同样应该以教学为中心，围绕教学内容、教学对象而进行，以顺畅、自然为首要原则，在剪接过程中，也应从各个方面来体现这一原则。

多媒体教材中视频的剪接区别于影视作品的剪接，不应过于强调视觉的冲击力，满足教学需要是首要目的。镜头不宜分得太细、剪得太碎，以免给学生目不暇接的感觉而漏掉了关键的学习内容。单个镜头显示的时间不宜太短，至少应该有两秒钟的时间，有待学生能够看清、听懂。只有恰当地选择某种转换形式，才能将画面的连接过渡得生动流畅，给人以赏心悦目、充满艺术特色的视觉效果。

景别的变换是视频中很重要的一个元素，不同的景别传达出的教学信息也是不同的，应根据教学的实际情况来组接。有些视频媒体需要一些实景拍摄的画面，这就遇到一个对场景选择的问题，因为场景进入了画面，它就有着一定的语言意义。场景语言的含蓄和暗示的特点使之更具有潜在的表现力。如果能够充分考虑到场景语言的作用，结合视频媒体的内容，恰当地选用场景，并通过场景语言来加强对教学内容的表达，无疑能给视频媒体增色。建构主义学习理论把情景创设作为学习环境四大要素的第一个要素，认为情景创设是教学设计的最重要的一种内容。视频媒体是最有助于进行情景创设的教学手段，把自然场景作为视频媒体的画面语言，能让教学对象置身于真实的情景之中，不自觉地受到教育和感染，从而收到良好的教学效果。在多媒体教材中，进行视频组接时，镜头景别间的变化不宜太大，不然会给人以突兀感、跳跃感，要确保镜头景别间的条理性和逻辑性，以便学生理解和接受。

特技的主要作用是过渡和连接，我们还可以通过特技处理改变画面原有的运动速度，使之产生新的视觉感受、新的运动节奏和更为强烈的表现效果。但我们应该合理地运用它，而不能让它喧宾夺主。因此，多媒体教材中的画面不宜过多使用特技，特技的使用也不能太花哨，尽量少用旋转、翻滚等镜头，以免使学生产生眩晕感而影响学习效果。若使用了分画面的特技，分画面的数量不宜超过三个，不然会让每个分画面的图像都无法看清，从而使得事倍功半。

镜头剪接时还应注意控制节奏的变化，对画面运动一快一慢的处理，能够凸现画面的语言意味，它的视觉冲击力是其他语言都难以企及的。多媒体教材中的视频应该采用比较缓慢而舒展的节奏基调，在保持这个基调的前提下使各个段落、各个环节都有主次、快慢、强弱的变化，以增强画面的表现力，这样就能在学生理解的基础上，提高学生的学习兴趣，并加深其印象。

## 二、多媒体技术整合

1. 游戏引擎

游戏寓教于乐，随着游戏和游戏产业的逐渐壮大，教育界的人士看到了游戏对学生潜在的巨大吸引力后，将相对古板的教育活动与令人痴迷的游戏有机结合起来。游戏具有启迪智慧、丰满人格的助教助学作用，可以使学习更有趣。例如Chinese Time 的练习中设置的关于声调的游戏。

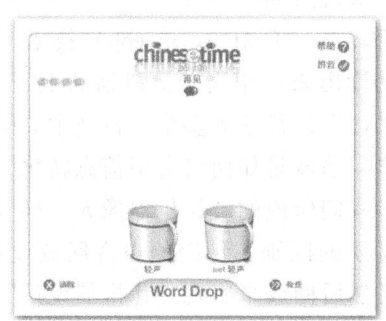

图2-3-1 游戏——寓教于乐——Chinese Time

这是最简化的游戏。现在，电脑游戏技术发展迅猛，游戏引擎技术异军突起。引擎相当于游戏的框架，框架打好后，关卡设计师、建模师、动画师只要往里填充内容就可以了。因此，在3D游戏的开发过程中，引擎的制作往往会占用非常多时间。但是有了游戏引擎技术，游戏玩家兴奋不已，多媒体技术整合也出现一片新天地。

2. 语音技术

与机器进行语音交流，让机器明白你说什么，这是人们长期以来梦寐以求的事情。语音识别技术就是让机器通过识别和理解过程把语音信号转变为相应的文本或命令的高技术。语音识别是一门交叉学科。近二十年来，语音识别技术取得显著进步，开始从实验室走向市场。人们预计，未来十年内，语音识别技术将进入工业、家电、通信、汽车电子、医疗、家庭服务、消费电子产品等各个领域。语音识别技术所涉及的领域包括：信号处理、模式识别、概率论和信息论、发声机理和听觉机理、人工智能等等。语音识别发展到现在，已经有了相对成熟的产品出现。

中科院语音识别技术让人机交流"动口不动手"。中科院在音频及语音信号处理领域，包括语音信号的监测、增强，智能声场控制和音频回放技术。在人机互动技术领域，包括语音输入处理任务和音频内容检索等。例如在汽车内等嘈杂场所，有效抑制噪声、消除回声，实现清晰通话；通过语音识别技术真正实现"闻其声如见其人"等。

科大讯飞智能语音评测技术通过好记星学习机推出了"开口英语宝"，改变了学习机传统的单向教学模式，真正实现了人机对话，帮助广大中小学生摆脱"哑巴英语"的尴尬状态，使学习机成为学生英语口语学习的"贴身家庭教师"。"开口英语宝"一经推出即取得了良好的市场反响，学生和家长对口语评测技术和对英语学习的提升效果给予了高度评价，这也使业界对语音技术在学习机产品中的应用拓展掀起了新的探讨热潮。

语音合成，又称文语转换（Text to Speech）技术，能将任意文字信息实时转化为标准流畅的语音朗读出来，相当于给机器装上了人工嘴巴。它涉及声学、语言学、数字信号处理、计算机科学等多个学科技术，是中文信息处理领域的一项前沿技术，解决的主要问题就是如何将文字信息转化为可听的声音信息，即让机器像人一样开口说话。我们所说的"让机器像人一样开口说话"与传统的声音回放设备（系统）有着本质的区别。传统的声音回放设备（系统），如磁带录音机，是通过预先录制声音然后回放来实现"让机器说话"的。这种方式无论是在内容、存储、传输或者方便性、及时性等方面都存在很大的限制。而通过计算机语音合成则可以在任何时候将任意文本转换成具有高自然度的语音，从而真正实现让机器"像人一样开口说话"。

国内的汉语语音合成研究起步较晚些，但从20世纪80年代初就基本上与国际上研究同步发展。大致也经历了共振峰合成、LPC合成至应用PSOLA技术的过程。在国家 863 计划、国家自然科学基金委、国家攻关计划、中国科学院有关项目等支持下，汉语文语转换系统研究近年来取得了令人瞩目的进展，其中不乏成功的例子：如中国科学院声学所的 KX－PSOLA（1993）、联想佳音（1995），清华大学的 TH_SPEECH（1993），中国科技大学的 KDTALK（1995）等系统。这些系统基本上都是采用基于 PSOLA 方法的时域波形拼接技术，其合成汉语普通话的可懂度、清晰度达到了很高的水平。然而同国外其他语种的文语转换系统一样，这些系统合成的句子及篇章语音机器味较浓，其自然度还不能达到用户可广泛接受的程度，从而制约了这项技术的大规模进入市场。

3. 汉字手写识别技术

汉字书写跟其他语言很不相同。汉字识别的方法基本上分为统计识别、结构识别以及神经网络方法等几大类。大量的联机手写识别系统采用的都是结构识别方法。所谓结构识别方法，其出发点是汉字的组成结构，从汉字的构成上讲，汉字是由笔画（点、横、竖、撇、捺等）、偏旁、部首构成，通过把复杂的汉字模式分解为简单的子模式直至基本模式元素，对子模式的判定，以及基于符号运算的匹配算法，达到对复杂模式的识别。结构识别法的优点是区分相似字的能力强，缺点是抗干扰能力差。统计识别方法是将汉字看作一个整体，其所有的特征是从这个整体上经过大量的统计而得到的，然后按照一定准则所确定的决策函数进行分类判决。统计识别的特点是抗干扰性强，缺点是细分能力较弱。

识别率是手写汉字识别研究中最重要的环节，影响识别率的因素也是手写识别技术研究中的难点，目前影响识别率的因素主要有笔顺问题、连笔问题、相似字区分等。

4. 虚拟现实技术

简称 VR 技术，又称灵境技术，是以沉浸性、交互性和构想性为基本特征的计算机高级人机界面。

虚拟现实是多种技术的综合，其关键技术和研究内容包括：环境建模技术，立体声合成和立体显示技术，触觉反馈技术，交互技术，系统集成技术。虚拟现实综合利用了计算机图形学、仿真技术、多媒体技术、人工智能技术、计算机网络技术、并行处理技术和多传感器技术，模拟人的视觉、听觉、触觉等感觉器官功能，使人能够沉浸在计算机生成的虚拟境界中，并能够通过语言、手势等自然的方式与之进行实时交互，创建了一种适人化的多维信息空间。

虚拟演播室采用虚拟现实和计算机图形学技术，以多通道视景同步技术和数字图像边缘融合技术为支撑，将计算机生成的三维图形实时输出并显示在环形幕上，让所要交互的虚拟三维世界高度逼真地浮现于参观者的眼前，使参观者或参与者获得一种身临其境的虚拟仿真视觉感受。数字化教材图像也应该是可变动的，不仅是动画式的连动，而且是可操控的互动式的。

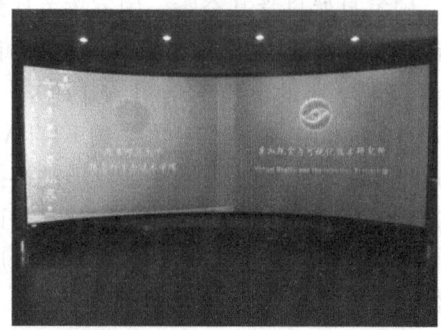

图 2—3—2　虚拟演播室仪器——环形幕使用者结合必要的虚拟外设，如数据手套

图 2—3—3　虚拟演播室仪器——数据手套

图 2—3—4　虚拟演播室仪器——偏振光眼镜

可从不同的角度和方位自由地交互、操纵，实现三维虚拟世界的实时交互和实时漫游。

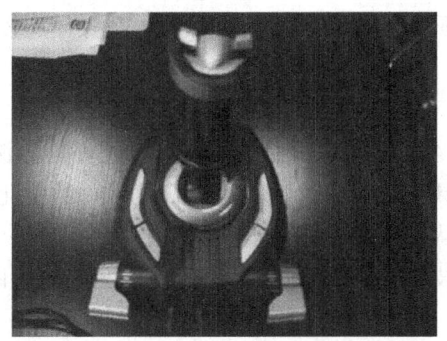

图 2—3—5　虚拟演播室仪器——操作摇杆

使用者不仅能够通过虚拟现实系统感受到在客观物理世界中所经历的"身临其境"的逼真性,而且能够突破空间、时间以及其他客观限制,感受到真实世界中无法亲身经历的体验。

高度逼真的三维虚拟世界的高度临场感和高度参与性最终使参与者真正实现虚拟空间中的信息交流与现实构想。适合于军事模拟训练、CAD/CAM（虚拟制造、虚拟装配）、建筑设计与城市规划、虚拟生物医学工程、教学演示等诸多领域。虚拟技术已经被运用到各个领域,尤其是在构造虚拟场景方面。

图 2—3—6　虚拟 3D 卢浮宫　　　　图 2—3—7　虚拟 3D 城堡

## 第二节　动画技术和新媒体技术

新媒体（宽带互联网、数字电视、移动媒体等）取代传统的书信、报刊、电影电视的功能,新媒体中信息载体的主角是运动图像和声音,数字动画是重要的辅助手段,动画技术娱乐为主的功能衍生出更多新的功能,可以说动画成为一种媒介。动画技术越来越平民化和普及化,动画成为一种工具,是创造想象的手段,是形象传播的介质,已经应用于生产科研领域,更可能用于教育领域。书本是教师教学内容的纸质媒体，而数字化教材的承载媒体应该是"新媒体"。

## 一、动画技术

动画诞生于 1888 年，到 20 世纪 90 年代，对动画的深度研究才渐渐展开，同时动画产业越来越具有影响力。数字化语言教学、数字化教学与动画产业有无必然联系呢？我们先从动画的一些基本技术谈起。

动画按制作工艺技术分类，有平面动画（手绘工艺动画）、立体动画、计算机动画三种。

手绘工艺动画即平面动画，以纸面绘画为主，画面中的人物即景物多是以平面绘画为主的表现形式。这种绘画类型适合产业化生产规模，具有极强的可操作性和艺术性。主要有以下几种形式：

(1) 单线平涂动画：在绘制时通过勾勒轮廓线条，在线条围成的区域内进行色彩平涂。其特点是单纯明快，富有装饰性，所画对象的立体感主要依靠结构与用笔的变化。用单线平涂制作的经典动画有《白雪公主》、《大力水手》、《猫和老鼠》、《大闹天宫》、《哪吒脑海》和《三个和尚》。宫崎骏的历年作品都是这一类型的。

(2) 绘画效果动画：写实效果动画，如《种树的人》。

 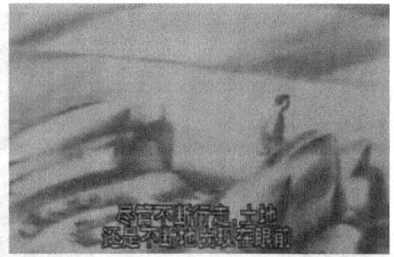

图 2-3-8　单线平涂动画实例　　　图 2-3-9　绘画效果动画实例《种树的人》

(3) 水墨效果动画：将传统的中国水墨画引入到动画制作中，水墨动画没有轮廓线，水墨在宣纸上自然渲染，浑然天成。水墨动画中的著作有《小蝌蚪找妈妈》、《牧笛》等。

图 2-3-10　水墨效果动画实例《小蝌蚪找妈妈》

(4) 胶片绘制动画：例如《两姐妹》。

立体动画与平面动画的区别在于平面动画是二维空间，而立体动画具有三维空间，并且画面的人物或景物都具有立体感，在形象上比较接近真实，如木偶动画、黏土动画、实物动画。这种动画能够产生较强烈的感染力，但是制作与拍摄比较费时。下面是几种立体动画工艺：

(1) 关节偶动画：如可塑关节偶《小鸡快跑》。

图 2－3－11　可塑关节偶《小鸡快跑》　　图 2－3－12　折纸偶《曹冲称象》

(2) 不可塑关节偶：如木偶《曹冲称象》。

(3) 捏造偶动画。

图 2－3－13　捏造偶动画

(4) 黏土动画：是一种用黏土制作动画角色的模型，并且应剧情需求，将角色任意摆成所需要的姿势，再一张一张逐格拍摄的动画。优点是可塑性很高，随手性强，但是强灯连续照射下，容易变形且不光滑，黏土之间容易粘连在一起。著名的黏土动画作品有《超级无敌掌门狗》、《冲走小老鼠》等。

实物动画是以实物拍摄的动画，整个动画造型材质都保持物体原状，而且在实物动画中，创作者运用大量的身边现成物质作为动画材料。优点是实物可降低制作成本，提高效率，物体的真实感使观众在欣赏时产生了生活情趣的共鸣。著名作品有《桌面大战》。

折纸动画是用硬纸片折叠、粘贴，并制作各种人物和背景道具来进行逐格拍摄，通过连续放映而形成活动的形象。著名作品有《聪明的小鸭子》、《三只狼》、《湖上歌舞》。

摆拍动画是用身边的物品制作，例如《采薇》使用面包和米粒摆拍。主要形式有：

（1）沙动画：一般是用工具或手指操纵沙子来进行动画创作，然后用相机或摄像机拍下来。在制作时可以把沙子放到玻璃片上，然后把它放到扫描仪上进行逐格拍摄。如《娶了天鹅的猫头鹰》。玻璃上的动画如《街道》。

（2）剪纸动画：《Le Merle》。

图 2—3—14　剪纸动画《Le Merle》　　　　图 2—3—15　Pixilation 动画

（3）Pixilation 动画：真人合成动画，这种动画很像真人实拍电影，只是拍法为连续单个拍摄。同时，这种动画的各种角色穿插又互不影响，会造成一种奇异的视觉效果，充分显示出创作者对时空把握的非凡能力。著名作品有《加菲猫》、《空中大灌篮》、《精灵鼠小弟》。

（4）针幕动画：光线投射在由几千个细针组成的面板上，细针的运动形成了影像，把影像塑形之后逐一拍摄下来，再以各种工具制作出光彩层次、阴影效果以及质感和立体感。如《循环》、《农夫》等。

（5）雕刻动画。

电脑动画工艺也叫计算机动画（Computer animation），是利用计算机二维动画和三维动画软件从建立数字模型开始直到生成动态画面影片的制作艺术。例如电脑二维动画《大话三国》，电脑三维技术《冰河时代》。

图 2—3—16　剪纸动画《Le Merle》　　　　图 2—3—17　Pixilation 动画

传统动画的制作过程对于不同的人，动画的创作过程和方法可能有所不同，但其基本规律是一致的。传统动画的制作过程可以分为总体规划、设计制作、具体创作和拍摄制作四个阶段，每一阶段又有若干个步骤。

（1）总体设计阶段

① 剧本：动画影片中一般尽可能避免复杂的对话，最好是由视觉创作激发人们的想象。

② 故事板：根据剧本绘制出类似连环画的故事草图，就是类似电影剧本的分镜头绘图剧本，将剧本描述的动作表现出来。故事板由若干片段组成，每一片段由系列场景组成，一个场景一般被限定在某一地点和一组人物内，而场景又可以分为一系列被视为图片单位的镜头，由此构造出一部动画片的整体结构。故事板在绘制各个分镜头的同时，作为其内容的动作、道白的时间、摄影指示、画面连接等都要有相应的说明。一般 30 分钟的动画剧本，若设置 400 个左右的分镜头，将要绘制约 800 幅图画的图画剧本——故事板。

③ 摄制表：即导演编制进度规划，指导动画创作集体各方人员统一协调地工作。

（2）设计制作阶段

① 设计：在故事板的基础上，确定背景、前景及道具的形式和形状，完成场景环境和背景图的设计、制作。对人物或其他角色进行造型设计，并绘制出每个造型的几个不同角度的标准页，供其他动画人员参考。

② 音响录音：必须在动画制作之前进行。编辑人员要把记录的声音精确地分解到每一幅画面位置上，供动画人员参考。

（3）具体创作阶段

① 原画创作：由动画设计师绘制出动画的一些关键画面，通常一个设计师只负责一个固定的人物或其他角色。

② 中间插画制作：一般就是两张原画之间的一幅画。助理动画师制作一幅中间画，其余美术人员再内插绘制角色动作的连接画。在各原画之间追加的内插的连续动作的画，要符合指定的动作时间，使之能表现得接近自然动作。

③ 誊清和描线：前几个阶段所完成的动画设计均是铅笔绘制的草图，草图完成后，使用特制的静电复印机将草图誊印到醋酸胶片上，然后用手工给誊印在胶片上的画面的线条进行描墨。

④ 着色。

（4）拍摄制作阶段

① 检查：对每一场景中的各个动作进行详细的检查。

② 拍摄：使用中间有几层玻璃层、顶部有一部摄像机的专用摄制台。拍摄时将背景放在最下一层，中间各层放置不同的角色或前景等。拍摄中可以移动各层产生动画效果，还可以利用摄像机的移动、变焦、旋转等变化和淡入等特技功能，生成多种动画特技效果。

③ 编辑：完成动画各片段的连接、排序、剪辑等。

④ 录音：在所有音响效果选定并能很好地与动作同步之后，编辑和导演一起对音乐进行复制，再把声音、对话、音乐、音响都混合到一个声道上，最后记录在胶片或录像带上。

传统的动画制作，尤其是大型动画片的创作，是一项集体性劳动，创作人员的集体合作是影响动画创作效率的关键因素。一部长篇动画片的生产需要许多人员，有导演、制片、动画设计人员和动画辅助制作人员。动画辅助制作人员是专门进行中间画面添加工作的，即动画设计人员画出一个动作的两个极端画面，动画辅助人员则画出它们中间的画面。画面整理人员把画出的草图进行整理，描线人员负责对整理后画面上的人物进行描线，着色人员把描线后的图着色。由于长篇动画制作周期较长，还需专职调色人员调色，以保证动画片中某一角色所着色前后一致。此外，还有特技人员、编辑人员、摄影人员及生产人员和行政人员等。

动画发展产业到今天，已形成一整套完整的工作流程，3D动画基本沿袭了2D的模式。以时间顺序来看，3D动画制作流程与传统动画略有不同。

动画概念三个要素之一是实用性。动画可以形成各种奇幻的电影特技，进而成为宣教节目的制作手段，到现在动画成为各种虚拟动态信息处理的方法。由于具备这种特质，动画可以发展成为一种高利润的产业，成为全球化经济市场的重要组成部分。动画产业是以数字技术为载体的内容文化产业的代表行业，现在是创意产业发展的主要内容。动画产业的特征是：高风险高回报，商业模式取胜，创意性强，集聚性强。动画产业的成功之路，可以为教育产业的探索，为语言教学以及汉语国际推广的民间推广模式的探索提供宝贵经验和有力参照。动画产业本身的发展历程，就给我们带来诸多启示。

随着动画工艺、动画技术的发展，动画和动画片的固定联系被丰富多彩的动画呈现形式所取代，动画呈现的媒体除了传统大众媒介电影、电视、录像、光盘等以及承载商业广告、政策宣传、科技知识普及等内容，又有很多新兴样式。它可以作为其他媒介的辅助手段，灵活多样地嵌入其他艺术表现形式。在数字媒介时代到来之际，动画工艺呈现出来的发展趋势是，动画技术本身数字化，动画传播技术数字化，使得动画制作成本降低，具有开放性和互动性，具有跨媒介性，形成多媒体捆绑和互嵌，轻松完成无损复制。

随着动画在网络上的快速流行，动画在教育领域广泛运用，不同层次（指学前教育、初中等教育、高等教育、成人教育）的教育网站中都有使用动画表现教学内容的案例。动画的魅力当然也逐渐彰显在对外汉语教学领域中，动画的可视化效果在一定程度上有助于对外汉语教学，动画已经成为对外汉语多媒体教材中不可或缺的要素。动画技术就是数字化教材实现的技术支撑，动画技术以及应用展示既可以作为固定教材的组成部分，又可以作为临时性教材有效补充传统教材，有效地体现教学内容的真实性、针对性、趣味性和实用性。

当今世界动画创作呈现出追求世界性主题、跨文化指向主题、引领观念主题的趋势，这一趋势成为动画艺术独具的优势，这一趋势刚好契合了汉语国际推广工作的主旋律。

（1）呈现场景

语言教学的数字化教材首先是图像展现式的，是形象化的，动画的表现手法之一就是写实表现法，让人能够更直观地接受。动画具有娱乐消遣性和非消遣性双重内涵，是有意义的娱乐，大人孩子都可以在这种娱乐中感悟，优质的数字化内容是动画形式吸引人的内在因素。动画深远的想象和新奇的视角与真人真景结合时，更具有说服力。动画的审美功能以情感人，潜移默化地完成教育任务。动画的这些功能正是语言教学所追求的。语言教学是无法以说理取胜的，只有形象化的东西才能刺激右脑记忆，提高语言习得的效果。

在对外汉语教学中，写实动画能将物体的形态、色彩、动作等较为真实地反映出来。如CRI《每日汉语》中的动画形式，将真实的生活场景再现：

图2－3－18　写实表现法图

图2－3－19　创设教学情景——轻轻松松学汉语

对外汉语教学的最终目的是培养学习者在真实场景中的交际能力，而课堂教学很难为学习者呈现交际情景。动画的出现为对外汉语教学情景创设提供了渠道，动画能够帮助学生形成认识，掌握抽象的概念和规律。如《轻轻松松学汉语》中的"点菜"。

动画与实景结合表现法将动画与实景合成在一个电视画面之中，使图像更加生动，科学内容阐明得更加清楚。如《长城汉语》教学软件中，人物的表现是动画形式，而场景则采用实拍的方式，如下图：

图2－3－20　动画与实景结合法

(2) 将抽象的事物形象化

动画的比喻表现法用人们常见的一些物质和现象来比喻难以直接表达清楚的科学原理，通过比喻帮助和加深学生对科学知识的理解和认识。如用比喻表现法解释地球表面大气层的分布。

复杂、抽象的概念及事物在学习中往往难以消化吸收，比如对于中国古文化中的很多人物故事，一般教材通常都采用文字的方式作为学生学习的补充材料，材料中充满了晦涩难懂的词汇，往往以说教的形式教育学习者，让学习者觉得难以理解又无趣。而事实上，这些材料都没有充分加以利用。《长城汉语》就将"田忌赛马"改编成有趣的小故事，并以动画的形式呈现。

图 2-3-21　比喻表现法

(3) 演示复杂的事物的形成过程

语音学习发音练习中，动画卡通式的发音口形表示，使学习者能够清楚地看出发音的口形变化，并配以拼音跟读练习，跟读正确的可以继续进行，不正确的，自动进行多次跟读。

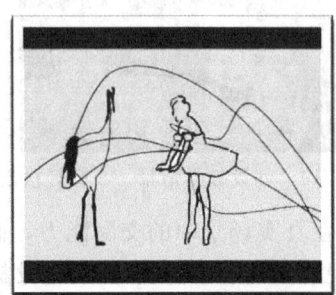 

图 2-3-22　抽象表现法　　　图 2-3-23　写意表现法

动画的写意表现法和抽象表现法能将一些抽象的概念、复杂的原理、人眼见不到的物质及其动态，通过写意性的图形和模拟化的动态表现出来，使之变得简单化、形象化。这方面的动画在其他学科中运用的比较多，比如物理、化学学科，以及用动画演示"计算机的工作原理"等等。写意表现法对于表现汉语中的语法现象是一个很好的手段。比如，在国际汉语教学示范课观摩交流中，北京语言大学的陈天序老师运用PPT动画表达汉语教学中的方位概念。

图 2-3-24　汉字教学——
Hafala Chinese

动画将现代汉字的"形"和"像"结合,使学生更易理解作为象形文字的汉字,将汉字和具体的画面联系在一起,如《Hafala Chinese》主要讲解汉字。动画在汉字教学中能动态显示汉字的笔画,部首等等。如 Chinese Hour 中的汉字书写。

图 2-3-25 汉字教学——Chinese Hour

(4) 增加学习乐趣

动画的对比表现法可以运用大与小、明与暗、虚与实、静与动、正常与异常等对比关系,来区别不同成分的物质、现象及特点与特征。比起实物、教具来说,动画更容易表现对比,尤其是夸张的对比。

语言教学中常有用实物无法解释和说明的东西,如果汉语学习者对于中国文化缺乏基础性的认知,就更难理解一些抽象的汉语词汇和语法概念了。动画艺术和技术既可以"实"又可以"虚",在语言教学中可以帮助完成传统课堂教学种种"不可能的任务"。首先,无法直接呈现于教室的实物,动画可以逼真地描画出来,能制作出让人们便于接受领会的视觉形象。动画能把抽象概念理论用简洁概括、拟人夸张等手法形象化,能弥补实物画面在揭示事物本质特性等方面的不足,能准确、形象、具体地表达本质。动画传达信息能给人直观印象,生动有趣,流畅,不受时间空间条件限制。其次,动画语言具有超现实的特质,动画艺术可以打破真实性,具有艺术想象的空间。动画作为一种艺术,能使人们在得到审美享受的同时,加深对事物机制本质的理解,满足人们在审美、认知上的多重需求。

夸张适度、时间自主是动画表现形式的两大特点。夸张适度是指动画动作表现的事件与真实事件之间的相似性程度可以人为控制;时间自主是指动画运动的快慢与节奏变化是独立于现实世界的时间概念。动画的这些独特表现形式都可以为教育增加辅助手段。数字化教材是突破常理的,是能够更大程度上牵引人们更加丰富想象的,动画为数字化教材注入了生命力。

动画的夸张表现法往往能制造喜剧效果。比如《轻轻松松学汉语》中人物的行为动作都较为夸张,给观赏者带来了无穷的乐趣。

图 2-3-26 夸张表现法

语言中有许多是借用动物的特征、形象、个性来形容人类自身的某种动作、长相技能、性格特征等。艺术家们早已将人类的许多个性特征在动物的身上体现出来。如呆若木鸡、气壮如牛、身轻如燕、聪明的猴子、傲慢的狮子。动画的拟人表现法可以展现语言中这些拟人手法。

动画的表现形式多种多样，动画的表现形式可以为教材的教学内容和教学效果服务。教育动画已经成为动画产业独立的一个模块，因其独一无二的优势——寓教于乐而备受关注。然而，动画在语言教育中的作用和应用研究却非常稀少。动画在对外汉语领域的应用和发展是教育动画的一部分，对外汉语领域的动画应用在数量和质量上都存在进一步提高的空间，其表现形式上也较为单一。

## 二、新媒体技术

本部分内容根据中国传媒大学新媒体研究院卢迪博士提供的资料调整改写。

1994年中国正式接入国际互联网，当时互联网技术主要以美国为主导，而十年后2004年中国就开始了下一代互联网的研究，带来互联网技术领域重新洗牌的机会，中国在互联网技术领域开始走向世界第一。2006年，中共中央办公厅、国务院办公厅印发《2006—2020年国家信息化发展战略》，主要指向新媒体发展战略。我国新媒体传播的硬件技术和支持条件已经成熟，新媒体领域的相关行业与国外发展同步，特别是在通讯领域，技术上不但与国际发展水平相当，甚至有几十项技术能够领先于国外发达国家，我国自主的新媒体时代已经到来。

一般的看法是，新媒体三大领域是宽带互联网、移动媒体和数字电视，业务包括基于互联网的电子杂志、电子书、网络视频、网络游戏、网络广告、各种下载业务等，博客、播客、视客、群组、其他类型的网络社区、应用层组播和P2P，基于融合网络的网络电视与IPTV，基于移动媒体的手机电视、手机广播、手机短信、手机游戏、移动电视、短信、图铃下载、移动音乐、视频应用、手机支付、移动电子商务、位置服务等。新媒体样式多彩多姿，总起来看体现的是数字化传媒的综合特征。

相对于"旧"媒体——互联网初始阶段来说，新媒体信息和语言的传输呈现出几大特征。一是信息的无限丰富性。新媒体用户随身携带计算机终端设备可随时随地自由地接受信息，即时刷新技术实现了新媒体信息的无限丰富性。二是信息和语言的交流渐进双向。通过模拟信号数字化，宽带传输技术下的局域广播、互动电视等将单向传输朝着双向交流推进了一大步。新媒体信息的发出方和接收方同样自由，可以实现自由的信息交流。三是信息和语言交流的仿真化。新媒体信息和语言的传输大大超越初始的计算机只能阅读无声的文字符号传输的限制，模拟现实技术使得新媒体语境差越来越接近于生活常态语境差水准。

新媒体的特质，使得广告内容、数字内容的载入和传输呈现出丰富多彩的形式，同理，语言教学内容完全可以借助新媒体的多种渠道，多角度进入学习者生活，让学习者在"舒适的"时间、地点，以"舒适的"方式，自由自在地接受教学内容，从而达到语言习得的最佳效率。

新媒体是基于数字技术的新的媒体形态，既包括引入新技术手段的非传统媒体，如手机电视、博客等，也包括数字化后，运营理念、运营方式和运营对象都发生改变的传统媒体，如楼宇电视、电子报刊等。

从全世界范围内看，新媒体技术已经完全成熟，计算机成为新媒体传播的中心环节，互联网成为基本载体，光电传导、电子纸也日趋成熟。韩联社 2009 年 5 月 9 日报道，韩国电子通信研究院（ETRI）在全球率先开发的 WiBro 技术将出口哈萨克斯坦。WiBro（Wireless Broadband access service）是 WiMAX 的一员，就像 TD—SCDMA 属于 3G 家族一样。WiBro 是三星电子与韩国电子通信研究院（ETRI）与 SK 电讯等依据 802.16e 标准共同开发的，世界上只有韩国政府很早就正式为移动 WiMAX 分配了 2.3GHz 频率资源。哈萨克斯坦政府为了向国民开展网络教育，决定推进 e—Learning 项目，并将哈萨克电信选为主管单位，而哈萨克电信要求 ETRI 通过参与该项目提供技术支援，因此，双方签署了此次协议。

移动宽带是宽带互联网与移动通信逐渐融合的结果，宽带互联网的移动化，改变了传统网络媒体的接触时空。目前，移动宽带主要有六大类宽带业务：高度移动网络、基于位置的服务、基于内容计费、移动音乐与游戏、安全性、移动视频。用户使用网络服务主要分为两种模式，一是自产型服务，就是指用户上传到网络中的内容，包括电子邮件、SMS、电话通话以及用户生成的内容，另一种是自购型服务，是指网络提供给用户的内容，包括软件下载、音乐、电子书和用户购买的图片等。上述服务在移动领域日益推广，并为提供上述服务的供应商带来增收机遇。

我国新媒体传播的硬件技术和支持条件已经成熟，新媒体领域的相关行业与国外发展同步，特别是在通讯领域，技术上不但与国际发展水平相当，甚至有几十项技术能够领先于国外发达国家。以移动信息平台建设为例，这种基于手机电视的平台是以用户信息数据库和数字内容库为基础，为个人用户和企业用户提供各种综合信息服务的系统，其核心是可控的实时互动的（个人）信息的获取、过滤以及处理。

目前我国十分重视新媒体公共平台的建设，这是发展新媒体非常有利的因素。我国已经在新媒体方面采取了重要的措施，国家正在着力搭建新媒体重要的平台，组织实施重大工程推动广播、电视、出版、数字出版等新媒体平台的建设。新媒体三大领域是宽带互联网、移动媒体和数字电视，目前我国的新媒体产业这三大领域正在蓬勃发展，与国外新媒体产业发展水平同步，发展潜力巨大。

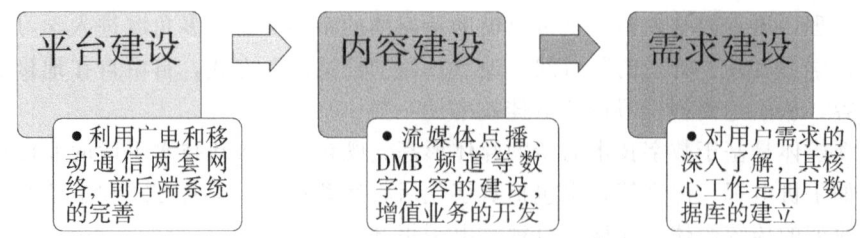

图 2-3-27 移动信息平台建设流程

以地面数字电视为例,现在我们在户外环境可以收看楼宇电视,移动状态下可以收看车载移动电视等。它是通过无线数字信号发射、地面数字接收的方式播放和接收电视节目的,无需连接有线电视网络,通过机顶盒、接收天线和终端显示器即可收看到电视节目。

地面数字电视具有安装简便、覆盖广泛、反应迅速、移动性强的特点,无论在高速移动还是固定的状态下均能保持画面的清晰,实现了边走边看、随时随地收看,极大地满足了快节奏社会中人们对于信息的需求。除了具有传统媒体宣传和欣赏功能外,还承担着城市应急预警、交通、食品卫生、商品质量等政府安全信息发布的重任。

新媒体的发展导致信息传播方式的变革,与传统的信息沟通渠道相比,新媒体的互动性和递进式等特点,更适合现代人的生活和消费观念,这使得受众能够更主动、更互动、更及时地参与信息传播和信息消费的过程,进而趋向于以个人为中心的个人信息平台和以家庭为组织结构的家庭信息平台。

由新媒体革命推动的,不仅是传媒产业、传媒企业的突飞猛进,而且是社会各个方面的大发展。新媒体是政府引导社会舆论、化解政府危机的重要途径,是企业营销及公关的利器,更是建立教学资源库、整合教学资源、探索创新教学方法的主要手段。

在理论方面,新媒体基础理论研究主要包括三个方面。一是新媒体理论体系建构与关键理论创新。即体系化梳理国内外新媒体理论研究成果和研究发现,搭建新媒体理论框架结构,对其中的关键理论、前言理论展开深入研究,推动理论创新。二是多媒体数字内容研究。即对于数字内容的产业环境与产业结构、运营管理方式、盈利模式与经济价值等问题进行探索研究,研究领域涉及网络音视频、移动内容、数字教育、数字出版、数字电影、数字化典藏、网络动漫、网络游戏等,这也是新媒体研究中心的工作重点和核心优势。三是新媒体科技与产业研究,主要包括新媒体行业政策研究、新媒体关键技术研究、新媒体支撑技术系统研发、新媒体媒介经营管理研究、新媒体产业机构与组织研究、新媒体受众与传播效果研究、多媒体数字终端研究等。

在应用方面,新媒体行业应用研究主要以数字电视、移动媒体和宽带互联网三大平台为依托，重点研究领域涉及有线数字电视、地面数字电视、移动媒体（CMMB）、流媒体视频、IPTV 等。

1. 有线数字电视应用

有线数字电视是有线电视由模拟到数字化转变的结果，其具体变化包括：从标清到高清环绕立体声；从单一综合节目到专业频道、付费频道、点播等多种电视节目形式；从单一的电视节目形式到广播、电视、信息、电子商务等多种形式。

信息服务包括了政务平台、教育平台、生活信息等多种信息服务，使有线数字电视成为我国信息化最经济的载体、最普及的工具；盈利模式从单一的广告形式扩展到多种形式。

有线数字电视的业务目前主要有电子节目指南 EPG、增值业务（VOD 视频点播、游戏、BBS、电视杂志、邮件）、互动广告和分类广告、高清晰度电视。

有线数字电视在继承传统电视媒体特性的同时，又兼具了互联网媒体的特性，电视的功能拓展了。数字电视还提供数据传送、图文广播、上网服务等。用户能够使用电视显示股票交易、信息查询、网上冲浪、视频点播、网上购物、远程教学、远程医疗等，电视被赋予了新的用途，成为名副其实的信息家电。

有线数字电视最大的特点就是它采用了双向信息传输技术，增加了电视的交互能力。有线数字电视提供的最重要的服务就是视频点播（VOD），这是一种全新的电视收视方式，提供了更大的自由度，更多的选择权，更强的交互能力，传用户之所需，看用户之所用，有效地提高了节目的参与性、互动性和针对性。电视从封闭的窗口变成了交流的窗口。

电视的消费群体以城市家庭为单位，消费时间以人们的非工作时间为主，消费环境主要是家庭环境，可以预见，未来电视的发展方向是朝着点播模式的方向发展的。

大连市数字电视教育频道于 2004 年 6 月 6 日开始试播。这个教育频道坚持正确的舆论导向，突出鲜明的教育特色，以丰富的内容、通俗易懂的形式，营造频道独有的电视风格，陆续推出了青少年教育、职业教育、科普教育、外语教学、历史文化、生活消费、休闲健身等各类知识性栏目，力争为数字时代电视传媒业的发展提供一个全新的视角。主要栏目有《就业之路》、《IT 讲武堂》、《外语教学》、《童话 365 夜》、《汉字源流趣谈》、《百家性·寻根问祖》、《世界文明之旅》等；还有回顾我国现代历史重大事件的《新华社记者目击录》、留学节目《走向世界》、讲述生活知识的《房博士》、《消费时代》；介绍知名企业创业经历并极具启示意义的《品牌故事》等知识性节目。

2. 移动媒体应用

CMMB，即中国移动多媒体广播，通过卫星和地面无线广播的方式，供七寸以下小屏幕、小尺寸、移动便携的手持类终端，如移动通信手机、PDA、MP3/MP4播放器、数码相机以及笔记本电脑等接收设备，随时随地接收广播电视节目和信息服务等。CMMB突破以往的时空限制，随时随地接收广播电视，创造新的收视习惯和消费时尚，传送更加丰富的内容，波及更加有效的覆盖，快速传达信息，增强国家突发应急能力。

目前CMMB提供的8项服务包括电视、广播、政务信息、互动节目、信息服务、紧急广播、个人管理、服务奥运。在现代人群工作时间和户外生活场合越来越多、替代媒介日益增多的情况下，CMMB的出现拓展了广播电视的用户群。奥运会期间，CMMB突破了现有电视以家中收看和晚上收看为主的时空限制，与现有电视形成了良性互补，增加了电视的传播力度和收视规模，其全天收视分布呈现出三个波峰，最高收视率达23.94%。2008年5月，CMMB试商用期间提供7套免费节目，首批终端产品也开始对消费者售卖。CMMB提供7套免费的CMMB节目分别是：央视1套、央视3套、奥运频道、新闻频道、少儿频道、英语频道以及用户所在省市的1套节目。节目频道的选择全面覆盖了新闻、体育赛事、影音娱乐、综合节目、少儿节目、英语节目以及地方资讯等方面，可基本满足用户的收视需求，尤其是在奥运期间的特殊收视需求。

3. 流媒体技术应用

（1）手机电视：在目前已有的短新闻、搞笑视频、游戏、体育赛事等节目基础上，应当增加教育学习的内容。如以英语教学为主，提供短小精悍的英语教学节目；如"英语900句"可以满足部分用户见缝插针的学习需求。

（2）手机报：将纸媒体的新闻内容，通过无线技术平台发送到用户的彩信手机上，使用户在每天的第一时间通过手机阅读到当天报纸的全部内容。由于新闻信息一般都短小精悍，更新快，要求传播速度快和范围广，手机报的媒体特性是以个人为单位，进行交互性强、个人化程度高的、即时快速的信息传播。

目前中国手机报用户已经达到近3000万的用户规模，中国移动手机报的存量用户就达5000万左右。手机报可以分为两大类型：一种是彩信手机报。类似于传统纸媒，就是报纸内容通过电信运营商将新闻以彩信方式发送到手机终端上，用户可以离线观看；另一种是WAP、I-mode或3G网站类型。第二种类型是手机报订阅用户通过访问手机报的网站，在线浏览信息，类似于上网浏览的方式。目前国内已开通服务的手机报大多采用的是第一种模式。

4. 宽带互联网IPTV应用

IPTV即交互式网络电视是一种利用宽带有线电视网，集互联网、多媒体、通讯等多种技术于一体，将宽带互联网与广播电视相融合的，向千家万户提供包括数字电视在内的多种交互式服务的崭新技术。

在应用方面，IPTV是利用宽带有线电视网的基础设施，以家用电视机作为主要终端电器，通过互联网络协议来提供包括电视节目在内的多种数字媒体服务。

用户在家中可以有两种方式享受 IPTV 服务：（1）计算机；（2）网络机顶盒＋普通电视机）。它能够很好地适应当今网络飞速发展的趋势，充分有效地利用网络资源。IPTV 信息承载力高，内容表现力丰富，用户主动性高，互动性强。

IPTV 的主要业务包括浏览和 EPG 支持、COD、支持 DPI（Digital Program Insertion）、支持视频游戏、交互电视、IP 为基础的应用、有组织的内容和服务器为基础的服务、多角度摄像节目、支持电子商务、Client DVR（cDVR）、Network DVR（nDVR）、Distributed DVR（dDVR）、Mobile DVR（mDVR）和其他业务等。

由北美麒麟电视与中国湖南广播影视集团联袂制作的中文教育节目《小麒麟学汉语》于 2007 年 1 月 1 日正式于麒麟电视播出。在元旦推出的《小麒麟学汉语》专题系列中，精心组织了十几个优秀节目，共 300 多集。有学汉字、学成语、寓言故事、诗词、童谣、童话故事、小百科等，尽量满足孩子们的各种兴趣和求知欲望。节目丰富多彩，趣味盎然。

为增进孩子们学习汉语的兴趣，《小麒麟学汉语》节目特别加入了许多娱乐元素：从轻松的动漫、游戏到有故事情节、精选的卡通节目，通过它们正面激发小朋友的创造性思维，丰富他们的想象力。作为一档为小朋友精心制作的汉语教学节目，《小麒麟学汉语》这个新年献礼不仅给学中文的孩子们提供一系列新颖而具独创性的汉语教学，也进一步促进了中美文化交流，推动了中华文化在海外的传承，以及小朋友学习中文的热潮。

麒麟网络电视平台的技术和互动教学的优势，使《小麒麟学汉语》的播出完全不受时间和次数的限制，其可以实时互动、反复收看的功能、特色，协助增进了孩子个人和其他中文爱好者的语言学习力，有效地帮助他们更上一层楼。此次的《小麒麟学汉语》专题节目仅是麒麟电视为居住海外的民众打造中文学习教育平台的长期计划内容之一，麒麟电视期许在未来能播出更多、更好的汉文化教学和教育类节目，以服务北美的观众。

# 第四章　资源库软件应用

本章根据丁安琪老师《对外汉语多媒体教材开发战略研究》项目报告相关内容调整改写。

尽管目前对多媒体的研究浩如烟海，但针对多媒体在课堂中的应用模式的研究却寥若尘烟。我们希望观察对外汉语多媒体教材在课堂的使用情况，研究对外汉语多媒体教材较好的应用模式。我们以多媒体和应用模式为核心词在中国期刊网上搜索题目和关键词，仅得出以多媒体和应用模式为题名的论文 12 篇和以其为关键词的论文 124 篇。我们进而对这些论文进行逐一分析，所得到的与语言教学有关的论文只剩不足 10 篇。

在所有的对多媒体应用模式的研究文献中，存在着一个重要的问题，就是对究竟什么是应用模式并没有进行明晰的界定。在这些研究中，应用模式往往等同于教学模式，如庄连峰、盖永传、胡士忠（1998）在《谈多媒体优化组合教学的应用模式》一文中，直接将多媒体组合技术在教学中的应用模式概括为：传统教学与电化教学相结合的教学模式、远距离传播教学模式、语言实验室教学模式、以计算机为主体的多媒体组合教学模式，以及多媒体组合技术应用于第二课堂的教学模式等。董南桥（2000）在《多媒体辅助英语教学课堂应用模式》中将所有模式区分为多媒体课堂讲演模式、操练实践模式、情境参与模式、自主学习模式四种，这与祁伟（2007）在《汉语多媒体教学模式》一文中对多媒体教学模式的区分是相近的：课堂讲授模式、自学交互模式、网络化课堂教学。

为了将应用模式与教学模式进行区分，我们将其界定为一堂课内教师、学生与多媒体之间的互动关系，主要考查多媒体究竟应用于课堂教学的哪些教学环节，运用多媒体进行教学的课堂组织方式是什么样的，以及教师与学生的互动状态如何等。

参考 COLT 交际法教学观察量表和 Flanders 课堂互动分析量表，我们制作下表。竖轴为时间段，一堂课 50 分钟，横轴为要记录的内容项，每分钟横向记录一次所有内容项，记录方式为打钩，用 SPSS16.0 软件分析数据。

表 2—4—1　课堂观察量表

| 时间段 | 学生状态 | | | | 多媒体教材 | | | | | | | | |
|---|---|---|---|---|---|---|---|---|---|---|---|---|---|
| | 输入 | | 口语输出 | | 书面语输出 | 性质 | | | | 类型 | | 状态 | | |
| | 听与多媒体相关 | 看与多媒体相关 | 控制型 | 半控制型 | 自由型 | | 自备 | 光盘 | 网络资源 | 纸质教材 | 其他 | 音频 | 视频 | 图片、文字 | 正常 | 故障 | 未使用 |
| 1 | | | | | | | | | | | | | | | | | |
| 2 | | | | | | | | | | | | | | | | | |
| 3 | | | | | | | | | | | | | | | | | |
| … | | | | | | | | | | | | | | | | | |

除了课堂观察量表，我们还辅助半结构式访谈。访谈主要是为了弥补观察的不足，对课堂观察表中所不能反映的内容进行深入的了解。

# 第一节　视听课应用

## 一、数　据

我们以北京外国语大学对外汉语系本科三年级学生的汉语视听说课作为观察对象，这次汉语视听说课选用了《家有儿女》作为教材。《家有儿女》是一部家庭情景喜剧，内容新鲜、有趣，老少皆宜，很受中国观众欢迎，该剧每集围绕一个话题展开。根据电视剧改编的教材包括纸质教材和音像教材两部分，这本教材可以观看视频课文，还根据视频内容制作出了本课的生词、语法点。教师讲解生词只需要在此基础上作少量的补充即可，练习部分集中在纸质教材上，讲授新课时教师也可以充分依赖多媒体。

由 SPSS 导出的数据可知，本节汉语视听说课，65%的时间在做课堂活动，23%的时间做课堂练习，9%左右的时间讲解生词，2%的时间在复习。由于前一课已经处理了一部分课文、生词和语法，所以在本堂课上这一部分教学环节的时间相对压缩。因为这次课不是新课，所以讲解生词时间较少。

这堂课上课堂活动和练习所占的比重较大，占用时间比较多，但是数据显示只有复习环节和多媒体教材使用之间呈现显著的相关性，其他几项教学环节和多媒体教材的相关系数不具有统计学意义。

据课堂观察记录看，在这一环节中，教师播放上节课的课文视频帮助学生复习。而组织课堂活动在整节课中占去很大比重，却未呈现出相关性。原因是教师组织的课堂活动是上节课布置的任务，由教师指定某一话题，每位学生做口头作文，这是学生提前准备好的，该话题是与此视频课文有关的，由课文生发的。

课堂练习也在该节课里占有不少分量，也未与多媒体教材呈现出相关性。原因是教师组织的课堂练习确实与本节视频课文有关，并未脱离出本节课的教学，但使用了《家有儿女》纸质教材，而且使用纸质教材的时间量大而集中。我们认为，就这点来看，课堂练习的处理并未显示出多媒体教学的优越性，使用多媒体教材时，很多纸质教材的练习题目本可以自然地融合进传统教材中，多媒体教材的作用不仅仅是看视频课文，它应提供给学生一个说话的契机。因此，在使用了多媒体教材后，应该充分挖掘它的特点和优势，把它和纸质教材巧妙结合起来，教师不应该只是一个简单的放映者，而是可以在多媒体教材的教授方式上作深入挖掘。

数据显示这次视听说课 30% 为师个互动，39% 为师班互动，7% 左右生生互动，其中师生组织方式（师个、师班）与多媒体教材的使用呈现出较为显著的相关性。

使用多媒体教材后的语言课堂，师生互动方式更加多样化，课堂气氛活跃不少，播放真实的视频课文，也使师生之间有了更多互动性的话题。这堂课上教师善于抓住课文话题提问，师个、师班的互动都比较理想。

可以设想，如果多媒体课堂能够针对课文话题采取小组讨论方式，增加个人与小组、教师与小组交流的机会，形式会更丰富。

从课堂观察来看，本节课学生开口率非常高。教师还采取学生互相提问的方式处理课文与相关练习，把提问和回答的机会尽量交给学生，增加了学生的开口率，调动了学生参与课堂的积极性。这种方式下的教学活动，学生的自由型口语输出比率达到了 43%，数据显示学生状态中口语输出（自由型）和多媒体教材呈现出显著的相关性。可见，多媒体能够给师生提供更多的兴趣点和话题，刺激学生自由表达自己的观点，有助于学生听说能力的提高。

另外，控制型口语输出为 25%，半控制型口语输出为 4%，控制型口语输出比重适中，半控制型口语输出则偏低，且与多媒体无关。这里，给了我们一个启示：多媒体教材可以生发话题，提供师生共同关注的兴趣点，有利于学生自由输出，但也应当紧扣词汇和语言点，增加学生的半控制型口语输出，不要一味自由型输出，信马由缰地走得太远。

参照 Flanders 课堂互动分析量表，对教师状态的观察分为回应、自主、提问三部分。回应即教师接纳学生的观点，表扬、鼓励学生；自主即教师讲解、给以指导或指令、批评或维护权威等；提问，即向学生发问。这次视听课，教师回应为30％，教师自主为54％，教师提问为11％。数据显示教师（自主）和多媒体之间呈现出显著的相关性。

这堂课教师使用多媒体主要是播放课文，讲解生词和语法，以及课堂练习，多媒体作为教材是教师讲解的主要依据，在本节课中使用多媒体时教师的自主性较强，这是自然的，作为语言课，生词、课文、语言点以及练习，都需要教师给予讲解和指导，有经验的老师往往都是这样做的，而且教师自主所占比重也是较为适中的。

教师提问部分占了11％，且与多媒体使用的相关度不高，从笔者观察来看，教师的提问部分主要集中在课堂活动和处理课堂练习的过程中，针对视频文件课文的提问较少，课文仅仅起到了展示性作用，没有很好地体现多媒体资源的优势。

以下再从教学环节、组织方式、师生状态几个方面总结分析一下多媒体教材在视听说课堂中的应用情况。就汉语视听说课来看：

教学环节方面，多媒体主要用在复习环节，操练环节用得较少，对于外语学习来说，一定的机械性操练是必需的，多媒体可以给予"操练"一定的情境，因此目前多媒体所具有的提供口语话题情境的功能还没有彻底发挥出来，它今后可以更多地用在句型、语法点操练和语言功能项目的教学中来。

组织方式方面，使用多媒体教材的课堂师生互动方式多样化，以师班、师个为主，教师和单个学生之间的互动也比较多，充分体现了多媒体互动性强的特点。

师生状态方面，学生的自由型口语输出较多，多媒体给课堂提供了丰富的话题，具有很强的趣味性，刺激了学生的言语自由表达欲望，有利于学生听说能力的提高。

但是，多媒体应用在教学中也存在一定的隐患，必须紧扣教学内容进行，不可离题太远，这就需要老师来把握了。

## 二、应用模式分析

1. 整体分析

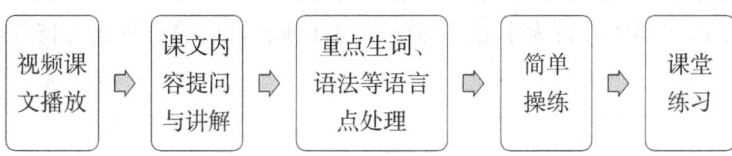

图2-4-1 多媒体在课堂应用中的整体框架结构

从教学环节来看，一堂完整的新课是按照上面的框架结构图示进行的。

（1）展示新课课文（之前会有导入环节）。

（2）播放之前或播放之后，教师会提问若干问题帮助学生理解课文内容，让学生带着问题理解课文。一般来说，播放次数不只一遍，除第一次完整播放外，以后的部分都是间断的，教师随播随停，视频播放为课文讲解服务。虽然使用多媒体教学，但学生观看多媒体视频文件时间的总和不超过 20 分钟，视听说课不是电影欣赏课，视频的播放要为语言教学服务。

（3）讲解生词、语法点，一般来说生词、语法点的讲解时间不太多，不如综合课讲解的细致、全面，操练时间也比较短暂，这应该与视听说课的课型有关，视听说课课程宗旨在于以"视"为手段，提高"听说"的能力，"听说"是目的。

（4）简单练习生词语法。

（5）课堂练习针对配套纸质教材上的练习部分，以教师带领学生思考，学生口头回答问题为主，很少书面练习。

从以上框架图可知，这种模式是不同于传统课堂的新课教学的，传统课堂往往从生词教学开始，然后进入课文，以及语法点讲解。视听说课教学则重在让学生通过真实情境理解课文，在真实的情境交际中习得生词，内化语法点，不过多讲解语言点。

2. 话题讨论特点

《家有儿女》多媒体教材每课围绕一个话题展开，话题非常有利于组织课堂教学，增强师生的互动，学生自由表达的欲望特别强。从上文有关学生状态的分析中，我们也可以看到学生的自由型输出比重很大，就是受益于话题。

本节课中教师组织的课堂活动是个人口头作文，由教师在上一节课提前拟定了有关该课内容的话题，学生口头发表后，教师会就该学生发表的内容向其他同学提问，形成了课堂讨论的氛围。这种个人发表和讨论的方式经常在教学中采用。

3. 大量口语输出特点

围绕多媒体教材，包括视频文件课文和纸质教材，教师向学生提出问题，或者学生与学生之间互相提问，形成教师与学生、学生与学生之间的互动局面，在互动的过程中，锻炼了学生听和说的能力。借助课堂量表，我们能记录的是学生口语输出的情况，可以看到学生口语输出的比例较高，而且多以自由型为主。这样就形成了以多媒体教材为中心，师生互动性强和口语输出量大为特征的模式。

## 第二节 综合课应用

以北京外国语大学对外汉语系 A1 班的一节综合课为观察对象，这次课使用的是多媒体教材《长城汉语》。学生 9 名，其中有两名是摩洛哥籍插班生，水平较低。其他学生分别来自奥地利、日本、意大利、韩国、刚果、哈萨克斯坦和法国，水平基本平均。

### 一、数　据

从整体上看，这堂课各个环节都比较完整。前一小节课主要是学习生词、课文和语法，后一小节课的主要内容是做课堂练习和进行课堂活动。课堂时间的分配上练习和活动的时间较多，共有 54 分钟。可以看出这堂课教师很重视让学生做练习，练习形式从控制、半控制的输出到自由输出都包括在内，整节课的交际性导向非常清晰。

数据显示，该示范课超过 50 分钟的时间在使用光盘，2 分钟的时间使用纸制教材，其余的时间里教师使用板书，或与学生脱离教材进行课堂活动。使用光盘的 56 分钟主要分布在第　小节课（前 50 分钟）的后半部分和第二小节课的前半部分。光盘的内容主要是和课文相关的 flash，包括课文对话和情境图片。下面就从教学环节和组织方式上来分析这节课上多媒体教材的应用模式。

根据课堂观察量表的记录，使用多媒体教材的包括生词、课文、语法、课堂练习和活动，可以说几乎涵盖了所有的课堂环节。生词、课文和课堂练习几个部分与多媒体教材显著相关，这几个环节对多媒体教材的依赖都比较高。

生词方面，多媒体教材主要用于展示生词，提供与生词相关的图片和 Flash，帮助学生理解生词的意思。然后教师再利用板书进行适当的补充讲解和操练。

课文方面，光盘配有所有课文的 Flash，学生通过观看、跟读等课堂活动来学习课文。播放和暂停的次数是由教师来控制的。在这个过程中，教师会做少量的补充说明，但学生对课文的理解和熟悉主要是通过光盘中的情景和跟读 Flash 来实现的。

练习方面，光盘中还包括了很多与课文相关的练习。如本课的一个重要语言点是"我一般……"。光盘中给出了很多情景，如早晨跑步、晚上看电视等等，可以供学生进行半控制性的输出练习。同时，在课堂上，教师还使用了光盘中的听力材料。这种听力材料是以 Flash 的形式出现，通过视觉刺激来帮助学生理解听力内容。

复习、导入、语法和活动这几个环节与多媒体教材没有显著的相关性。根据对课堂实际情况的观察，复习和导入主要是由教师通过板书以及和学生的直接交流来完成的。语法部分虽然使用多媒体课件（教师自备）的时间较多，但是教师更多的是使用板书来进行讲解和操练。

在活动方面，本课的活动主要有两段时间。第一段是在第一小节课的后半部分，这一部分的活动主要是通过光盘展示影像，让学生自由对话。第二段是在第二小节课的后半部分，教师让学生对教室里的人就兴趣进行采访，是学生自由输出阶段，这一段完全没有使用多媒体。

总体来说，由于本课使用的光盘是与课本配套的，所以在课堂上的使用率相对较高，整节课对多媒体教材的依赖性也较高。但是在整个教学的过程中，基本还是体现了学生为中心，教师为主导的原则和交际性的原则。教学环节之间的转换一般是由教师的引导来实现的，多媒体教材在各个课堂环节中是主要的工具。在学生自由输出阶段基本不使用多媒体。

数据统计显示，这堂课集体方式共有 55 分钟，其中教师参与的有 23 分钟，无教师参与的有 32 分钟。小组方式有 29 分钟，个人方式有 8 分钟，其余时间是无互动时间。无互动时间包括教师讲解的时间，学生跟读或朗读课文的时间，以及等待设备的时间等等。

整节课最主要的互动方式是集体方式。教师提出的问题通常没有指定某一位学生回答，而是采用全班回答的方式。此外，由于多媒体课件的使用，课堂上有全班学生和多媒体课件的互动时间。这样的方式使得课堂气氛比较轻松，有效地降低了学生开口的压力，提高了开口率。在讲解完一个语法点或是词汇后，教师会组织操练。为了检测每名学生的学习效果，教师让单个学生在半控制的情况下练习学过的语言点。这样个人发言的时间在课堂上出现得并不多。我们发现，个人发言时，往往只有水平较高的学生能够很快回答问题。水平较低的学生被点名时则需要更多的思考时间和更多的提示，这时其他学生会出现开小差的情况，课堂气氛也会受到影响。

小组方式主要出现在两个部分，一是学生两两练习课文内容，二是在整节课的最后一个采访活动。这两个部分学生的开口率相对也比较高，课堂的气氛比较热烈。从整体上看，多人的方式是该课最主要的组织方式。从课堂效果来看，这样的方式使得课堂气氛更加融洽，学生的心情比较轻松。

组织方式方面，数据显示和多媒体教材并没有显著的相关性。这说明组织方式对多媒体教材的依赖性不太强。这从一定程度上说明，在课堂的组织上还是教师发挥主要作用。

## 二、应用模式分析

这堂课是教师为主导，多媒体为辅助的应用模式。在这种模式下，教师还是组织教学的主导力量，负责课堂的组织和教学环节顺序的安排。多媒体教材作为最重要的辅助工具，主要用于利用各种感官向学生输入课本中要求掌握的生词、课文，并提供生动的场景，供学生进行控制和半控制型的练习。最后学生的自由输出则脱离多媒体教材，真正达到用所学的知识完成真实的交际活动。

通过对北京大学和对外经贸大学的对外汉语教师进行访谈，我们了解到目前在大学的汉语综合课中，多媒体教材大多处于辅助地位。接受采访的教师普遍认为，这种模式比较容易操作，也比较有效率。他们在课堂中使用多媒体时如果有条件，也愿意使用这种方式。由此可以初步认为，这种模式在大学汉语综合课课堂具有一定的代表性。

1. 优　势

课堂节奏紧凑，效率高。在这种应用模式下，教师的教学是围绕着多媒体课件展开的，教学环节和教师备课内容已经大致体现在各种各样的多媒体课件中，避免了环节衔接上的失误率。同时，也省去了大量的板书时间，提高了课堂的效率。一方面，省去了板书的时间，例如讲解语法时，教师如果使用PPT，则不用板书例句。同时，通过各种多媒体手段，可以更加生动、清晰地讲解各类语法结构。另一方面，正如前面所说，多媒体对教师可以起到提示的作用，使课程的进行更顺利。

激发学生兴趣，活跃课堂气氛。这种模式另一个明显的优势就是激发学生的兴趣，活跃课堂气氛。利用多媒体教材可以跳脱出课堂这种单一的场景，营造各种各样的仿真交际情境，这就使得课堂得到了有效的丰富和延伸。教师一般会尽量使用多媒体来完成与听力有关的环节。例如课文对话，传统课堂上可能是由教师示范读，所有人物的声音几乎是一样的。但是在多媒体课堂上，所有的课文角色在声音上都有了男女老幼之分，并且加上了与场景相配合的音效。学生在跟读课文或是做听力练习时更有画面感，也不至于觉得枯燥。在课堂上，教师让学生跟着多媒体课件读课文，或是利用多媒体课件提供各种图片、场景，让学生进行半控制性的练习。教师认为这样的方式可以节省很多说明的时间，同时也更方便学生的理解，在实际操作中"省时又省力"。

方便教师备课，利于学生复习。多媒体课堂的另一个优势就是它的灵活性。我们从对教师的访谈中得知，第一次使用多媒体教材时，备课的时间往往是以前的2—3倍。但是即使这样，几乎所有接受采访的教师都认为这样的时间是值得的。一方面当然是因为使用了多媒体以后课堂气氛更活跃，学生表现更积极；还有一方面就是制作好多媒体课件之后，对下一次的备课非常方便。利用电脑修改课件比较方便，免去了重新制作教具的麻烦。上完课以后，有的教师会把课件发给学生。对学生来说，这样不但省去了一部分做笔记的时间，使得上课可以更专心地听讲，而且通过画面、声音的提示，可以更好地复习上课的内容。

## 2. 挑　战

当然，这样的综合课模式目前使用面还不是很广。因为使用这样的模式无论是对学校、教材，还是对教师来说都存在一定的挑战。

设备问题。学校方面需要提供多媒体设备。如果没有优质的多媒体设备，这种模式的优势完全无法体现。试想一下，如果连设备正常运行都不能保证，又何谈高效？目前在很多高校视听说或是听力课大多配备了语音教室。但是综合课大多是在普通的教室上课，有的教室甚至没有投影仪。多媒体课堂模式对硬件的要求很高，缺少设备，这样的模式无法进行。

多媒体教材的语法讲解不足问题。以《长城汉语》为例，教师认为该教材缺少语法的讲解。课上关于语法的内容都需要教师自己补充 PPT。而学生则认为，虽然形式很有趣，但是内容上比较单调，都是一些简单的场景。

多媒体教材的听力练习问题。多媒体教材在语速、词汇的控制上有很大的优势，用多媒体教材可以缓解学生听力练习的压力，很多学生觉得听力练习用多媒体教材最好，因为可以听得很清楚。但是与现实生活有差别，有点儿浪费时间。

使用不够灵活问题。教师需要补充素材，要花大量时间搜集素材。开发多媒体教材的时候，也可以考虑提供给教师一些配套的素材库，教师在备课时可以根据需要灵活使用。

教师多媒体技术培训问题。对很多教师来说，使用多媒体设备也是一大挑战。采访中，不少教师表示曾经遇到过设备技术上的问题。很多教师非常看好多媒体课堂，但是由于对电脑设备知识的缺乏，不得不放弃，或很少用到多媒体。因此，要推广多媒体教材在课堂中的使用，教师在技术上的困难是一个需要继续解决的问题。

# 第五章　资源库软件评价

目前，对外汉语多媒体教学在各级各类课堂中已经广泛运用，但是对于如何运用，大多凭老师的经验和感觉，理论探索还很不够，多媒体教学存在的问题也不少，多媒体教材的开发也有不少难题。就拿教育游戏开发问题来说，目前游戏产业蓬勃兴起，开发教育游戏的呼声很高，但是具体实践中成功的实例不多，远远没有达到经济和文化的双赢。整个游戏软件市场中，仅有7%属于教学软件，语言教学类的教育游戏软件开发就更没有成气候，人们对这项工作的关注还十分不足。对外汉语教学游戏作为一种特殊的多媒体教材，人们对它的认识还不够全面，批评意见还有不少。

多媒体教学与传统课堂教学，人们很容易把它们对立起来分析，尽管为多媒体教学唱赞歌的很多，但是来自教师、同行、学生等方面的泼冷水的言论也有不少。例如：有人说多媒体教学并不体现科学技术的省时省力，投资大，成本高，而且迅速过时，电教媒体很快滞后，教师技能很快滞后；有人说在个别化的学习模式中，学生与机器的交互很大程度上取决于学生的自学能力，教师难以保证教学质量；有人说新媒体的出现虽然使人类的触觉延伸，但是也有研究表明，电视持续播放时，看电视的人脑电波开始变慢，只有收看动作本身产生反应，而且，错误内容或低级品位影响面广；有人说文字虽然抽象，但是画面会取代文字带来的想象力，由于阅读和赏画的审美感受不同，"青书黄卷·墨韵书香"——阅读《荷塘月色》的审美感受不能用其他方式取代；多媒体课件制作以后，没有了教师突然而至的灵感，"教授是一口钟，撞它它才响"，多媒体教学不能让师生相互激发，教学相长；有些多媒体教学只有媒体展示，录像、电影、电视等，只是一种演播，机器或许能教人，但认识、情感、意志等，无法数字化信息化。至于游戏，人们指出，游戏所激发的是求胜欲而不是求知欲。语言学习（以及其他学习）是相当艰巨的，并非"游戏、趣味"所能取代。

我们认为，多媒体教学中的问题，有些是对多媒体教学的认识问题，例如夸大多媒体教学的优势，大有取代传统课堂教学之意；有些问题是多媒体教材本身的质量问题，有些教材开发中对多媒体教学的理论认识不足，开发出来的多媒体教材不方便使用。还有些问题是教师使用中的问题，例如有些教师认为多媒体教学可以偷懒,有些教师的课件低幼化,使得多媒体教学成为花架子等等。

关于教育游戏的开发,如果教育游戏的游戏味很淡,就无法"痴迷";游戏与知识内容完全分离,而不是融进去;如果学习环境非沉浸,教学内容仍然是灌输式,教学内容仍然是平白展示式,教学内容仍然是单科式……教育游戏的尝试肯定是失败的。解决问题的方法是,重新认识教育,重新认识教育和游戏的关系,改变对立观念。传统的课堂教学与现代教育技术不能生硬地拧在一起,两者的结合应该是两者融合后的新生。多媒体教学以及对外汉语教育游戏,相对传统课堂教学来说,它不是掘墓人,它不是对立派,它也算不上是异军突起。对外汉语教育游戏的开发,需要总结传统课堂教学和多媒体教学的经验,挖掘传统课堂教学的精髓,与传统课堂教学相辅相成地发展。我们需要关注多媒体技术前沿,提取其中富有创造力、富有活力的精华所在;研究多媒体教学与传统课堂教学的关系,切入的时和量;不断追求更加科学的教育理想,追求更加人性化、更加开放和自由的教育方式。

由此看到,多媒体教材的评价研究可以解决多媒体教材运用中的许多实际问题:

1. 我们需要依据一定评价体系判断多媒体教材的优劣,发现多媒体教材设计制作中存在的问题,然后针对存在的问题找出改进的途径和措施。

2. 我们需要评价理论的研究来引导对外汉语多媒体教材的发展。对外汉语多媒体教材评价体系的制定,可以使制作者在制作多媒体教材时有一定的标准可依,从而能够作出符合标准的优势多媒体教材。

3. 对教材的评价本身就是教学过程中的重要环节,检查、分析和评价本身也是一种教学活动,所以依据评价体系对对外汉语多媒体教材进行评价,不仅可以使对外汉语多媒体教学过程更加完善,而且能进一步促进多媒体教学的质量。

多媒体汉语教材评价研究,应该包括对教材语料难度的定量分析,教材各语言要素(字,词)的复现研究等内容,更应该提出科学的评价标准和理论。

# 第一节 国外相关评价标准

### 一、英语教材的评价标准

教材评价对教学有促进作用,Cunningsworth 注意到,应该避免评价过于主观,评价需要标准的程序和评价统一标准的量表(check—list)。Hutchinson 认为评价是一个匹配过程,教材没有绝对的好坏之分,只是与需求目标匹配度上的差异。

对教材反映的教学方法的评价，Hutchinson 提出七项指标，包括教材依据的学习理论、学习者态度、练习/任务类型、教与学的技巧、教学辅助材料和设备、教学指导支持材料、教材灵活性。

Dudley Evans 认为，教材必须让学生思考和应用语言，设计的活动应该刺激认知过程，而非机械性一致。学习者也需要体会到进步感。由于学习者语言、专业知识水平存在的差距，练习分级也很重要。

Breen 和 Candlin（1997）提出了交互性的分步指导，帮助教师作出符合实际的有见地的教材使用决策。这些问题涉及教材的目标和内容，希望教师从中获得一些标准来编写和使用教材。他们的指导第一阶段提出了一些有关教材有效性的问题：(1) 训练材料的内容和目标；(2) 对学生训练要求；(3) 对教师的要求；(4) 作为课堂教学资源所具备的功能。第二阶段严密评价第一阶段所提的问题，涉及的内容：(1) 学习者的需求和兴趣（learner needs and interests）；(2) 学习者语言学习应用方向；(3) 课堂教学中的教学过程。他们同时提出了教材设计的七个特点，并且十分强调理解学生的观点，了解学生可能使用的判断标准。他们的这些观点用了一种几乎是穷尽的方式列举了大量问题，教师在评价教材时很难依照此标准一一进行评价。如何根据他们所提的问题，采取一些更为适合教师自身评价实际而又可操作性强的标准实施教材评价将是一个值得进一步探讨的问题。

Grant（1987）设计的教材评价表分为三个部分，分别评价了教材是否符合学生的学习需求、教师的教学需要和大纲及考试的要求。每个评价表均从十个方面对教材进行评价，其后跟有说明性文字。

第一部分主要评价的是教材是否有吸引力、文化内容是否能被学生接受、是否能够反映学生的兴趣和需要、难度是否得当、篇幅是否得当、装帧设计是否合理、是否有足够的真实材料及是否接近学生的现实生活、是否兼顾语言知识与综合技能、是否注重语言技能的协调发展、是否包括足够的交际活动以培养学生语言运用的能力。

第二部分主要评价教材的总体内容与版式是否令人满意、教材配备与设计的如何、不依赖教材教师可否进行课堂教学、教材推荐的教学方法是否符合学生需求和课堂教学需要、教学方法可否进行调整、是否有利于教师节省备课时间、是否提供必要的辅助材料、是否配备复习和测验的材料、是否重视新旧知识的结合与复现、是否被其他教师认可和采用。

第三部分评价教材是否由专家推荐或认可、是否遵循而又不拘泥于大纲的要求、内容分级及结构安排和覆盖面是否理想、超出大纲要求的部分是否可促进教学、教学内容与活动及教法是否周密且可操作性强、是否专为某种考试而设计、教法是否有利于应考、考试要求与学生需求是否得以合理体现、是否有足够的应试训练、在应试技巧上是否有提示。

1988 年，Sheldon《ELT Journal》的论文《Evaluation ELT textbooks and materials》列出了一份较为详尽的教材评价清单。主要可分为两大部分，即整体印象评价和定性评价。前者主要用来标识教材的概况，如标题、作者、出版社、定价、书号、页码、组成部分、规格等；后者主要以定性的方式从以下一些方面提出了一系列的相关问题，针对教材进行分析评价，所涉及的方面有：理据性、可行性、针对性、版式设计、易读性、连贯性、选材与排序、图文特色、得体性、真实性、充分性、文化性、教育性、交互性、灵活性、指示性和整体价格评价等。这是一份较为详尽的清单，其中，Sheldon 共提出了 53 个问题。最后，Sheldon 明确指出了教材评价是一个主观性的活动，没有固定的标准，另外教材评价应该综合考虑教材的作用及其所设定的长期目标。

20 世纪 80 年代，Cunningsworth（1984）出版了《Evaluating and Selecting EFL Teaching Materials》，提出了一些教材评价的重要原则：(1) 教材要与教学目标紧密相关；(2) 要清楚学习语言的目的，能够帮助学生有效地运用；(3) 牢记学生的学习需求；(4) 考虑语言、学习过程和学习者之间的关系。Cunningsworth 强调了技巧训练型（skill — based）、任务型（task — base）、项目型（project work）活动在 ESP 教材中的重要性。他认为，运用问题——解决模式，需要学习者大量运用他们已有的专业知识和职业经验，可以强化训练与专业相关的技巧、策略。

Cunningsworth（1995）从八个方面提出了教材评价清单，这一评价清单被许多学者（如 Richards 等）引用。这八个方面是：(1) aims and approaches；(2) design and organization；(3) language content；(4) skills；(5) topics；(6) methodology；(7) teacher's books；(8) practical considerations。当然，这八个方面中，每一方面又被细分为好几个问题，因此显得还是比较繁杂。

为此 Cunningsworth 又提供了一个比较简短而又便于操作的评价清单，共包括四个部分：(1) 目的和目标：课程的目的；语言项目、功能、技能等具体的目标；有没有详细的大纲，如果有，它的语法、功能、话题、技能等是怎样组成和排列的；怎样衡量目的和目标成功与否。(2) 教学环境：英语的社会需求和作用；学习英语的主要原因；学习时间安排及课程精度；班级大小、年龄、水平、能力状况；拥有的教学资源如教室、设备、补充材料及影印材料。(3) 学生：学生年龄、水平、期望、动机；现有的学习经验；所喜欢的学习风格；学生的兴趣。(4) 教师：教育系统中教师的角色；教师常用的教学方法；教师的教学主动性；教材与大纲的差异程度；教师是否有对教材进行改编和补充的权利，如果有，他们是否有所需要的时间和专长。

在所提供的教材评价指南中，Cunningsworth 提出了四个评价标准：(1) 教材应该与学生需求一致,适合学习目标;(2)教材应该反映学生现在和未来的语言运用的需要,帮助学生有效地使用语言;(3)教材应该考虑学生作为学习者的需求,促进他们的学习进程,不要武断地强加给他们所谓的方法;(4)教材应该对学习有明确的支持作用,像教师一样,促进学生的语言学习。这四个标准尤其重视了学生的需求和学习过程,为教材评价增加了新的视点,是实施教材评价的一个重要方面。

实用语言学家所关注的焦点已经由重视教育结果转向重视教育过程,因此有了结果性大纲和过程性大纲的区别(Nunan,1988),而依照过程性大纲所编写的教材的特点也引起了人们的重视,这对我们评价教材也具有重要的启发意义。Kuo(1993)提到了这种教材应该拥有的特点:一定的动态性;考虑学生的认知需求、兴趣和动机将学习任务与现实生活语言环境密切结合起来,能够促进学生之间的交流与协商,促进学生的语言能力与交际能力的共同发展;让学生能够参加到解决问题的活动中去。

Tomlinson's(1998)提出了好教材的特点并以此来评价教材。他认为,教材应该形式新颖,题材多样,版式引人入胜,内容备受欢迎,内容及安排使学生不感到紧张,能鼓励学生树立信心,教材要能够满足学生的需求、贴近学生的生活实际,能够促进学生多投入学习,学生能够随时准备好获取所学的东西(遵循可理解性输入的理论),应该让学生多接触真实的语言,学生的注意力应该引向输入内容的语言特点,应该为学生提供语言实践的机会(如信息差活动、创造性思维活动)以达到交际的目的,教材应该考虑到指导的积极作用通常并不能立竿见影,应该考虑到学生不同的学习风格(如视觉型、听觉型等),应该考虑到学生的不同的情感因素(认知风格、情感态度、兴趣和动机等),教材应该允许学习有一个沉默期,教材应该能够最大限度地开发学生的学习潜能并能鼓励智力、审美和情感的介入以激发大脑的左右半球协调工作,教材不能仅依靠控制性训练,教材应该提供学习成果反馈的机会。

## 二、网络课程的评价标准

美国从 20 世纪 60 年代就开始从事计算机辅助教学的研究,进入 80 年代后大批计算机辅助教学的课件应运而生。为了规范与引导教学软件的开发,教育工作者于是开始制定一系列评价教学课件的标准规范。

自 20 世纪 90 年代进入网络时代后,网络远程教育迅速发展,计算机教学软件资源的内涵也随之大大扩展,继而产生了一种新的学习方式:E−Learning,随后进一步发展为现在的 Blending Learning。不管是 E−Learning,还是 Blending Learning,都强调要充分利用现代信息技术所提供的丰富的学习资源来学习。于是大批的网络课件及网络课程被制作出来,以满足远程教育的需要。由于网络课件和网络课程是远程教育中学习内容的主要载体,其质量的优劣对学习者学习效果的好坏产生直接影响,所以教育工作者对这些网络课件和网络课程的评价更加重视,先后制定出了各种评价标准,以保证远程教学的质量。

E-learning在线课程的标准与规范包括技术标准、内容质量与开发流程三层面。

1. 技术标准

SCORM标准:SCORM由美国国防部下属的ADL组织制订颁布,SCORM整合各个现有的学习标准,其目的是让在线课程开发者能依照共通的格式开发课程,目的是使开发的在线课程,能在符合SCORM标准的学习管理系统上交换及使用,SCORM是行业重要的E-Learning标准。

AICC标准:AICC即航空工业计算机辅助训练委员会,该组织为航空工业建立了计算机辅助培训规范,应用于计算机辅助培训及相关技术的建立、发布和评估。AICC规范有CMI001AICC/CMI交互规范指南。目前,AICC的发展落后于ADL的SCORM标准,并有进一步被SCORM取代的趋势。

IMS标准:IMS全球学习联盟,是目前对E-Learning规范投入研究最早、最权威的机构。IMS与ADL积极合作,旗下推出的Meta-Data、Content Packaging等规范被SCORM标准所采用。因此,用户在标准的应用上可更多关注SCORM标准。

2. 课程内容质量标准

ASTD ECC规范:ASTD在2000年设立了E-Learning课程认证中心,提出了E-Learning课程评估标准ECC(E-learning Courseware Certification)。ASTD是最早提出E-Learning课程质量规范的机构,ASTD的ECC评估规范是从接口标准、兼容性标准、制作质量标准和教学设计标准四方面对E-Learning课程进行评估,共计18项评估重点指标。

台湾ELQCC规范:ELQCC(E-Learning Quality Certification Center),即台湾E-Learning课程质量认证中心。主要就学习者、教学者、发展者与管理者的观点来对数位教材(数字教材)作评鉴,评估规范是从课程内容、学习导引、教学设计和教学媒体四方面对E-Learning课程进行评估。

3. 开发流程标准

(1)项目运作流程规范:除了上述技术标准和课程内容的标准,计算机课件以及网络课件的总设计师还需要对课件的运作流程总体把握,课件从开发设计到使用管理和验收反馈一系列过程都应该是系统化、规范化的。课件项目管理需要参照项目自身特点,对需求分析、立项标准、相关职责和验收办法等制订流程规范。

(2)课程设计流程规范:课程设计流程规范指具体一门课程的开发流程规

范，用户可根据组织特点，参考 ADDIE 等系统化教学设计规范制订适合本组织的课程设计流程规范。

基于网络的课件和课程评价方面有：

《E－Learning Courseware Certification》网上课件和多媒体课件认证的标准。这是由 ASTD（American Society for Training & Development 2001）制订的。它涉及教学设计、用户接口、实用性和视听质量四个方面的多项标准。所有标准分为必选项和可选项，网络课件要通过认证，必须满足所有必选标准和一定数量的可选标准。如果课件开发者要申请认证，只要登陆学会网站即可。网站地址：http://www.astd.org

《E－Learning Certification Standards》（《在线学习的认证标准》）是由以 Lynette Gillis 博士为主创者的著名教学设计与适用专业委员会建立的认证标准，由美国南伊利诺斯大学的测量专家使用 Angoff 方法（一种被评价专家认为是确定合格最可靠的标准参照法之一，因为它是基于命题专家们的综合判断，要求专家审阅每一项，确定每一项指标的得分概率。这些概率的平均值乘以项目总数，其结果就是最低限度的得分。最终的合格线是基于这种综合判断和平均标准误差的计算。最后，对每项得分计算各种分析和可靠性指数）协助评分标准的开发，2001 年 7 月底通过测试并定稿。

这一标准草案从三个方面对在线学习进行了评价，分别为可用性、技术性和教学性。可用性共包括 8 个子项，主要针对用户在网上学习时操作的方便性，如导航、界面、帮助、提示信息和素材内容在视觉和听觉方面的质量。技术性包括 6 个子项，这部分内容提出了网络课件安装和运行时的技术指标。教学性在这一标准中所占比重最大，它从教学设计的角度，对目标、内容、策略、媒体、评价、等各个方面提出了 18 个子项。

《A Framework for Pedagogical Evaluation of Virtual Learning Environments》（《虚拟学习环境的教育评价框架》）。这是由英国 Wales－Bangor 大学的 Sandy Britain 和 Oleg Liber（1999）共同完成的报告，从评价策略的角度介绍了两种不同的模型。

一种是 Laurillard 提出的会话模型（The Conversational Framework），主要把教师和学生、学生之间及学生与环境通过媒体进行交互的活动情况作为评价对象，从所提供的各种学习工具的交互性上考察一个虚拟环境的优劣。报告从线性的会话进程分析了 Web CT（一种创作网络课程的写作工具）和 Virtual－University（模拟校园的风格而构建的基于客户端——服务器的综合学习环境）各自的特性，又从会话原则的角度分析了 Top Class（一种根据学习材料的单元而构建的在线学习环境，可以方便地导入、导出课程，并对学生的学习情况进行跟踪记录）和 COSE（英国斯塔福德大学基于练习的建构主义教学理论而开发的学习环境）在通讯性能、灵活性能、交互性能和反馈性能四个方面的对比。

另一种是控制论模型，主要依据 Stafford Beer's 的管理控制论中的可视化系统模型而改造成教育领域中应用的模型。从资源流通、协作、监控、个性化、自主组织、结构的可变动性六个方面对 CoMentor（Huddersfield 大学以促进讨论和协作学习而开发的基于 Web 的网络软件）、Librarian（以层次化的树状模型提供了对学员学习活动模块化的管理功能的一种网上工具）、Learning Landscapes（英国 Wales—Bangor 大学开发的 Java 应用程序，支持师生间的在线交互和商讨、创建、管理学习程序）进行了性能的分析。具体的评价指标内容网址是：

http://www.leeds.ac.uk/educol/documents/00001237.htm#_Toc463843836

《Quality On The Line》(《在线学习质量》)。这是由美国高等教育政策研究所和 Black Board 公司联合发布的基于互联网的远程学习评价标准。这一标准包括体系结构、课程开发、教学、学习、课程结构、学生支持系统、教师支持系统、评价与评估系统这七个方面，又将这七个方面细化为 24 个必要的核心子指标项和 21 个非必要的可选子指标项，同时提供了采用这一标准对六所学院的网络课程进行评价的案例研究。

《Student Evaluation of Web—Based Instruction》(《基于 Web 课程的学生评价》)。这个评价主要从学生的立场出发，获取他们对《The Internet: Communicating, Accessing & Providing Information》这门网络课程的评价，评价的方式采用问卷法，结果以统计图标的方式呈现。这个评价标准发表在《Technology & Distance Education》杂志 1998 年 5 月第一期上。这个评价标准根据 Khan 在《Web—based Instruction》(《基于 Web 的教学》) 中提出的网络课程框架，对蒙大拿州立大学与 Burns 通讯中心提供基于互联网的《地球科学》课程进行了评价。

## 第二节　汉语数字化教材评价标准的制订

### 一、纸质版为主多媒体为辅助的教材评价

赵金铭（1997）在论述对外汉语教材的评估时，提出评估应该特别着重在以下两方面进行检验：(1) 是否遵循"教材编写理论"。(2) 是否遵循"教材编写基本原则"。根据这两方面评估的要求，他制订了一个详细的对外汉语教材的评估表。

以纸版教材为主，电子资源为辅的多媒体教材评价标准，可以在赵金铭（1997）提出的基础上适当增加技术性的内容，以体现多媒体教材的特点。

表 2-5-1 《对外汉语教材评估一览表》修改版

| 评价指标一级 | 评价指标二级 | 分值 |
| --- | --- | --- |
| 前期准备 | 对学习者的需求有调查了解 | 4 |
| | 依据现行的某种教学计划、课程大纲进行编写 | 4 |
| | 依据大纲对词汇总量及其分布进行控制 | 4 |
| | 覆盖大纲所规定的语言点 | 4 |
| | 依据大纲确定功能意念项目且分布合理 | 4 |
| 教学理论 | 以某种语言理论为基础，如结构主义或功能意念 | 4 |
| | 体现或侧重某种教学法原则，如听说法或交际法 | 4 |
| | 使用该教材可完成既定的教学目标 | 4 |
| | 正确处理语言知识的传授和语言技能的培养 | 4 |
| | 听说读写译各项技能训练比重均衡，并有综合训练 | 4 |
| | 按照语言技能编排教学内容 | 4 |
| | 既注意表达正确又注意表达得体 | 4 |
| | 语言能力与交际能力并重 | 4 |
| 学习理论 | 以第二语言学习心理过程为理论基础，如行为主义 | 4 |
| | 教材内容与学习者的需求相一致 | 4 |
| | 内容编排符合学习者的学习心理过程 | 4 |
| | 语言水平与学习者的基础相符 | 4 |
| | 语言内容与学习者以前所学相衔接 | 4 |
| | 注意学习者的情感因素对学习的影响 | 4 |
| 语言 | 每课生词量适当，重现率充分 | 4 |
| | 句子长短适度 | 4 |
| | 课文篇幅适中 | 4 |
| | 课文与会话语言真实、自然 | 4 |
| | 口语与书面语关系处理得当，是真正的普通话口语 | 4 |
| | 所设语境自然、情景化 | 4 |
| 材料 | 课文内容符合外国人、成年人、有文化的人的心态 | 4 |
| | 课文题材涵盖面广，体裁多样 | 4 |
| | 课文内容的深浅难易排序得当 | 4 |
| | 从开始就有可背诵的材料 | 4 |
| | 课文有意思，给学习者以想象的余地 | 4 |
| | 内容无宣传，无说教，无强加于人之处 | 4 |
| | 教材的文化取向正确无误 | 4 |
| 练习编排 | 练习覆盖全部的教学内容 | 4 |
| | 练习有层次：理解性—机械性—活用性练习 | 4 |
| | 练习类型多种多样，每个练习都很短 | 4 |
| | 各项练习之间具有内在联系 | 4 |
| | 注重表达练习，练习项目具有启发性 | 4 |
| | 练习的量足够 | 4 |
| | 练习编排遵循"有控制—较少控制—无控制"原则 | 4 |
| | 练习兼顾到各项语言技能的训练 | 4 |

续 表

| 评价指标一级 | 评价指标二级 | 分值 |
| --- | --- | --- |
| 注释解说 | 淡化语法，少用概念和术语，加强交际 | 4 |
| | 语言现象的注释简明、扼要 | 4 |
| | 外文翻译准确，具可读性 | 4 |
| | 注重词的用法及使用条件的说明 | 4 |
| | 例句精当，可以举一反三 | 4 |
| 技术性 | 教材含有CD－ROM，其中包含有意义的互动练习 | 2 |
| | 有和文本内容相关的清晰音像材料，可供视听 | 2 |
| | 学生用书包括听力活动 | 2 |
| | 教材有自己的网站 | 2 |
| | 教材中有相关的、值得尝试的网络活动的建议 | 2 |
| 其他 | 有相关的复习材料和测试练习 | 2 |
| | 开本合适，插图数量适当，与内容配合紧密 | 2 |
| | 教材的总体设计很有吸引力，整体协调。版面活泼新颖，吸引学习者 | 2 |
| | 有配套的教师手册及参考用书，有学生练习册 | 2 |
| | 教材的设计能够比较容易地适应不同的教学情况和时间安排 | 2 |

## 二、计算机软件和网络汉语教材评价

张伟远教授提出的网上学习环境的评价模型中提出了评价的八个维度，该模型主要从教学的角度出发设计。

图 2－5－1 网上学习环境的评价模型

网络课件的评价标准得到公认还有北京师范大学黄荣怀（2003）制订的《网络课件质量认证标准》。黄荣怀借鉴国际标准化组织（150）的 TC176 委员会（质量管理和质量保证技术委员会）制订的"1509000 质量管理和质量保证系列标准"，提出了网络课件质量认证标准和网络教学过程认证指标。

网络课程的评价标准，有教育部教育信息化技术标准委员会（2002）制订的《网络课程评价规范》。该规范针对的网络课程是基于 Web 的，以超媒体形式表现的、以异步学习为主的课程，其目的是通过定义网络课程质量特性的框架和评价指标体系来指导和规范网络课程的评价。

汉语多媒体教材的评价标准，还可以参照罗立祥（2006）制订的《对外汉语教学网络课程评价指标体系》。

表 2—5—2　《对外汉语教学网络课程评价指标体系》

| 评价指标一级 | 评价指标二级 | 评价指标三级 | 分值 |
| --- | --- | --- | --- |
| 课程内容 | 课程说明 | 课程目标 | 0.5 |
| | | 学习者群体说明（国别、年龄、学习需求、知识背景） | 0.5 |
| | | 领域范围说明 | 0.5 |
| | | 典型学习时间 | 0.5 |
| | 内容目标一致性 | 内容范围 | 1 |
| | | 内容深度 | 1 |
| | 科学性 | 内容科学严谨 | 2.5 |
| | | 最新进展 | 2.5 |
| | 内容分块 | 内容划分 | 3 |
| | | 页面主题 | 1 |
| | | 段落内容 | 1 |
| | 内容编排 | 反映学科结构或领域结构 | 3.5 |
| | | 适于学习 | 3.5 |
| | 内容链接 | 重点知识链接 | 2.5 |
| | | 链接价值 | 2.5 |
| | 资源扩展 | 外部资源 | 2 |
| | | 学习价值 | 2 |

续　表

| 评价指标一级 | 评价指标二级 | 评价指标三级 | 分值 |
|---|---|---|---|
| 教学设计 | 学习目标 | 学习目标说明 | 1 |
| | | 学习目标层次 | 1 |
| | 学习者控制 | 内容控制 | 1 |
| | | 步调控制 | 0.5 |
| | | 显示控制 | 0.5 |
| | | 环境控制 | 1 |
| | 内容交互性 | 提供参与交互机会 | 2 |
| | | 调动学习者投入思考 | 2 |
| 教学设计 | 交流与协作 | 任务设计 | 2 |
| | | 问题的开放性 | 1 |
| | | 指导说明 | 1 |
| | 动机兴趣 | 策略采用 | 1 |
| | | 与内容相适应 | 1 |
| | | 与学习者相适应 | 1 |
| | 信息呈现 | 联系相关知识 | 0.5 |
| | | 教学方法 | 1 |
| | | 实例演示 | 0.5 |
| | 媒体选用 | 媒体组合 | 1 |
| | | 媒体适当性 | 1 |
| | 学习指导 | 学习指导 | 1 |
| | | 学习帮助 | 1 |
| | 练习与反馈 | 提供练习 | 1 |
| | | 练习的多样性 | 1 |
| | | 活动说明 | 1 |
| | | 允许修改错误 | 1 |
| | | 练习反馈 | 1 |
| | 追踪 | 学习进展 | 0.5 |
| | | 掌握情况 | 0.5 |
| | 测评 | 测评 | 1 |
| | | 反馈 | 1 |

续 表

| | | | |
|---|---|---|---|
| 界面设计 | 风格统一 | 屏幕功能分区 | 1 |
| | | 语言文字格式 | 1 |
| | 屏幕布局 | 界面简洁美观 | 2 |
| | | 可视元素搭配 | 2 |
| | 易识别性 | | 2 |
| | 导航与定向 | 导航 | 3 |
| | | 定向 | 2 |
| | 链接标识 | 链接辨别 | 1 |
| | | 链接标签 | 1 |
| | 电子书签 | | 1 |
| | 内容检索 | 检索 | 1 |
| | | 访问 | 1 |
| | 操作响应 | 操作生效提示 | 2 |
| | | 等待提示 | 2 |
| | 操作帮助 | 帮助功能 | 1 |
| | | 易于获取 | 1 |
| 技术 | 系统要求 | 运行环境要求 | 2 |
| | | 所需软件下载 | 2 |
| | 安装与卸载 | 安装 | 1.5 |
| | | 卸载 | 1.5 |
| | 可靠运行 | 可靠地启动和退出 | 1 |
| | | 各功能按钮正常工作 | 1 |
| | | 没有链接中断或错误 | 1 |
| | | 没有其他明显的技术障碍 | 1 |
| | 多媒体技术 | 媒体标准 | 2 |
| | | 网络传输 | 2 |
| | 兼容性 | 跨平台运行 | 0.5 |
| | | 互操作性 | 0.5 |

## 第三节　评价的实施

对外汉语多媒体教材评价不是一蹴而就的，它应该是一个动态的过程，经历准备、实施、处理、反馈各部分的工作。

### 一、发放相关评价方案，解释标准

发放评价指标体系到相关评价人员，对评价人员解释相关标准，统一价值尺度，这一点有助于评价人员作出正确的价值判断。

### 二、实施评价

收集评价数据和信息，进行有效性检验和误差诊断。主要是实施评价后将获取的相关数据进行统计、检验，筛选有效数据，去除无效数据，以保证评价的有效性。

### 三、数据处理

依据各种权重进行数理统计。权重指两个方面的权数，一是指标体系中各层指标的权重。二是不同评价人员的信息的权重（如教师、专家、学生、管理员等），如果评价者大体为同一整体，则每人的分数都同等重要，权重相同，取平均值即可；如果不同，则要依据在准备阶段确定的综合评价权重来统计，权重的设置要依据评价的目的、课程特点以及评价人员构成灵活变化。

### 四、得出结论

分析统计信息，进行综合判断，得出评价结论。经过统计信息的综合和分析，依据不同的评价目的，结合质性评价，解释、鉴定，分析诊断问题，给出对外汉语多媒体教材的价值判断，比如水平鉴定等。

### 五、反　馈

反馈阶段包括元评价、形成评价报告和反馈信息给制作者。其中元评价是对整个评价活动进行的评价，包括形成性评价和总结性评价。形成性评价即在整个评价过程中监控评价活动的进行，随时调整评价工作的评价活动，是一直在进行的；总结性评价是对此次评价活动的总结，发现评价过程中出现的问题，提出改进评价本身的措施。形成评价报告是评价活动结束后，最终以评价报告的形式对对外汉语多媒体教材的评价作出反馈，提出改进措施。然后将相关的评价信息反馈给课程的制作者及有关人员，完成反馈活动。

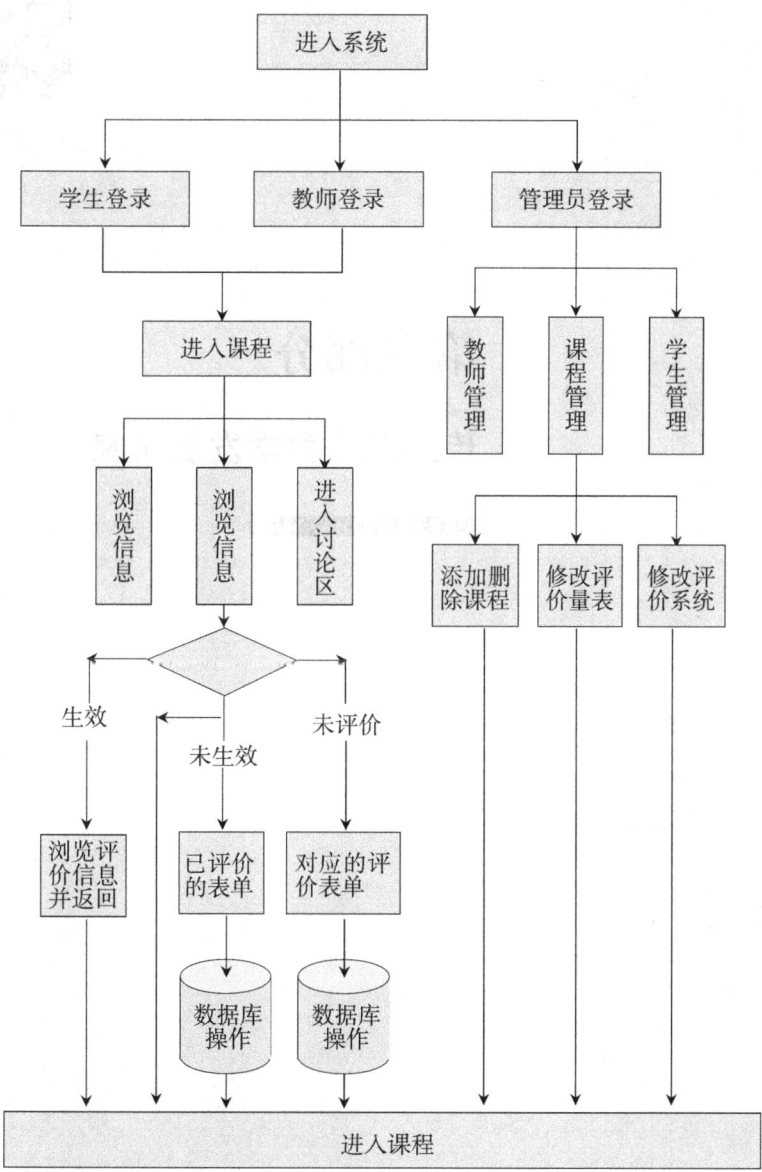

图 2-5-2 具体流程

# 第三部分
## 传媒汉语教学发展研究
CHUANMEI HANYU SHENGCHENG YU FAZHAN YANJIU ◀

# 第一章 对专门用途语言教学发展的回顾

随着全球经济一体化的发展,世界各国之间的经济贸易往来越来越频繁,各国之间的政治、文化交流与合作也越来越密切。"全球化"的发展趋势对外语类人才的需求无论从数量上还是质量上都有了更高的要求。社会各行业、各领域都急需一批既掌握该领域的专业知识,同时又能够熟练地运用一门或者多门外语进行专业信息交流的人才,即"外语+专业"的复合型人才。在这种需求的推动下,越来越多的外语学习者不再仅仅满足于一般的外语语言知识,学习目标也由原来的熟练掌握一门语言,转变为掌握一门专门用途外语,具备熟练运用该语言从事该行业业务的能力。而传统的外语教学既费时费力,又不包含专业知识内容,无法针对学生这种特定的学习目的开展教学,也就无法满足社会对这类复合型外语人才的需求。因此,如何在短时间内培养出"外语+专业"的复合型人才,越来越成为摆在外语教学工作者面前的一个亟待解决的问题。

我们通过调查研究发现,在专门用途语言教学当中,专门用途英语教学(English for specific purpose)的研究起步最早,成果最为丰硕;以商务汉语教学为代表的专门用途汉语教学的研究,起步虽然较晚,但近年来发展迅速,涌现出了旅游汉语、计算机汉语、法律汉语、文秘汉语、中医汉语等门类。随着信息时代的到来,作为人类社会信息、资讯借以交流的媒介的传媒领域,其各个行业与人们的社会文化生活关系日益密切,而学界对于传媒专用语教学的研究,重视程度不够,研究成果较少,尤其是传媒汉语的教学到目前为止尚是一个空白,这与中国在全球资讯传播上所具有的国际影响力是极不相称的。

中国传媒大学对外汉语教育学院的留学生,结束语言进修后入系学习,对传媒行业知识的学习需求十分迫切。他们虽然进行了一定阶段的语言学习,但在编入中国传媒大学各院系学习之后,语言仍然是他们学习专业知识、技能的瓶颈。尤其在有些专业(如新闻报刊、播音主持等),其行业业务是以语言文字为载体进行信息传播,业务技能和从业人员的语言能力水平具有直接的联系。在这些专业学习的留学生,语言能力不仅限制着专业知识的学习,而且直接决定着其业务水平的高低。

综上所述，我们认为开展系统的传媒汉语教学，不仅能满足社会对传媒类外语人才的需求，也适应非汉语母语者对于学习传媒专业知识的需求；不仅能打破语言这个留学生进行传媒专业知识学习的瓶颈，而且直接影响着留学生从事传媒行业的业务技能水平，其意义是显而易见的。

以下我们首先分析专门用途语言教学的研究现状和理论成果，以之作为理论依据提出传媒汉语的教学理念并界定其教学内容；而后通过对留学生学习传媒专业知识的需求进行统计分析、对中国传媒大学传媒类学科体系的架构和人才培养模式的归纳总结，尝试拟订传媒汉语的专业设置，并总结借鉴传媒英语和商务汉语的教学理念及先进经验，试图对传媒汉语教学大纲的制订、课程设置、教材编写体例以及传媒汉语的标准化测试进行初步的理论探讨，并在力所能及的情况下提出某些相应的操作性构想。

面对随着社会发展对"外语＋专业"的复合型人才的迫切需求，越来越多的人开始探讨语言教学的新出路。最早意识到语言教学的这种社会需求的变化并对此进行理论上的探讨的是系统功能语言学创始人 Halliday。系统功能语言学认为，语言的社会性和交际性是语言众多特征中最为重要的，对语言的研究要从语言的社会功能和使用情况出发，在分析语言特点的同时，也要分析研究该语言的各种变体以及这些变体在不同场合中应用的交际效果。在此理论基础上，Halliday（1964）在《语言科学与语言教学》（《The Linguistic Science and Language Teaching》）一书中首次提出了专门用途英语（English for specific purpose，以下简称 ESP）的概念，并以英语在使用中出现的各种社会变体为例，对专门用途英语作出了说明，即公务员、医护人员、工程师等专业人士使用的英语；他还提出了根据学习者的需要决定语言教学中的内容和方法的教学原则。Halliday ESP 这一理念，开创了专门用途语言研究的先河。

## 第一节　专门用途英语教学的发展

"专门用途英语（ESP）"这一理念提出后，不同学者对专门用途英语（ESP）定义的界定和特征的归纳有着不同的观点，其中为学界广泛认可的是 Strevens（1977）的定义，他认为专门用途英语（ESP）教学和公共英语（English for General Purpose）教学是对立的，相较于公共英语（EGP）教学来说，ESP 具有更明确的教学目标、教学内容和交际需要，其教学内容紧扣专业和职业的需求，满足学习者所从事的专业、职业对语言运用的特殊需求；可以只培养专向语言技能（如口语、阅读），可以根据任何一种教学法进行教学。

根据 Strevens 的定义，我们可以得出，ESP 不是单纯指英语的个别变体，它与公共英语（EGP）一样，是一种教学途径，其目的是为满足不同学习者学习和使用英语的需求。但是，专门用途语言作为与公共英语（EGP）对立的教学途径，相较于后者具有鲜明的特点：课程的设置基于需求的基础之上；学习者社会身份复杂，学习目的明确；教学目标明确，教学活动紧密联系实际需要；由语言知识的传授、语言技能的培养和专业知识的讲解两部分组成，涵盖的知识比基础语言要宽广。

作为世界上应用最广泛的语言，英语语言学的研究是语言学界最为先进和完善的，这也正说明了专门用途语言教学始于英语教学的原因。不过，虽然早在1964年ESP这一理念已经被提出，但是与之相应的教学研究和实践从20世纪70年代才开始普及。到现在，专门用途英语的发展已经经历了语域分析、话语和修辞分析、目标情境分析、学习技巧分析和以学习为中心等五个发展阶段（温科秋，2003），每个阶段都代表着不同时期人们对ESP的不同程度的认识。（参见本书第一部分第二节）

一、语域分析阶段。这一阶段的研究重点在于比较某一行业领域的文献与其他领域文献在词汇、语法上的差异，从而分析学习者在将来工作中常用的词汇和语言点，并以此作为制订有针对性的教学大纲和编写教材的依据。

二、话语和修辞分析。这一阶段的研究注重ESP的篇章结构和修辞等方面的特点和技巧。这些技巧使得学习者能够准确理解该专业文献的内容主旨，并精确、简洁地进行专业内容的表述，因而也成为ESP教学大纲的重要内容。

三、目标情景分析。目标情景分析指的是对将来使用ESP的情景和使用内容、方式以及所用的语言技能进行分析，并据此来设置ESP课程和编写教学大纲。程世禄和张国扬（1995）认为，目标情景分析是ESP的出发点和核心内容，也是ESP受到关注和得以发展的根本原因。

四、学习技巧分析。这一阶段的ESP研究主要在非英语国家进行，研究重点主要集中在专业文献的阅读技巧的研究和教学上。

五、以学习为中心的阶段。这一阶段的研究跳出了对语言表层结构特点和使用技巧的研究，主要研究如何以学习者为中心，调动学习者的积极性，最大程度地提高学习效率。（参见本书第一部分第一章第二节）

作为第二语言教学的一支，ESP在中国的发展始于20世纪70年代末。杨惠中先后发表的两篇论文《科技英语的教学和研究》（《外语教学与研究》1978年第2期）和《国外科技英语教学和研究动态》《外国语》1978年第3期），这两篇文章被认为是ESP在中国的最早研究成果。在这两篇文章中，杨惠中向国内英语教学界介绍了ESP的理念和发展状况。此后，ESP的研究在国内逐渐兴起，不仅出现了许多介绍国外ESP研究，推广ESP教学的论文，而且在一些外语学院也纷纷开始缩小英语教学的专业口径，设立了科技英语、财贸英语、秘书英语等ESP专业或课程。20世纪90年代，随着教学实践的丰富，ESP的研究重点转移到教学方法上，如汪家丽（1995）提倡用交际法培养学生运用ESP进行交际的能力。到了21世纪，随着我国同世界的政治经济联系越来越密切，各高校纷纷开设了旅游英语、商务英语、科技英语等ESP课程。与此同时，许多学者也开始重新审视开展ESP教学的必要性（如陈莉萍《专门用途英语存在的依据》一文论证了ESP产生的必然性，并从理论基础、教学实践等方面分别论述了ESP教学的必然性和必要性，以及王蓓蕾《同济大学ESP教学情况调查》等），并将研究方向细化到教学方法、课程设置、教师教育等方面，如陈莉萍（2003）指出了使用真实文本（即实际交际中使用的语言材料）作为教材对提高学生跨文化交际能力的意义。但是我国的ESP教学研究起步较晚，尚处于不成熟阶段，仍然存在着许多问题。如王蓓蕾（2004）对同济大学ESP教学情况进行调查后发现，课程的实际教学效果和教学目标之间有较大差距，段平（2006）认为许多ESP教学将重点放在语法和词汇教学上，忽略了文化教学和实际应用技能的培养；同时国内的大部分研究指出了ESP在课程设置、教材选用、教学方法以及教学评估等各环节存在的问题，但未能具体地提出可行的对策。国内的ESP和我们下文中将提到的传媒汉语，同样都是专门用途第二语言教学的内容，因而不仅以上这些国内的研究成果可以作为我们传媒汉语研究的借鉴和参考，研究中存在的不足之处也能引发我们对传媒汉语教学中可能出现的问题的思考。

以ESP为代表的专门用途语言不仅涉及词汇、语法等内容，也包括句式运用、篇章结构、修辞手法等诸多其他的方面，而本文限于篇幅，不能一一阐述。由于专业词汇的不同是各专门用途语言的区别特征的最直接体现，因而这里我们主要从各专门用途语言的词汇，即各行业的专用语出发，对其在横向和纵向上的结构层次进行简单的分析。

## 第二节　专用语的横向分布和纵向分层研究

专门用途英语的理念自从20世纪60年代被提出以来，经历了40多年的发展，理论研究日趋成熟完备，逐渐形成了横向上包含不同学科，纵向上分为不同层次的体系，研究重点也从最初的科技英语转到商务英语，而后扩散到各个行业和领域，出现了百花争艳的局面。那么，有多少专用语存在于我们的言语交际中呢？30多年前有人依据"有多少专业就有多少种专用语"的假设，认为这个数目是300多种，但是如果说过去一些传统的专业的界限还很明晰的话，那么今天的专业概念显然正在经历着质的变化，不仅专业的数目已经很难统计，而且学科间，尤其是交叉学科间界限的划分也越来越困难。究其原因，一是由于科学技术的进步,各个专业不断产生出许多新的分支;二是各专业相互合作相互影响,并由此产生出更多更新的交叉学科。以本文将要研究的传媒领域为例,随着近几年传媒行业自身的发展和数字技术、互联网技术以及移动多媒体技术等相关学科的发展,传媒系统内部各学科之间相互交叉渗透,已经产生了诸如传媒经济、传媒教育、传媒心理学、数字媒体艺术、数字动画、电子音像编辑出版、网络新闻与新媒体、传媒信息安全等学科内以及学科间的交叉学科,而且新的边缘交叉学科也正不断孕育着。因此,对社会生产中各个行业、专业之间界限的细分,并且据此对专用语横向分布的具体界限划分不仅是难以完成的,而且不可能是一劳永逸的。

与横向分布相对应,专用语的纵向分层指的是根据不同的交际环境和交际意向,将同一种专用语划分出不同的层面,每个层面都反映出不同的语言特征。最早对专用语进行纵向分层的是布拉格学派,他们从交际功能出发,把专用语分成理论学术型交际用语和实践型交际用语两个层面,但是这种分法未考虑从学术理论到实践的过渡的交际层面。汉堡大学的 D. Mohn 教授提出的三分法(梁镛、钱敏汝,1991)考虑到了中间的过渡层次,将每种专用语分为以下三个层次(参见下表):内部交际,即某领域内部专业人员之间的相互交际(表中 k1、k2);专业与专业之间的交际(表中 k3);专业外部交际,即面向不具备或掌握很少的专业知识的公众进行的交际(表中 k4)。

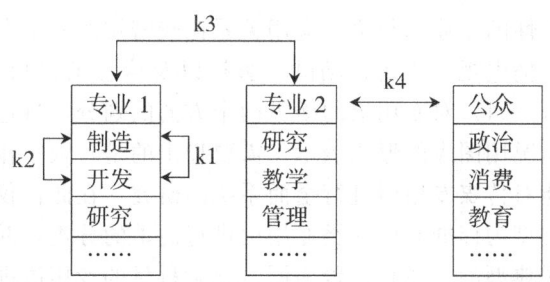

图 3—1—1  D. Mohn 的专用语纵向分层三分法

相较之下,更完备的是莱比锡大学 L. Hoffmann 教授的分层方法。他提出了四条分层标准,分别为抽象等级、外在语言形式、使用范围和参与交际者,并把专用语分为 A、B、C、D、E 五个纵向层面,上述四条标准在每个层面上体现出的特征就是对专用语进行纵向分层的划分标准。(见下表)(梁镛,钱敏汝,1991)

表 3—1—1 L. Hoffmann 的专用语纵向分层方案

| 层面 | 抽象等级 | 外在语言形式 | 使用范围 | 参与交际的人员 |
|---|---|---|---|---|
| A | 最高 | 人工符号，表示语言成分及其相互关系 | 基础理论科学 | 科学家之间 |
| B | 很高 | 人工符号表示语言成分，自然语言表示相互关系（句法） | 实验科学 | 科学家（技术人员）与科学家（技术人员）及其科技助手之间 |
| C | 较高 | 自然语言，包括很大一部分专业术语和结构严密的句法 | 应用科学和技术 | 科学家（技术人员）与生产部门的技术负责人之间 |
| D | 较低 | 自然语言，包括相当一部分术语和相对灵活的句法 | 物质生产领域 | 生产部门的技术负责人与技术工人、职工之间 |
| E | 很低 | 自然语言，带有少部分专业术语，句法不受约束 | 消费领域 | 生产部门的代表、贸易部门的代表与消费者之间 |

需要指出的是，每一种专用语可以包含但是并不一定包含全部的五个层次。例如有的领域并不包含物质生产或者消费领域，而且，在具体的交际行为中，各个层面之间由于在行业运作流程中联系十分紧密，往往不能十分清楚地划分出各个层面之间的界限。

中国传媒大学是一所具有鲜明传媒特色的高校，对传媒各领域的科学研究和人才培养的覆盖较为全面，我们在对我校传媒类专业设置进行调查（各学院、研究所的专业设置参见表 3—1—2）的基础上，从中选取构成传媒系统的各个媒介类型中比较有代表性的专业和与语言应用关系比较密切的六个专业（包括新闻出版、播音主持、广播电视、广告、动画、影视以及信息工程和新媒体等），并依据钱敏汝和梁镛（1991）对专用语的横纵两个方向的划分，将这些专用语的横向分布和纵向分层情况用图表的形式表示。需要指出的是，限于作者对传媒类知识的涉猎有限，未能对传媒专用语进行全面系统的研究，在此仅仅以信息传播的载体和传播媒介的类型为标准对传媒类专用语进行简单的分类，并从语言教学的角度出发，筛选其中典型的、适宜设置为语言教学科目的专用语进行分析。

表 3—1—2 传媒专用语的横向、纵向划分

| 纵向分层 | 传媒专用语 | | | | | | | | |
|---|---|---|---|---|---|---|---|---|---|
| | 新闻出版专用语 | 播音主持专用语 | 广告专用语 | 影视专用语 | 动画专用语 | 广播电视专用语 | 信息工程专用语 | 新媒体专用语 | …… |
| A | | | | | | | A | A | |
| B | | | | | B | B | B | B | |
| C | C | C | C | C | C | C | C | C | |
| D | D | D | D | D | C | D | D | D | |
| E | E | E | E | E | E | E | | | |

表 3－1－2 中的各专业领域的研究都对传媒类产品的制作有着指导作用，都属于应用科学和技术的范畴，因而都包含着 C、D 层面的内容。信息工程和新媒体技术的研究中经常会运用一些只有专业内人士能够理解并运用的人工符号来代替自然语言表示某些抽象概念，有时甚至可以运用符号表示这些概念之间的相互关系（如数学公式、脚本语言等），因而这三类专用语包含了 A、B 两个层面的内容；但是这些行业在实际的运作中只对传媒类产品的制作提供技术支持，不生产具体的传媒类产品，因而不包含消费领域（E 层面）的内容。动画、广播电视等专业的专用语中不仅包含许多专业术语，也有很多的用以表示抽象概念的人工符号，而且这两个行业的运作生产出相应的传媒类产品，并面向大众传播，因而这两类专用语都包含着 C、D、E 三个层次。新闻出版、播音主持、广告和影视的专用语则主要是一些术语，不包括非自然语言的人工符号，这些行业运作也都产生相应的传媒产品并向大众传播，因而它们的专用语主要分布在 C、D、E 三个层次。

传媒作为一个包含社会、自然科学的众多学科的学科体系，范围十分宽泛，传媒人才的培养也是横跨多个学科门类，纵贯不同的培养层次。传媒专用语作为多种专用语的集合，不仅横向分布上跨越了新闻传播、电视、动画、影视艺术等多个门类，纵向分布上也贯穿着 L. Hoffmann 分出的五个层面。本文主要从第二语言教学的角度出发，通过对传媒专用语的分析，探讨传媒汉语的教学，主要目的在于探讨培养具备一定的"传媒＋汉语"专业和语言的知识技能、能从事传媒类职业的留学生，而不是对传媒类专门用途汉语的词汇、语法、篇章以及修辞等方面的特点进行分析研究，因而本文中提到的"传媒英语"、"传媒汉语"主要指的是"专用语"，而非专门用途语言，主要是技术应用和物质生产、销售层面的专用语，而非理论学术研究层面的专用语。因此，根据 L. Hoffmann 分出的五个层面，本文中提到的"传媒汉语"仅指 C、D 和 E 三个中低层面的专用语。和 A、B 两个理论学术研究层面的传媒类专用语不同，C、D 和 E 三个中低层面的传媒汉语和普通汉语的联系更为密切，二者界限更为模糊，有相当大的重叠部分。特别是 E 层次的传媒汉语，如影视作品、新闻报刊等传媒产业，语言是它们的产品内容的主要载体，而这些传媒产品的受众是具有不同教育程度、不同社会背景的各阶层社会大众，涉及人民群众生活的方方面面，因而传媒汉语必然具有较强的通用性和交际性，是所有专用语中与普通交际汉语联系最为紧密的专用语之一。

## 第三节　国内传媒英语教学的发展

英语作为全球运用最广泛的国际性语言，存储和传播了互联网上 85% 以上的文本信息,在信息传播中起着其他语言无可比拟的巨大作用。非英语国家的传媒要想顺应国际化的浪潮,就必须重视传媒英语这个与国际接轨所必备的工具。随着传媒的国际化和信息化,社会对熟练掌握传媒英语的综合型传媒类专业人才的需求越来越大。这种需求促进了传媒英语作为专门用途二语教学的一支在非英语国家的广泛开展。(参见本书第一部分第一章第三节)

在我国,许多高校已经开设了传媒英语课程,也有许多专家学者对传媒英语教学进行了深入探讨。如梁岩(2008)将传媒英语的教学对象定位为"与传媒专业相关的高校学生;其他专业的,欲提高媒介素养的学生,传媒从业者,对传媒领域感兴趣并需要提高英语语言技能的各界人士",并且指出了开展传媒英语教学的目的不仅是为培养传媒业从业者用英语进行工作的能力,也包括向普通受众普及媒介素养知识,提高他们的媒介英语应用能力等。

除了对传媒汉语教学进行理论的探讨之外,许多专家学者把研究的重点放在教材编写上。如端木义万的《传媒英语研究》(北京:中国社会科学出版社,2000)运用新闻学和语言学的相关理论,分析了新闻报道英语、广告英语、电子媒介英语等的语体、用词、句式等语言特色;杨林聪的《现代传媒英语》(长沙:湖南大学出版社,2006)则不仅介绍了新闻篇章、标题的语体、篇章结构特色,在教材中也引入了新闻传播学、媒介经营管理、广告学、广播电视新闻学的基本理论和经典论著;胡逢瑛、吴非编著的《国际传媒英语》(广州:暨南大学出版社,2007)则不仅包括新闻习作、采访技巧等语言能力的培养,更侧重于从业者知识面、思想水平和判断能力的拓展和提高,文章选择上秉持多元主题、多元观点的原则,留给学生更广阔的思考空间;梁岩和严玲编写了《传媒英语》(北京:高等教育出版社,2008)教材,并被高等教育出版社列入《大学英语选修课/学科课程系列教材》丛书中。

相对于上述其他教材,梁岩和严玲的《传媒英语》是涵盖传媒各领域比较全面、编写体例比较成熟的一本。全书分为14个单元,涵盖了报刊、广播、电视、互联网、动画、媒介素养、媒介经济和文化创意产业等14个领域和内容,每单元分为精读文章、模拟任务和资料库三部分。精读文章和练习题在介绍传媒专业知识的同时,主要针对学习者阅读、翻译、口头表达等语言技能进行训练;通过完成模拟采访、新闻写作等模拟任务,学生能够对各种传媒实务有所了解,并且在实际任务的执行过程中训练听、读、说、写、译等各项语言技能;资料库包括专业词汇和相关资料网址,便于学生课下就感兴趣的领域和话题进行课外学习。

近年来,随着传媒行业的发展,外语教学界对传媒英语越来越重视,传媒英语教学的研究也已经取得了可喜的成果,越来越多的传媒英语教材如雨后春笋一般涌现出来,而对外汉语教学界对传媒汉语教学的研究仍然很薄弱,很少有人针对传媒汉语的教学展开理论的研究和实践的探索。国内对传媒英语教学的理论研究和实践经验中,不仅有些(如《传媒英语》的教材编写体例以及通过模拟人物的方式训练学生的专业实务能力等)可以直接运用到教学中去,有些理论研究,如对教学对象和教学目标的定位、侧重语言技能培养的教学理念等,也同样可以用来指导我们开展传媒汉语教学。但是,汉语和英语分属两个不同的语系,相较于英语作为第二语言的教学,汉语独特的语言特点决定了我们的对外汉语教学工作有着自己独特的规律。同样地,传媒汉语的教学也和传媒英语教学有着极大的差异。因此,要对传媒汉语教学进行尝试性探讨,就必须先对专门用途汉语的教学有充分的了解。

## 第四节 商务汉语教学的发展

汉语虽然是世界上使用人数最多的语言,但是专门用途汉语教学的提出,与专门用途英语相比晚了近四十年。在"汉语热"不断升温的推动下,越来越多的汉语学习者的目的不再是单纯地为了具备使用汉语进行日常交际的能力,而是将汉语作为进一步学习某一专业知识或从事某行业工作的手段进行学习。在这种需求的推动下,国内各对外汉语教学机构纷纷开设了商务汉语、旅游汉语、法律汉语、科技汉语、文秘汉语、中医汉语以及计算机汉语等专业和课程,并取得了丰富的教学实践经验,但是很少有人将这些门类科目归纳总括并从总体上进行研究。王若江(2003)是第一个从整体上对这些专门用途语言教学门类进行总括性研究的,他比附 ESP 的概念,将这种为特定目的而使用的汉语称为专门用途汉语(Chinese for Specific Purpose,缩写为 CSP),并且指出,"专门用途汉语"的概念是基于"专门用途英语"基础之上提出的,二者在学习目的、学习内容上是基本一致的。首先,从学习目的上看,专门用途汉语学习者将汉语作为一种手段和工具进行学习,以便进一步学习某一专业知识或从事某行业工作;其次,从学习内容上看,专门用途汉语和专门用途英语都是在各自基础语言这个主干上生发出来的枝叶,因而学习内容的构成都是"基础语言+专业语言"。

尽管专门用途汉语教学尚处于起步阶段,相较于比较完备和全面的专门用途英语而言,无论从专业覆盖面还是教学理论的研究上都与专门用途英语教学有很大的差距。但是,随着"专门用途汉语"这一概念的提出,越来越多的学者开始关注"专门用途汉语"这一理念的研究和实践,也取得了一些成果。下面我们以专门用途汉语的各个门类中开展最广泛,研究也最为成熟的商务汉语教学为例,对专门用途汉语教学的研究现状和它区别于专门用途英语教学的特点作一个简单的分析。

所谓商务汉语,指的是专门用途汉语教学的一个专业方向,它的教学对象为从事对华经贸活动的汉语非母语者，教学目的是传授经济、贸易知识、技能，以及从事经济贸易活动所需要具备的汉语水平和技能。我们知道，汉语热是随着中国与世界的往来越来越频繁出现的，而中国同世界各国间在各领域的往来和交流中，经济贸易往来是第一位的，而正是对华经济贸易往来的需求促进了商务汉语这一教学理念的提出。在国际经济贸易对对华经贸类人才需求的推动下，1982年，北京语言学院和北京外贸学院联合编写了《外贸口语500句》，成为最早的商务汉语教材。从此以后，商务汉语教学开始在中国出现并逐渐发展，至今已经成为专门用途汉语教学中最为成熟完善的一支。北京语言大学是全国最早开设商务汉语教学的院校之一，不仅在商务汉语教学方面有着丰富的经验和成熟的教学模式，也是国内普通汉语教学经验和研究成果最为丰硕的院校。鉴于这两点，我们下文中将以北京语言大学商务汉语教学为实例，从教学目标、教学大纲、教材编写和标准化测试四个方面分别分析商务汉语教学的特点。

## 一、商务汉语教学目标

商务汉语教学总体目标是为了培养从事与中国进行经济、商务交往的人才。具体地讲，商务汉语教学的目标是使学习者达到一定的汉语知识、技能和综合运用汉语能力水平的基础上，系统地掌握经济、贸易知识、技能，以及从事经济贸易活动所需要具备的汉语水平和技能，能熟练运用汉语从事对华经济、贸易等商务活动。和普通汉语教学单纯地传授语言知识和技能不同，商务汉语的教学内容包括语言知识、技能和经贸知识、技能两个层面，任何层次的商务汉语教学的教学目标都是从语言知识和专业知识这两个方面具体规定的。北京语言大学开设的商务汉语本科教育的教学目标也是如此：首先，在汉语技能方面，要求学生达到HSK 8级水平，能读懂经济类著作以及商务文书，能熟练使用汉语的各项技能进行商务活动（如口语交际和翻译），对中国的国情和文化有相当的了解，能顺利地进行跨文化交际；其次，从经济知识和技能上来讲，留学生应该掌握一定的经济贸易类的理论知识和业务技能，对中国经济发展现状、特点和相关的经济政策法规有一定了解。其中，汉语技能是核心内容，是基础，而经济知识和技能是建立在语言知识基础之上的，是语言知识在商贸领域的运用和拓展。

无论是语言知识、技能的掌握还是专业知识的学习，都是一个循序渐进的过程。因而商务汉语的教学目标也是分阶段、分层次完成的，在不同的学习阶段具体依据学生的学习情况和掌握能力和为学生设定不同的目标。北京语言大学的商务汉语教学考虑到语言知识学习的渐进性并结合不同学习阶段学生的接受能力，将四年制的商务汉语本科教育分为了三个阶段（张黎，2007）：

1. 基础阶段，主要是一、二年级，目标是掌握基础的汉语知识与技能，并掌握基本的中国社会、文化背景知识。

2. 提高阶段，指三年级阶段，这时要对学生开始专业方向的教育，目标是掌握基本的商务汉语知识和技能，重点是口语、听力技能，并学习商务基础知识和相关文化知识。

3. 深入阶段，主要指四年级阶段，教学目标是全面提高商务汉语的知识与技能，提高商务知识与技能，掌握分析、解决问题的基本能力。

通过对北京语言大学商务汉语教学目标的分析，我们认识到：首先，专门用途汉语教学包括语言知识技能和专业知识技能两部分，其中语言知识技能是基础，掌握一定的汉语知识和技能是进行专业知识学习的必要前提，而专业知识的学习和专业技能的运用有助于语言知识的拓展和语言交际能力的进步；其次，无论是语言学习还是专业知识的学习都是一个循序渐进的过程，我们在制订专门用途汉语教学目标时不仅要考虑语言知识和专业知识各自的结构体系，分阶段由易到难、循序渐进地制订教学目标，同时要考虑不同学习阶段语言知识学习和专业知识学习之间相互制约相互促进的关系，依据学习者不同阶段的学习能力安排教学内容。

## 二、商务汉语课程设置

"课程"作为我们熟知的一个术语，其含义可以简单地概括为"教什么"的问题（马箭飞，2004）。"课程"经常被简单地定义为"教学科目"，即在一般教学活动中对课程的分类实质上是对不同学科和学科内部知识体系的分类和细化。但是在语言教学，特别是专门用途语言教学中，学科的性质决定了我们在教学中要以培养语言交际能力作为教学目标，以语言技能的训练为重点，而课程编制和实施的根本原则是要有利于实现教学的总体目标。因而我们认为，专门用途汉语教学中所指的"课程"的含义既包括教学科目（即细化和分解语音、词汇、语法、汉字等语言知识以及专业知识，并从遵循教学规律的角度出发对其重新进行组合来形成科目），也包含语言学习的过程（即通过在语言技能的运用中习得语言知识，将语言知识内化的过程）；既包含专业和语言知识、技能的学习和习得，也应该包含文化对比和跨文化交际能力的培养。具体地讲，我们认为专门用途汉语教学的课程设置从内容上应该包含三个模块：专业知识和技能、通用和专门用途语言知识和技能以及目的语国家的社会文化知识；从结构上讲，每个模块的内部知识系统之间和不同模块之间的衔接都要具体考虑学生的学习进度、习得规律和对语言的运用和理解能力水平。

北京语言大学的商务汉语教学的课程设置涵盖了上文中我们提到的专门用途汉语教学中课程设置的三个模块。首先，他们将商务汉语的课程体系分为通用和商务汉语课程、社会文化课程和商务课程三个课程体系，通用汉语和商务汉语课程是学科知识课程的主干，商务知识课程虽然相对于前两者独立性强一些，但是也对语言知识的掌握有辅助作用,而社会文化课程对汉语知识的教学和跨文化交际能力的提高起着辅助作用;各个课程内容的编排不仅符合三个模块内部的知识结构关系,也充分考虑到三个模块之间的衔接关系。此外,课程的编制和教学内容非常具体地针对中外经济交流活动所需要的知识结构,并且随着社会经济的发展不断更新。

本文作者通过对北京语言大学的商务汉语(本科)课程设置(张黎,2007)的调查发现,基础阶段(一、二年级)的学生不分专业方向,课程的主要内容是汉语知识的教学、语言技能的训练,以及中国的历史、人文地理等知识。这是高年级阶段经济知识学习和商务汉语技能培养的语言基础;而到了提高阶段和深入阶段(分别对应三、四两个年级)才对其进行商务汉语技能的培养,以及经济知识课程和专业方向课程的教学。这正是考虑到了学生有限的语言知识和能力对专业知识学习的制约。对于有一定汉语基础的三、四年级学生,其课程体系分为语言课、文化课、商务知识课和实践课三部分。

语言课分为口语和综合两大类,教学任务不再局限于基础汉语知识的讲解,而是以培养用汉语从事商业活动以及相关交际的表达和交流能力,使学生能准确熟练、得体地进行口语交际和书面表达为目标。口语课在不同的教学阶段也有不同的内容:三年级开设商务口语交际课,以训练学生使用汉语进行基本商务活动的表达能力;四年级开设商务洽谈课,重点训练使用汉语进行商业洽谈的基本语言技能和技巧。综合课程包括三年级开设的中国经济与社会课,主要介绍中国经济社会发展的基本情况,锻炼学生运用汉语进行论证、概括和表达的能力;以及四年级开设的经济导读,旨在培养阅读经济、贸易专业著作的能力和分析论证问题的书面表达能力。

文化课贯穿着四个年级商务汉语教学的始终,学生在完成一、二年级文化课程的学习,在对中国的历史、人文地理和文化概况有一定了解的基础之上,在三、四年级增加了一些政治、经济发展概况和中国外贸政策法规为主要内容的课程,如三年级开设的新中国经济史以及四年级开设的中国对外贸易等课程。不难看出,文化课程的这种贯穿始终而又循序渐进的设置既充分地遵循了第二语言的习得规律,也是基于文化知识和语言能力的学习互为制约的考虑。而将中国经济发展概况、外贸法规和人文地理知识等作为教学课程正说明了该课程设置有针对性地遴选了经贸具体活动中最有可能涉及的文化知识。

商务汉语教学的对象主要是有志于从事对华商务贸易活动者,考虑到对华商贸的实际需要,经济知识课程的设置囊括了经济贸易基础理论知识和中国经济发展概况两个方面:对三年级学生开设的经济贸易基础理论知识课程有微观经济学、宏观经济学、国际贸易、当代世界经济课,四年级学生则开设经济法;在中国经济知识课程方面,三年级开设新中国经济史和经济问题,四年级学生则开设中国对外贸易。此外，学校还会根据需要不定期开设专题讲座作为补充课程。

由于经济贸易专业教学内容的主要组成部分是实用性强的商贸技能，学生只有将所学知识运用到实践中，在实践中学习和锻炼，才能更好地掌握商贸技能并加深对专业知识的理解和掌握，因而实践课在整个教学环节中是非常重要的。北京语言大学的商务汉语教学主要通过两种方式加强学生的实践训练：结合课程的课外实践活动，包括模拟经贸洽谈比赛、参观商务活动，以及设置有关专业技能课程，包括经济调研实习等。

在学时安排上，所有的课程内容分为8个学期进行，每学期18周，共计144周，2880学时。一年级每周24学时，二、三年级每周20学时，四年级上学期每周18学时，下学期每周8学时。每个学期的前16周为授课时间，最后2周为复习考试时间，四年级第一学期中安排一周的外出调研，第二学期开始撰写毕业论文。

### 三、商务汉语教材编写

教材是教学内容的载体，它体现着教学内容，为学生的学习活动提供基本线索。关于对外汉语教材编写的通用性原则，学界专家们早已进行过不少系统性的研究，如刘珣（2000）将教材编写的原则总结为五点：针对性、实用性、科学性、趣味性和系统性。赵金铭（2004）指出教材编写原则和要求的提出是基于三个层面，并结合前人的研究提出了定向原则、目标原则以及文化原则等对外汉语教材编写的十项原则。有关对外汉语教材编写的通用原则学界已经有了很成熟的理论研究，这些理论研究虽然也通用于专门用途汉语教材编写的研究，但是专门用途汉语教材的编写有着自身的特点：首先，专门用途汉语教材要承载所属行业的专业词汇、专业用语以及专业知识等普通对外汉语教材中一般不涉及的内容，这些内容在选取和编排上既要考虑词语的使用频率和学生的语言知识基础，也要考虑专业知识的系统结构和学生的专业知识的掌握情况；其次，专门用途汉语教材承载着一定的专业知识传授任务，因而其内容的编写要符合专业知识的系统结构；最后，相较于普通对外汉语的文化教学，专门用途汉语的文化教学所选取的内容不仅限于一般的中国文化知识，而是要在这些文化知识的基础上，依据所学专业的不同，更深入、更有针对性地选取在该行业活动中更可能涉及的历史、地理、人文以及社会政治经济等文化内容。

从这三个原则出发，北京语言大学商务汉语教材中的《当代中国经济》（苏育平，2000）的内容既涵盖商务基础知识，也立足于提高学生的经贸类文献的阅读和针对经济问题的口头、书面表达能力，同时包含了文化知识的传授，属于比较典型的专门用途汉语教材。该教材的编写原则和体例对于专门用途汉语教材的编写更具参考价值。因而下文中我们以《当代中国经济》教材的编写为例，对北京语言大学商务汉语教材编写进行研究，以期能对我们传媒汉语教材的编写有所启示。

### 1. 教材编写的主旨

"当代中国经济"这门课程一般在商务汉语各专业的提高阶段——即三年级的下学期开设，是以中国经济发展概况为基本教学内容的一门经济知识限选课。苏育平（2000）指出，《当代中国经济》的编写主旨为：内容上要根据学生的学习需求，系统地对中国经济制度的沿革、经济的发展状况进行介绍，勾勒出一个主线清晰、脉络贯通的基本框架；功能目标上要结合学生的认知水平，合理调整所授知识的难易度，并关注教材对学生继续学习能力的提高方面的作用，激发学生对相关问题的深入思考。与一般教材编写不同的是，《当代中国经济》是当代中国经济课程，是对中国经济中层出不穷的新事物、新现象的介绍，因而教材的内容是极具变动性的，是跟随社会经济生活的变革不断更新的，每一次改版都是一次吐故纳新。

### 2. 教材内容确定的基本原则

《当代中国经济》教材，顾名思义，其内容自然紧紧围绕当代中国经济这个主题，以新中国经济发展历程为线索。张黎（2007）指出，该教材内容的选取和确定是在围绕这个主题的材料中，"从现实出发，选取必需的、基本的、新鲜的教学内容"。"必需的"指的是教材内容不仅以中国经济发展的历程作为历史线索贯穿始终，而且具体介绍一些能反映特定发展阶段经济特征的热点问题，以及"大锅饭"、"户口"、"民工潮"等中国经济生活中特有的名词术语。"基本的"是相对于"专深的"而言，编者没有安排很多艰深的理论知识作为教材内容，而是力图使《当代中国经济》教材起到类似于地图的引导或者指向作用，因而除了为学生提供该门课程知识的框架，并涉及某些时事热点之外，教材还提供了大量学习参考资料的线索，引导学生的课外自学。而"新鲜的"指的是选用最新的材料和案例，对最新出现的热点问题给予经济学的解释，对所选专题不断进行更新。此外，该教材还对中国特有的经济、文化现象进行了剖析，承担起一部分跨文化教学的任务。

总结张黎提出的"必需的、基本的、新鲜的"三条原则，给我们专门用途汉语教材编写带来很多启示。首先，对于专业知识和语言基础还相对薄弱的留学生来说，如果急于求成，通过在教材中堆砌一些专深的理论知识来对学生进行灌输，效果往往适得其反，可以考虑通过教材给学生提供一个专业知识的简单明了的架构，并提供一些相关书目、网址等参考资料的线索，使教材成为学生自主学习的索引和指南。其次，教材的内容不但要具有时代性，随着社会生活和专业领域知识的革新不断吐故纳新，而且要有针对性，对于一些中国特有的经济和社会现象要重点介绍。

3. 教材的编写体例

《当代中国经济》教材在绪论部分为留学生了解新中国经济发展历史和现状作了基础铺垫，而后根据国民经济的主要活动及相关问题分设九个专题，即九个章节。每章都从简明扼要的内容提要开始，使学生一开始就对该章节主要内容有所认识，提高对本章关键要点的注意力；学习目标与内容对应，每一章提出相应的学习目标；不仅重要词语在文中有专门解释，而且根据三年级学生的汉语水平，对一些生词术语都加了注解，教材最后附有重要词语索引，方便学生查找。其次，每章设有专栏，为学生提供包括历史背景、专有名词来源等额外信息内容。专题中选择了一些具有典型意义，能够运用经济理论解释的实际事例以加深学生的理解，专题后附有讨论，要求学生课堂讨论或作小论文，以检验、训练留学生思考和阐释问题的能力。最后，每章结束都有复习题，以提示本章需要掌握的重点，可作为考试的参考内容。此外，书中还给出了一些相关网站网址和参考书目，指引学生进行课外阅读，巩固学生的学习效果并扩展学生的知识面。

相对于教材编写的主旨、内容的选取而言，教材编写的体例实际上是非常灵活的，不同专业和课程有着不同的教学步骤，即使同一门课程的教材体例的编排也可以仁者见仁，智者见智。《当代中国经济》教材编写过程也是一个不断总结、吸收其他教材编写的体例，不断自我更新和完善的过程，其体例中也有不少可取之处，如专题式的专业内容编排方式，背景知识索引和相关网址以及参考书目的提供，以及不断吸收借鉴其他教材的长处，不断自我更新完善的编写理念等等，对专门用途语言教材的编写都是很有借鉴意义的。

## 四、商务汉语标准化考试

普通汉语教学的目标是在于全面培养学生的听、说、读、写、译的能力，因而 HSK 汉语水平考试要求从听、说、读、写、译等方面全面考查学生对语音、词汇、语法的掌握和运用情况。而专项汉语考试是为适应专门用途汉语教学，考查学生从事特定行业的业务中需要的汉语专项技能的水平，其考查内容、考查角度以及等级标准都与汉语水平考试有很大不同。

商务汉语教学作为专门用途汉语教学中最成功的一支，不仅形成了比较完备的教学、教材编写理论体系，而且已经有了完善的标准化考试大纲——国家汉办委托北京大学研发的商务汉语考试（Business Chinese Test，简称 BCT）。接下来我们将对商务汉语考试的水平等级标准、试卷构成和评分标准进行分析，并从中寻找对我们制订传媒汉语标准化考试有借鉴意义的经验和启示。

1. 商务汉语考试的等级标准

《商务汉语考试等级标准》是命题及分数解释的重要依据，它包括等级、语言功能、语言知识和交际任务举例四项内容。商务汉语考试标准共分为五个等级，等级越高，代表的商务汉语水平越高。每个等级都从商务活动中汉语交际能力的角度进行概括，如一级对应的水平是"尚未具备在商务活动中运用汉语进行交流的能力"，二级则是"商务活动中可以运用汉语进行基本的交流"等。"语言功能"提出了各等级需要具备的语言表达能力水平，而"语言知识"栏则从语法、词汇以及语体等角度提出了达到每个等级所应具备的语言知识，交际任务举例则用例子具体说明了达到每个等级汉语水平所应该完成的商务活动中的交际任务。

从《标准》中我们可以看到，《标准》的五个等级的具体要求是循序渐进的，对于每个水平等级所对应的语言能力水平，《标准》都从语言功能和语言知识两个角度进行了具体的规定，也就是说，语言知识和表达能力两项并不是简单对等的。若要衡量学生的商务汉语是否达到某一水平等级，是否具备相应的语言输入和输出能力这两个标准是同等重要的。

2. 商务汉语考试的试卷构成

商务汉语的试卷由两部分构成，分别是听、读试卷和说、写试卷。听、读试卷包括听力和阅读两部分，两项的分值相同，其中听力考试包括单项、多项选择题和听写填空题等题型，主要考查学生能否从话题及说话人语气中推断出谈话语境及说话人的身份、态度、意图等，能否正确理解商务活动中常用的语言策略，听懂说话人的真实语意，并且抓住对话或者谈话的中心内容及某些细节。阅读部分的考题由读后选择题、选词填空题、多项匹配题和简答题四部分组成，主要考查考生理解材料并快速从中查找关键信息的能力，也兼顾其他各项综合语言能力。

商务汉语考试（说、写）试卷包括口语和写作两个考试项目，每个项目各含两道难度不同的题目。口语考试通过听材料、口头回答问题的方式考查考生是否能在商务活动中流畅、得体地进行自我表达；写作主要考查考生商务信函等应用文的写作、在商务活动中的汉字书写能力以及书面表达能力。

商务汉语考试分为听、读和说、写两部分，这正与商务汉语考试标准中将水平等级要求分为语言知识和表达能力两项相符合。语言知识是表达能力的基础，表达能力是对语言知识的输出，是语言知识掌握程度的体现；而且语言的输出不仅提高了学生对既有的语言知识的理解和掌握程度，而且对新的语言知识的输入有着促进作用。另外，专门用途汉语教学虽然针对不同的行业业务的需要对听、读、说、写等语言技能种的某一项或某几项有所侧重，但这并不意味着在教学中就可以放松对其他几项语言技能的要求。只有各项技能协调地发展，才能做到汉语综合能力的提高，才能更有效地提高行业所侧重的语言技能水平。

## 第五节　传媒理论研究发展

　　随着社会的不断发展，信息的传播在人类社会生活中的地位日益重要，传媒领域的各行业作为信息传递的主要途径，也越来越深入地参与到社会生产和生活的各个领域中。在信息传播国际化日益频繁的今天，开设传媒领域的专门汉语课程，培养具有一定汉语基础的传媒类国际人才既是汉语国际推广的一个重要内容，也是传媒产业走向国际化的迫切需求，更是加强我国同世界联系，提高我国的国际影响力的重要途径。

　　要对传媒汉语教学的开展进行探讨，就必须首先对传媒研究的现状有一个总体的了解。所谓"传媒"（Mass media），顾名思义，指的就是信息传播的媒介。那么，什么是"传播"呢？古今中外对"传播"（Communication）一词各有不同的解释。胡正荣（1997）指出，早在《北史·突厥传》中就有"传播中外，咸使之闻"一语，但是"传播"一词被广泛运用还是近现代的事，其基本含义则演变成了某种事物的传递、散播。英文中的 Communication 一词语义较汉语中"传播"一词要丰富得多，包括了"传达、传布"以及"交流、交通、交往"等等含义，词义上更强调"交互、双向"的含义，强调的是传者和受众的互动和交流。传播学中的"传播"，指的是"信息的流动过程"，它必然包含两个要素：信息（传播的材料）和流动（传播的方式）（胡正荣，1997）。

　　媒介（media）指的是中介物，传播媒介（Mass Media）指的是传播信息符号的物质实体，也就是传播的方式，是"能够不只向一个人传播新闻、信息等的手段"（杨林聪《现代传媒英语》2006，P16）。传统的大众媒介包括报纸、杂志、书籍、广播、电视、电影、广告公关等。随着信息技术的进步，各种新的电子传播媒介技术不断涌现，如录像带、激光视盘、电脑光碟、互联网等电子媒介，在我们生活中扮演着越来越重要的角色。

　　社会越发展，人们对信息的需求就越迫切。在这种需求的推动下，信息传递的方式越来越多样化，从原始时代的口口相传，到后来的书信、报纸、广播电视乃至当今时代的互联网、移动多媒体等，因而"传媒"这个概念涉及越来越多的学科，传媒人才的培养也涉足于越来越多的学科门类。由于篇幅和作者精力的限制，本文中无法对这样一个宽泛的概念进行穷尽式调查和详尽的介绍。考虑到作者就读的中国传媒大学一向致力于传媒理论的研究和传媒新技术的研发，不仅在传媒的许多领域取得了较为先进的科研成果，也形成了比较完备的学科体系，该学科体系能比较全面地反映传媒发展的现状。而且，中国传媒大学作为一个有着鲜明的传媒特色的院校，在传媒人才的培养方面也走在全国各高校的前列。选取中国传媒大学为例对传媒下属的各领域的研究发展概况和传媒类人才培养模式进行介绍，是具有代表性的。我们选取中国传媒大学八个在各自行业的学科科研和人才培养方面有明显优势的机构,对其专业设置进行了调查,对各个行业在传媒产业链中的位置和各行业之间的相互关系进行分析,得出的关系如图所示:

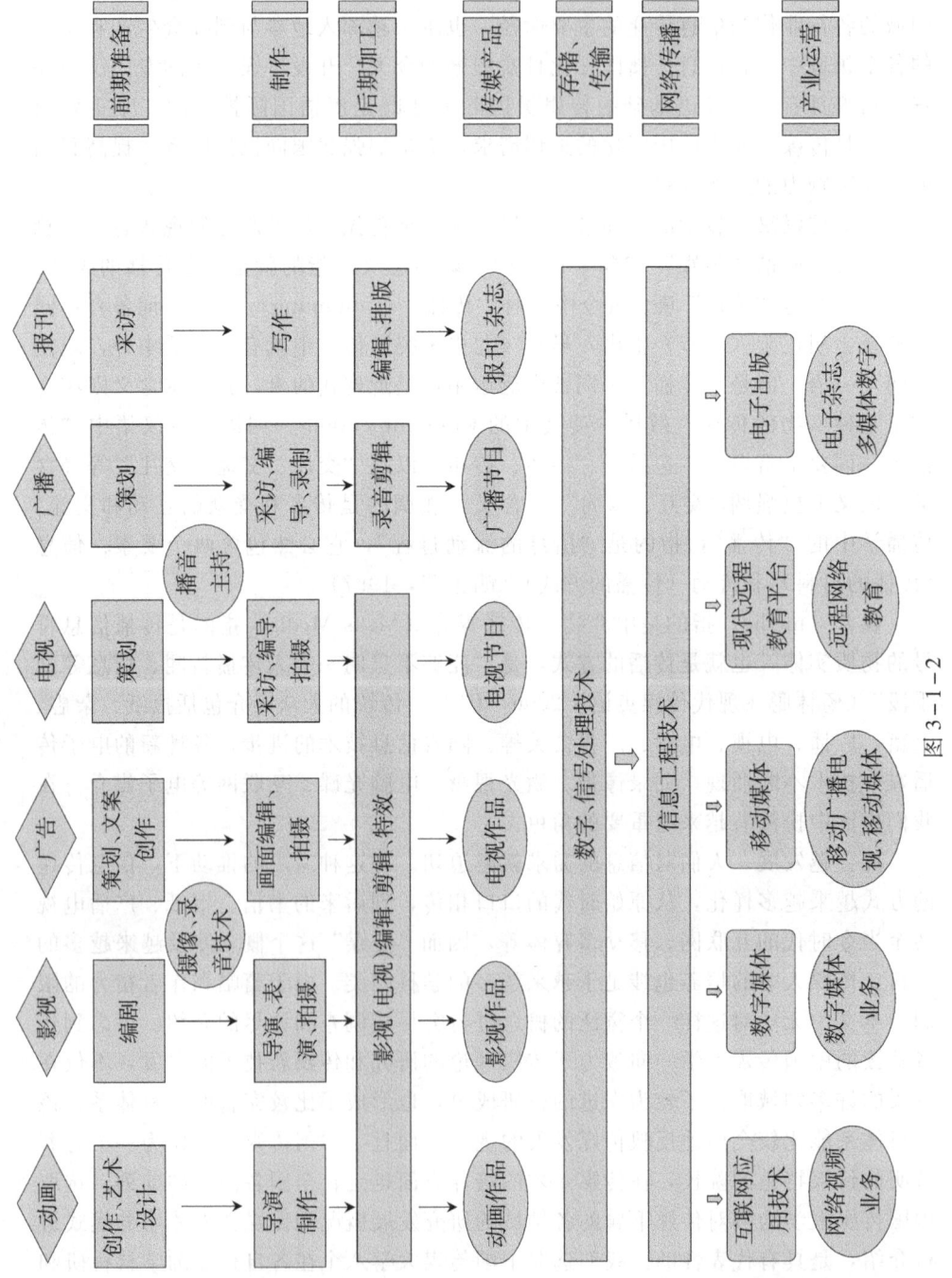

图 3-1-2

传统的传媒形式包括影视、动画、广告、广播节目、报纸杂志和电视节目等，而这六个行业的传媒产品的制作流程都可以粗略地分为前期准备、制作和后期加工三个环节。如广播、电视以及报刊等新闻媒体要制作新闻栏目，首先需要在前期准备中对新闻素材进行采集、遴选，然后写作成为新闻稿，最后或经过编排、排版等制作过程以报刊作为媒介出版发布，或在音响工程、录音技术等技术和设备的支持下，针对新闻事件进行采访、录制、编导，由播音员进行播录，再经由电视编辑、录音剪辑等后期加工环节，完成广播电视新闻节目的制作。又如影视作品的制作前期要进行剧本的创作，然后通过对剧本的导演、表演，在摄像、灯光以及录音等设备和技术的支持下，完成作品的拍摄制作，最后经过影视（电视）编辑、剪辑、特效等后期制作才能生产出一部完整的影视作品。从上图中可以看出，其他的传媒行业的运作流程虽然不尽相同，但都是在录音、摄影等技术的支持下，经过前期准备、制作和后期加工三个环节完成各自行业传媒产品的制作。这些传媒产品制作完成之后，或直接出版发行（如报纸杂志等），或经由数字信号处理技术的加工成为便于存储和传输的数字信号，储存并以广播电视信号的方式进行传输播放。

近年来在信息技术的推动下，出现了诸如互联网、数字电视以及数字移动多媒体等新兴传播媒介，使得信息的传播摆脱了传统传媒的单向、非目的性传播的局限，传播者和受众之间能够进行双向互动，传播内容更加趋于个人化，传播范围通过互联网扩展到全球。在互联网传播和新媒体技术的平台之上，不仅报刊、书籍、电影、电视等传统媒体趋于网络化、数字化，也出现了诸如手机新媒体、远程教育平台等新的信息传播手段。传统的报纸杂志等平面媒体通过网络媒体技术可以以网页、电子刊物手机报以及多媒体教材的方式呈现，电视节目、动画等影视作品也可以通过网络电视、网络视频点播的方式得到更为广泛的传播。

电视节目、影视作品等传媒产品要投入市场并取得经济效益，单靠通过现有的信息传播媒介和技术来扩大传播范围是不够的，还要靠掌握传媒经济规律，熟悉传媒市场营销的人才来进行具体的产业规划和市场运营。特别是随着互联网技术和数字媒体等新媒体的不断涌现，需要传媒各行业充分利用这些新兴媒介，发掘传媒类产品的潜在市场价值，如利用远程教育平台开展远程网络教育，以取代传统的电视教育；利用互联网、手机媒体等媒介发行手机报刊和影视视频、出版图文声像并茂的电子刊物和多媒体教材，利用数字移动多媒体开展手机电视等移动增值服务等。

通过前文中的论述，我们对传媒所包含的领域、各领域之间的相互关系以及在传媒行业这个大的有机系统中所处的位置已经有了一个大致的了解。我们可以看到，如果将整个传媒领域比做一个完整的生态系统的话，每个行业都具有一条类似生态链一样的产业链条，每条产业链上的各个环节环环相扣，紧密联系，产业链之间也存在着错综复杂的联系。正是通过这样的一条条产业链条的交叉、合并，紧紧连接着传媒所包含的这些纷繁芜杂的专业和领域，使之成为一个庞大的有机整体。

对传媒各行业关系的分析，首先有助于我们理清传媒这个庞大有机体的经脉系统，并用以指导传媒汉语学科专业的设置。其次，传媒作为这样一个庞大有机体，有着紧密的内部联系，缺少了其他领域的技术支持，任何一个领域都无法顺利地进行运作并产出传媒产品。因而，我们在课程设置上也应当充分体现传媒各领域之间的关联性，既要进行本专业知识和词汇的教学，更要重视传媒基础理论知识课程的教学，使学生不仅掌握本专业的专用语，对其他相关领域的专用语以及专业知识也有所涉猎。

## 第六节　近年来传媒汉语教学需求调查

随着传媒的国际化和信息化，社会对熟练掌握"传媒知识＋外语"的综合型传媒类专业人才的需求越来越大。因而开设传媒汉语课程，培养掌握汉语和传媒知识的外国留学生，以满足传媒国际化和信息化发展趋势造成的对这种复合型人才的需求，既是汉语国际推广的一项重要内容，也是加速中国传媒的国际化以及中国政治经济国际化发展趋势的重要手段。中国传媒大学作为国内传媒类学科科研和传媒人才培养的重要基地，多年来也培养了大量"传媒＋语言"的复合型国际人才。为了对这些留学生来中国传媒大学学习传媒类各专业的需求状况进行一个大概的把握，笔者对2004－2008年期间在中国传媒大学进修汉语的全部243名本科留学生以及进修留学生所就读的专业方向进行了调查和统计。调查统计的结果如下：

表3-1-3　2004年-2008年中国传媒大学留学生入系学习情况统计

| 学院 | 专业 | 2004年 | 2005年 | 2006年 | 2007年 | 2008年 | 合计 |
|---|---|---|---|---|---|---|---|
| 播音主持艺术学院 | 播音系——播音与主持艺术专业 | 13 | 6 | 10 | 7 | 2 | 38 |
| | 新闻学专业——新闻播音方向 | | 7 | | 7 | | 14 |
| 电视与新闻学院 | 传播学 | 1 | | | | 1 | 2 |
| | 电视系——电视编辑 | 5 | 6 | 1 | 6 | | 18 |
| | 电视系——广播电视新闻学专业 | 3 | | | | | 3 |
| | 新闻系——新闻学专业 | | 3 | 1 | 5 | 7 | 16 |

续　表

| 学院 | 专业 | | | | | | 总计 |
|---|---|---|---|---|---|---|---|
| 动画学院 | 动画系 | | | 2 | | | 2 |
| 广告学院 | 公共关系系——公共关系学专业 | 2 | | 1 | 1 | 3 | 7 |
| | 广告学系——广告学专业 | 6 | 8 | 15 | 10 | 11 | 50 |
| | 艺术设计系——艺术设计专业 | 1 | | 2 | | 4 | 7 |
| 媒体管理学院 | 经济系——工商管理专业 | | | 1 | | | 1 |
| | 经济系——国际经济与贸易 | | | 3 | | 5 | 9 |
| 外国语学院（原国际传播学院） | 广告、公共关系 | | | | | 9 | 9 |
| | 英语系——国际新闻专业 | 6 | 2 | 2 | 2 | 1 | 13 |
| | 英语系——英语播音与主持 | | 1 | 1 | | 1 | 3 |
| | 英语系——英语专业 | | 2 | 4 | 1 | 1 | 8 |
| 文学院 | 对外汉语 | | | | 1 | 1 | 2 |
| | 汉语言文学 | | | 1 | 2 | | 3 |
| | 应用语言学 | 1 | | | | | 1 |
| 影视艺术学院 | 导演表演系——导演专业 | 4 | | 2 | 2 | 1 | 9 |
| | 电影学（硕士） | | | | | 1 | 1 |
| | 摄影系——摄影专业 | 2 | 1 | | 2 | 1 | 6 |
| | 文学系——戏剧影视文学 | 2 | | | | 1 | 3 |
| | 文艺系——广播电视编导 | 5 | 4 | 3 | 1 | 2 | 15 |
| | 文艺系——音乐学专业 | | | 1 | | 1 | 2 |
| | 美术系——戏剧影视美术设计 | | | | 1 | | 1 |
| | 总　计 | 51 | 42 | 48 | 49 | 53 | 243 |

中国传媒大学由于在传媒类科技研究和人才培养方面有着很大的优势，所以来我校学习的留学生大都以学习传媒领域的专业知识为主要目的。可见，开设传媒领域的专门汉语课程，培养具有一定汉语基础的传媒类专业人才既符合当前留学生日益明确的学习目的，也符合当今社会对汉语类人才的需求。通过对表3中的数据分析我们可以看出，在来我校学习的留学生中，进入广告学专业就读的人数最多，为50人；其次是播音与主持艺术专业，为38人（此外还有进入新闻学专业新闻播音方向就读的留学生14人、进入英语播音主持专业就读的留学生共3人）；再次是进入电视编辑专业就读的为18人，新闻专业16人，广播电视编导15人，国际新闻专业13人。此外，进入摄影专业、广播电视新闻学专业、传播

学、动画等专业就读的留学生也占了很大比重。

结合我们对六个传统传媒行业（动画、影视、广告、电视、广播和报刊）产业关系的归纳和梳理，以及我校本科、进修留学生入系学习情况的统计体现出的学习传媒类各专业的不同需求，我们初步将传媒汉语的专业设置为以下五个专业：设立播音主持专业，下设播音主持艺术和新闻播音两个方向；电视专业与影视艺术专业由于专业理论和技术方面关系密切，因此并为一个专业，下设摄影、电视编辑、广播电视编导三个方向；设立新闻传播专业，下设新闻学、国际新闻、广电新闻三个方向；设立动画专业，下设动画制作、动画艺术设计以及游戏制作三个方向；广告学专业开设广告学、广告艺术设计与创意制作以及媒介运营与管理三个方向。

前文我们介绍了专门用途第二语言的横向分布和纵向分层理论，并分别对以传媒英语为代表的专门用途英语（ESP）和以商务汉语为代表的专门用途汉语（CSP）教学研究现状进行了分析，最后对传媒行业的产业关系以及传媒类人才的培养模式进行了初步的梳理和归纳，通过对我院留学生结束语言进修之后进入各院系学习的情况进行调查，证实了开设传媒类汉语课程、填补专门用途汉语教学在传媒领域的空白的必要性，并通过对留学生学习传媒类各专业的不同需求，初步拟订了传媒汉语教学的专业设置。下文我们将在此基础之上，参照传媒英语和以商务汉语为代表的专门用途汉语教学的研究成果，分别从教学大纲、课程设置、教材编写和标准化考试四个方面对传媒汉语教学进行初步的探讨。

# 第二章　对编制传媒汉语教学大纲的思考

## 第一节　对外汉语教学大纲的分类

李杨在《略论教学大纲》（1996）一文中指出，对外汉语教学大纲共分三类，即汉语水平大纲、汉语教学大纲和汉语课程大纲。其中，汉语水平大纲主要包括汉语水平等级标准与词汇、汉字、语法、功能、文化等级大纲等，是其他两个大纲制订的指导；汉语课程大纲指的是能够具体地指导教学活动的大纲，其主要内容包括分析具体课程的教学对象、明确教学目标、阐述教学要求、确定教学原则和途径、安排教学计划等等，而汉语教学大纲则是对不同教学等级按照语言结构以及功能、文化和语言技能分别作出的规范，在三个层次的大纲中处于承上启下的地位。

汉语水平大纲对包括传媒汉语在内的对外汉语教学具有普遍的指导意义，而传媒汉语教学工作目前尚未展开，仍然是专门用途汉语教学的一个空白，要提出一个具体到传媒汉语的每门课程的、能详细地指导传媒汉语教学的课程大纲就必须建立在教学实践的基础之上，脱离教学实际去拟订课程大纲无异于纸上谈兵。而且教学大纲立足于教学，直接服务于教学，既能体现本阶段在语言知识技能和专业知识的共同要求，又对本阶段不同专业不同课程有具体要求，是控制各年级课程和具体教学活动的核心大纲。因而，本文将暂不对传媒汉语的水平大纲和课程大纲的制订进行探究，而是对传媒汉语教学大纲的拟订做一些尝试。

## 第二节　传媒汉语专业的教学大纲

**教学对象**：传媒汉语的教学对象为传媒领域各专业四年制本科的留学生。

**培养目标**：传媒汉语本科教学旨在培养与传媒相关专业的学生用汉语进行专业学习和学术交流的能力，培养留学生用汉语从事传媒行业业务的能力，为其将来从事传媒行业工作打下基础。结合对商务汉语教学目标制订的剖析，我们认为传媒汉语的教学目标也要从语言知识和专业知识两个角度来阐述，具体要求包括：

首先，完成四年制传媒汉语学习的留学生在汉语水平和技能上要达到相当于HSK 8级水平，能用汉语进行有关传媒内容的书面分析和表达；能阅读和收听收看传媒类刊物和节目，完整接受并准确地理解传播媒介所传递的信息；能读懂传媒专业类论著、文章，能运用汉语进行专业学习和交流；能满足各自从事的行业业务（如新闻写作、播音主持等）对汉语综合水平和专项技能水平的要求。

其次，完成四年制传媒汉语学习的留学生在传媒专业知识上，要求掌握基本的传播学理论知识以及各自专业的基础理论知识，对传媒类各学科的发展现状、学科间的相互关系、所学专业在传媒类生态网中所处的地位和作用有总体性的把握，对中国政治、经济、社会文化现状、传媒技术及产业发展现状和传媒法规有基本的整体性了解。

教学内容：上文中我们已经将传媒汉语教学初步分为播音主持、电视专业与影视艺术专业、新闻传播、动画和广告学五个专业的教学。专业学习的实际需求决定了教学内容不仅包括基础汉语知识和技能，还包含这五个专业各自的基础理论知识和技能；不仅包含五个专业各自的专门用途语言知识和技能，还应当包括传媒领域中其他专业和行业的地位、作用和相互关系，以及中国的政治、经济、社会文化现状、传媒技术与产业发展现状和传媒法规等。

教学安排：借鉴北京语言大学商务汉语将教学目标的达成划分为三个阶段的经验，我们也可以将上述教学目标的进程分为如下三个阶段：

基础阶段：本科一、二年级，目标是掌握基础的汉语知识与基本的听、读、说、写技能，并了解中国政治、经济、社会、文化发展概况等背景知识。

提高阶段：本科三年级阶段，这一阶段对学生汉语语言能力的要求是要具备阅读和收听收看传媒类刊物和节目，理解所传递信息的能力，并能进行口头和书面转述，能够大概读懂相关专业的汉语文章和专著。对学生开始专业方向的教育，掌握最基本的传播学理论知识以及各自专业的基础理论知识，对传媒类各学科的发展现状和学科间的相互关系有总体的把握，进一步了解中国政治、经济、社会、文化发展概况，具备一定的媒介素养。

深入阶段：主要指四年级阶段，教学目标是全面提高传媒汉语的知识与技能，提高学生的传媒业务与技能水平。在汉语水平方面要能读懂传媒专业类论著、文章，能运用汉语进行专业学习和交流；能满足各自行业业务对汉语综合水平和专项技能水平的要求（例如新闻写作和播音主持对汉语写作和口语等单项技能水平的要求）。专业知识上要求基本了解传媒技术及产业发展现状和中国的传媒法规，具备从事传媒行业工作所应具有的专业知识和工作能力。

教学原则：传媒汉语教学是第二语言教学的一部分，因而我们认为对外汉语教学的原则对传媒汉语教学也有普遍的指导意义，如重视语言基本功的训练及交际能力的培养、教学中要利用但控制使用媒介语等原则。关于对外汉语教学原则，学界已经有很成熟的研究，在此就不赘述了。除了对外汉语教学的普遍应当遵循的原则之外，我们认为，传媒汉语教学中还应当注意以下几点：

（1）语言技能教学要贯彻交际性、实践性，要根据不同专业的业务需求安排相应专业的专门用途语言知识要素和语言技能的教学，确保学生学到从事专业业务所必需的语言知识。

（2）语言知识和专业理论知识的教学都应遵循各自的知识体系，不仅要考虑学生的语言、文化接受水平，而且要考虑学生专业知识的掌握情况适当安排教学内容；专门用途语言教学中语言知识和专业知识的学习是相互制约相互作用的，只有做到两方面平衡兼顾，才能收到良好的教学效果，达到语言知识技能和专业知识技能的共同提高。

（3）听、说、读、写四项技能相互促进相互制约，在言语交际中起着不可或缺的作用，因而要做到全面重视和提高。但由于不同学习阶段的学习侧重点不同，不同专业业务对四项语言技能的侧重依赖程度又各不相同，因而要做到具体问题具体分析，在全面提高的基础之上依据不同需要有所侧重。

关于传媒汉语的课程设置，本章中将不作论述，下文中我们将用单独的篇章对其进行探讨。

我们尝试制订的传媒汉语专业教学大纲，是基于前文对传媒汉语教学的分析所作的初步设想，尚不完善成熟，缺乏很强的科学性，更缺乏教学实践的验证。而且即便是现阶段十分完善成熟的专业教学大纲，随着教学手段、教学理念、教学方法的革新，也会显露出其局限性和不足之处，需要不断地修订和完善。因而传媒汉语专业教学大纲的制订和完善，不是一蹴而就、一劳永逸的任务，需要在教学实践过程中不断被检验，不断地更新、修订和完善。

## 第三节 传媒汉语教学大纲的特殊性

上文中我们已经提到，传媒是个范围非常宽泛的领域，包含了自然科学和社会科学的众多专业领域。传媒所涵盖的专业虽然芜杂，但是各专业之间紧密相连，分工合作，相互促进，形成了传媒这个庞大的"生态系统"。传媒作为这样一个自然科学和社会科学并收的研究领域，其涵盖范围之广，涉猎内容之博，综合性是绝大部分学科、科学所无法比拟的。传媒汉语作为传媒领域的专用汉语，其内容必然要体现传媒的这一特点。

## 一、多层次性

正如上文中我们对传媒汉语的横、纵向划分中提到的,信息的传播离不开语言作为载体,而传媒的不同行业对于语言这个载体的依赖程度不同,因而对从业人员的汉语水平要求也就不同,如新闻、播音主持以及广告等这些生产制作传媒类产品的行业,主要依赖语言作为载体才能向受众传播信息,因而对从业者的汉语水平要求相对较高;而电视编辑、摄影等技术层面的学科,对自然语言的依赖性相对要小,部分专业信息可以通过数学类抽象符号传播,因而这些行业对从业者的汉语水平要求就相对低一些。

## 二、多语体性

各行业的传媒产品传播信息的方式不同(如电视节目依赖图像和声音,而报刊等平面媒体则依赖书面文字),因而对具体语言技能的要求不尽相同。传媒汉语作为传媒类各个行业的行业专用语的集合,就必然要具体规定每个行业的专用汉语对汉语专项技能水平的具体要求,如播音主持专业的学生必须具备相当的普通话水平和口语表达能力,而新闻专业的学生则要求具备较高的书面表达能力,以适应新闻写作的要求。

## 三、传媒汉语教学的多关联性

传媒这个学科具有很强的综合性,传媒内部各个专业之间是密切联系、相互协作的,没有各行业之间的协作,传媒这台庞大的机器就无法正常运转。因而传媒汉语的教学也要体现传媒的这种综合性和传媒内部各行业结构的系统性。也就是说,我们在进行本专业的汉语教学的同时,必须开展媒介素养课和传媒生态学课程,通过这些课程使学生对其他相关专业领域的知识也有所涉猎,对本行业在传媒这个"生态系统"中产业链上的位置和与其他行业之间的相互关系也要有所了解。只有如此,我们培养出的传媒汉语人才才是真正能符合传媒业务综合需求的人才。

# 第三章　对传媒汉语教学课程设置的思考

在前文中对商务汉语课程设置的分析中我们已经提到，专门用途语言教学的课程既包含语言知识等教学内容，也包含各项语言技能的培养等语言知识内化的过程，既包含专业知识和语言知识的学习和习得，也包含文化对比和跨文化交际能力的培养。具体到传媒汉语教学中来，其课程不仅要遵循语言学习的规律，注重汉语交际能力的培养，也负担着传媒各行业的专业知识的传授和学生日后从事各专业所需汉语专项技能能力的训练，因而传媒汉语教学中课程的含义有着自身的专门用途的特点。传媒汉语的知识体系由通用汉语知识、传媒汉语知识、传媒专业知识以及包含媒介素养在内的社会文化知识等几方面组成，其课程体系也相应地分为通用汉语课程、传媒汉语课程、传媒知识课程和文化及媒介素养课程等四个子系统。

通用汉语课程在传媒汉语各个专业方向的本科一、二年级开设，指的是汉语听力、口语、阅读、写作以及综合汉语等对外汉语教学中具有普遍性的课程。对于这些课程的开设、教材编写和教学原则的确立，学界已经有很成熟的研究，这些研究对于专门用途汉语中通用汉语课程的教学也有普遍的指导意义，本文将不再一一赘述。需要指出的是，通用汉语课程传授的是基础的语言知识和技能，而良好的汉语基础是传媒汉语、传媒专业知识和社会文化课程顺利进行的前提，反之，语言基础打不好，不仅会严重影响传媒汉语知识的学习，而且会严重限制其他两个知识系统的学习。

传媒汉语课程应当在本科三、四年级开设，在学生有一定汉语基础，能独立运用汉语进行基本交流的基础上展开，任务是培养用汉语从事传媒行业所需要的口头和书面表达和交流能力，以及达到某些特定行业（诸如新闻、播音主持等）业务对汉语单项技能的特殊要求。传媒汉语的核心课程包括旨在培养和提高阅读专业著作能力的媒介与传播论著选读和各自专业基础理论论著选读课程，以及立足于提高学生视读各种题材、形式的新闻报道能力的汉语新闻视读课程。除核心课程之外，依据所学专业的不同，传媒汉语课程的开设也应当有所不同：新闻传播、播音主持两个专业三、四年级开设新闻采访实践课，以训练学生使用汉语进行基本的新闻采访的能力；播音主持方向四年级开设广播电视节目主持课，重点训练汉语语音和使用汉语进行广播电视节目主持的基本技能；新闻学专业三年级开设新闻写作课程（包含消息、特稿、评论写作等教学内容），四年级分别开设报刊和广播电视新闻采写、电视写作等实务课程；影视专业和动画专业则开设影视文学选读和剧本写作课程，训练学生对影视文学作品的品析和创作的能力；同样地，广告学专业也开设广告赏析和广告文案等课程。

传媒知识课程同传媒汉语课程一样，也是针对有一定汉语基础和中国文化知识基础的三、四年级学生开设的，其教学任务是培养学生的专业素质和专业技能，同时要间接地巩固和提高学生的汉语水平和技能。传媒知识课程主要包含两部分，即传媒基础理论知识等专业核心课程，以及五个专业方向各自的理论、技能课程。传媒基础理论知识课程是传媒专业的核心课程，主要包括传播学概论、媒介与传播、新媒体概论等课程。各专业各自的专业知识课程分为理论课程和技能课两类，具体设置见下表：

表 3-3-1 传媒汉语专业知识课程设置

| | 专业理论课 | 专业技能课 |
| --- | --- | --- |
| 电视与影视 | 广播电视技术、广播电视传播、影视艺术概论、电影理论 | 新闻采访、电视新闻节目制作、摄像摄影、影视编辑艺术 |
| 新闻与传播 | 新闻学导论、新闻报道原理 | 报刊新闻采写、新闻写作 |
| 广告 | 广告学概论、广告策划 | 广告创作、广告文案 |
| 动画 | 动画概论、数字艺术基础 | 动画制作、Flash 动画创作 |
| 播音主持 | 汉语播音学、播音主持艺术 | 广播播音与主持、电视节目播音与主持 |

此外，还可根据教学需要开设传媒专题讲座，拓宽学生知识面，夯实学生知识基础。

我们虽然已经为各专业设立了专业技能课，但是传媒类各学科专业知识实用性强，只靠课堂训练来使学生掌握专业技能是远远不够的，应当在业务实践中掌握并加深和巩固。针对传媒知识的实践性特点，我们在课程教学中应当为学生提供更多的业务实践的机会：首先，各专业技能课要以课后作业的形式安排诸如电视新闻节目制作、影视短片拍摄之类的模拟任务；其次，要尽可能地安排结合课程的课外实践活动，包括参观一些传媒机构的运作，以了解相关产业的运作流程、相关环节的技术操作，以及为学生提供进入传媒类机构实习、实践的机会等。

文化和媒介素养课程的开设贯穿学生四年学习的始终，在一、二年级开设的中国文化概况课程的基础之上，在三、四年级加开中国社会与大众传媒、媒介素养、媒介生态学和媒介市场概论等课程。教学目的是使学生了解中国社会、政治、经济、文化发展现状，对传媒类各学科的发展现状、学科间的相互关系、自己所学专业在传媒类各专业中的地位和作用有一个总体的把握，对传媒技术及产业发展现状、产业运营和传媒法规有基本的了解。

  以上课程设置中，基础汉语和传媒汉语课程是学科知识系统的主干，也是传媒知识和文化知识获取的瓶颈，传媒知识课程既独立于语言知识课程，又对语言知识课程的学习有着辅助作用，而文化和媒介素养课程既承担着部分专业背景知识的传授任务，也能促进语言知识和专业知识的学习。因而，我们在安排课程和编排授课内容时，应当紧紧抱牢语言课程这根主干：首先，传媒知识的传授不仅要考虑学科知识的系统性，也应当与传媒汉语课程所需依托的传媒背景知识对应；其次，传媒专业知识和文化知识的传授是以汉语为载体的，因而课程内容编排上不宜完全按照专业知识的学科结构层次和顺序，而应当兼顾语言内容的难易程度。

# 第四章　对传媒汉语教材编写的思考

在对传媒英语研究状况的综述中，我们已经看到，现有的传媒英语教材选取的内容、语言知识和技能的侧重点和编写体例虽然不尽相同，但这些教材大都是以对传媒类基本理论和知识的介绍作为载体，向学生传输着传媒英语的专业词汇、语体、句式等语言知识。这正是专门用途汉语教材与普通对外汉语教材的最明显差异。考虑到这种差异，我们认为，在传媒汉语教材的编写中，不仅专业词汇、语体、句式等语言知识在编排上要兼顾词语的使用频率和难易程度，以及专业知识的系统结构和学生专业知识的掌握情况，在内容的选取上也要针对传媒行业活动中更可能涉及的专业知识，以及历史、地理、人文、社会、政治、经济和文化等内容。因而前文中我们提到的对外汉语教材编写的通用原则虽然适用于指导传媒汉语教材的编写，但是仅仅有这些原则是不够的。传媒汉语教材无论是从主旨、内容选取，还是编写体例上都要服从于传媒汉语的特殊教学目的。

上文我们已经将传媒汉语教学的知识体系大致归纳为五个专业，每个专业的知识结构都分为通用汉语课程、传媒汉语课程、传媒知识课程和文化及媒介素养课程等四个子系统，每个子系统中都包含多门课程。对这些课程的教材编写，本文无法逐一进行设想。由于传媒汉语中拟开设的"中国社会与大众传媒"课程的内容既涵盖了传媒各行业的基础知识，也承担着提高学生的传媒类文献的阅读和针对传媒问题的口头、书面表达能力的教学任务，同时包含了社会文化知识和传媒素养知识的传授，其定位处在传媒汉语课程、传媒知识课程和文化及媒介素养课程等子系统的交界处，属于比较典型的传媒汉语课程，因而本文希望通过对"中国社会与大众传媒"教材编写的思考，能为传媒汉语教材的编写提出一点建议和启示。

教材编写的主旨是由教学目的决定的。留学生学习传媒汉语课程的目的是为从事与汉语传媒事业有关的工作，因而需要对中国社会的发展、传媒系统各行业的发展以及社会与传媒之间的关系有基本的认识和理解，培养从传媒从业者的角度看待中国社会政治经济发展种种现象的能力，掌握一些传媒行业的原貌语言，并为今后从事传媒业打下语言和专业知识基础。"中国社会与大众传媒"课程正是基于以上学习需求开设的。该课程开设的主要目的是为使学生对中国社会政治经济的现状有所了解,并在此基础之上了解中国大众传媒的发展现状,对大众传媒与中国的社会政治和文化之间的相互关系、大众传媒各领域行业之间的相互关系有一个直观的认识。该课程在向学生传输社会文化知识的同时,也对传媒发展概况等传媒专业的背景知识进行介绍,同时承担着提高学生阅读以及口头、书面表达能力的教学任务。

中国社会与大众传媒课程的教学内容由中国社会概况和中国社会政治经济发展背景下的大众传媒的发展两部分组成。我们在进行教材的选取时首先选取的是能体现中国社会发展概况的最典型的素材,如对当代中国社会政治、经济以及文化生活的基本介绍以及不同时期比较典型的热点问题、社会现象与专用词语(如反腐、选秀、强拆、廉租房等)。除此之外,由于该课程也承担着部分专业知识教学的任务,因而教材中也应当对大众传媒各行业的发展概况和相互之间的产业关系进行基本介绍。在这两部分内容的基础上,对大众传媒和社会生活之间相互影响的关系进行分析,从而达到本门课程的教学目标。

因为中国社会与大众传媒课程的教学对象主要是汉语基础薄弱,对中国社会发展概况了解有限的留学生,在教材内容的选取过程中除了要考虑所选内容要全面反映社会发展概况之外,还应当注意合理安排所选材料的难易度。对此我们可以借鉴北京语言大学商务汉语教材《当代中国经济》的编写经验,不阐述过多艰深的理论知识,而是通过教材给学生提供一个专业知识的简单明了的架构,并提供一些相关书目、网址等参考资料的线索,使教材成为学生自主学习的索引和指南。另外还应注意的一点是,社会生活是不断发展的,大众传媒的技术和形式也是不断革新的,因而中国社会与大众传媒课程教材的编写也要注重时代性,随着社会生活和专业领域知识的革新不断吐故纳新。

中国社会与大众传媒课程的教材可以采取专题式教学的编排模式,绪论中对中国社会发展的现状进行简单铺垫,而后分别从社会政治、社会经济和社会文化三个专题加以介绍,继而引出社会生活同大众传播媒介的关系,最后分专题分别介绍报纸杂志、广播、电视、电影、互联网、广告、动画等大众传播媒介的发展概况以及在人们社会生活中的作用。每个专题开头是本章的知识重点和正文的内容提要,使学生对本专题的内容有个大概的认识。正文部分分为精读文章、练习题和参考资料三部分,精读文章在传输课程内容的同时还提高了学生的阅读能力,文章后面附上生词术语的注解,并在教材的最后附上关键词语索引,方便学生查找。课后题或针对专题中出现的社会热点问题组织学生展开课堂讨论,并以小论文的形式进行简单的书面表达,或通过模拟采访、新闻写作等模拟任务使学生对各种传媒实务有所了解,并且在实际任务的执行过程中训练听、读、说、写、译等各项语言技能;参考资料索引则可以给出一些相关网站网址和参考书目,指导学生根据自己兴趣进行课外阅读,以扩展学生的知识面。

# 第五章　对传媒汉语标准化测试设计的思考

　　普通汉语教学要求学生全面掌握汉语的语音、词汇、语法、语言文化等知识，教学目标在于全面培养学生的各项语言能力，因而普通汉语水平考试要求从听、说、读、写等各个方面全面考查学生对语音、词汇、语法的掌握和运用情况。而包括传媒汉语测试在内的专门用途汉语测试，只面向某一特定领域的汉语使用者，其测试目的是为了检验学生运用汉语进行行业内交流和从事专业业务的能力水平，因而所测的语言知识和技能必须跟目标考生人群的实际使用汉语的任务是同质的，这样才能保证所测目标考生人群所需要掌握的语言能力（齐沪扬、方绪军，2008）。也就是说，专门用途汉语测试不仅要全面检测学生的汉语水平，而且必须有侧重地考查学生从事特定行业所需要的某些汉语知识和技能。除了语言技能之外，测试题目所采用的听读材料，以及要求考生掌握的口头表达和书面材料等也必须与考生所在专业领域使用语言的频度密切相关，测试中要求完成的交际任务必须与受试者在实际业务中需要完成的交际任务相符，只有这样才能保证专项汉语测试结果的真实度。目前为止，比较成熟完善的商务汉语标准化考试也正好印证了以上几点：所选对话情景和阅读材料等基本上都是基于商务活动中产生的语言材料；在全面测试受试者的汉语知识和技能掌握程度的基础上，侧重于考查商务活动交际中的语言策略、商务信函等应用文的写作、在商务活动中得体、准确的口语和书面语的表达能力等。

　　结合上文中阐述的 L. Hoffmann 的专用语纵向分层方案，并参考商务汉语考试的等级标准；依据受试者运用传媒汉语进行传媒业务交流能力的情况，我们将传媒汉语考试的等级标准设定为五级，从一级到五级难度递增。每个等级标准都从语言知识和语言交际能力两方面规定，并且举例说明达到该水平等级应该能够完成的传媒类交际活动。

表3—5—1 传媒汉语考试等级标准

| 等级 | | 语言功能 | 语言知识 | 交际任务举例 |
|---|---|---|---|---|
| 一级 | 尚未具备在传媒行业运用汉语进行交际的能力 | 能问、答日常生活中的基本问题；能询问和给出有关的个人信息；能表达肯定、否定的看法；表达疑问和需求 | 能使用基本的汉语语法结构；能运用带有很少一部分专业词汇的自然语言，但尚未掌握最常用的传媒词汇 | 简单问候、致谢，简单求助；简单地自我介绍 |
| 二级 | 可以运用传媒汉语进行基本的业务交流 | 能在专业交流中简单说明有关情况、叙述相关过程 | 较准确地掌握和语用汉语语法结构；基本掌握一般词汇并掌握较为常用的传媒类专业词汇；基本理解正式的媒体用语和非正式的生活语体之间的差别，并能简单运用正式语体 | 描述事物特点、外表；谈论简单的大众话题；就所学传媒类专业知识、所要从事的行业业务的内容、流程进行简单的问答 |
| 三级 | 可以比较有效地运用传媒汉语进行行业业务交流 | 能表达观点并探寻、揣测对方观点；细致地陈述事件及原因；能进行简单的评价 | 掌握相当数量的专业术语和结构严密的句法；正确地区分并运用正式语体和生活语体 | 听懂、读懂媒体的讨论焦点，能理解新闻、评论、电影等所表达的大概意思；能就所学专业内容运用正式语体进行口头、书面的基本表达 |
| 四级 | 可以比较自如、得体地运用传媒汉语进行业务交流 | 能分析、归纳交流对方观点；对事物的可能性、不可能性进行细致的陈述；用恰当的言辞和语体提出建议和问题解决方案 | 熟练掌握复杂的汉语语法结构，准确、得体地运用语言；熟练掌握汉语基本词汇和常用专业词汇；理解新闻语体等正式语体以及非正式语体的功能和差异 | 读懂专业文章、论著；较为准确地运用正式语体进行专业知识的口头和书面表达；就一些社会问题、专业问题参与辩论 |
| 五级 | 可以得体、自如地运用传媒汉语从事行业业务（面向播音主持专业） | 达到某些行业业务对语言技能的特殊要求 | 播音主持专业：掌握标准的发音，流畅、得体地进行口头表达 广告、新闻、影视创作：掌握复杂的语法、篇章结构，得体、恰当地运用书面语词汇和专业词汇进行准确的书面表达 | 熟练地进行新闻写作、新闻访谈、主持播音，影视表演等业务 |

一级所代表的能力水平指的是，初步具备运用汉语进行简单的日常生活交际，但未具备在传媒行业运用汉语进行交际的能力；二、三、四级则分别按照运用传媒汉语进行行业业务交流的能力水平划分。第五级是专门为对某项语言技能水平有特定要求的专业设定的，因而其水平等级标准也是根据这些行业对特定语言技能的依赖性，分专业分别规定的。其中播音主持专业对应的五级等级要求是掌握标准的发音，具备流畅、得体地进行口头表达的能力，能运用汉语进行播音和节目主持等业务；而广告、新闻等专业的业务侧重于书面表达能力，所以其对应的等级标准包括掌握复杂的语法、篇章结构，得体、恰当地运用书面语词汇和专业词汇进行准确的书面表达能力。

上文中我们曾经运用 L. Hoffmann 的专用语纵向分层方案对传媒各学科专用语进行了分析，其中电视编辑和动画制作两个方向的专用语存在很多的人工符号（如脚本语言等），属于实验科学的层面，其语言的纵向分层涵盖了从 B 到 E 的层面，因而这两个专业对语言的要求不仅包含对自然语言的运用水平，也包括对这些人工符号的运用，因而对专用语水平的要求也比较高。但是，这些人工符号并非以汉语为载体，其表达的意义也并非汉语知识结构的内容，因而这两个专业对专用语要求虽然较其他专业更高，但高出部分并非汉语教学的内容，故而不将其列为传媒汉语标准化测试的考察内容。

在对商务汉语考试的试卷构成进行分析时我们发现，为了能更具体更真实地体现受试者各项语言技能的水平，商务汉语考试的试卷把对语言综合能力的测试分为语言的输入和输出能力两个方面。传媒汉语考试试卷也可以借鉴这个经验，分为传媒汉语考试Ⅰ（听、读）试卷和传媒汉语考试Ⅱ（说、写）试卷两部分。其中Ⅰ（听、读）试卷包括听力和阅读两个考试项目。听力部分题型包括选择题和听写填空题，听力材料的话题和内容主要选取自新闻报道、访谈节目等传媒类作品以及相关的专业交际任务和生活社交活动中。阅读材料主要选自报纸杂志和传媒类专业文章、论著，题型可以包括读后选择题、选词填空题、多项匹配题和简答题等。传媒汉语考试Ⅱ（说、写）试卷包括口语和写作两部分。其中口语主要考查考生在社会生活、传媒类专业交流以及新闻采访、访谈和主持播音等业务（只为新闻、播音主持等专业方向加试）的口头表达能力。写作的考试题目包括简单的记叙文和应用文体写作、说明文和议论文写作等，此外分别为新闻、影视和广告专业方向加试的新闻稿件、影视剧本和广告文案等的写作。

传媒汉语知识体系由三大模块组成。其中，通用汉语和传媒汉语知识和能力是主干，传媒类专业知识和文化知识都是为提高学习者传媒汉语水平、使学习者能更好地运用传媒汉语进行行业内交流和从事传媒实务而服务的。传媒汉语标准化考试本质上是语言水平等级考试，其立足点应该是真实地体现学生语言能力水平，因而考查内容中没有包括太多的传媒专业知识，考查的重点还是受试者的传媒汉语知识和技能水平。在普遍考查传媒各专业学生对传媒汉语的掌握和运用情况的同时，我们考虑到了诸如播音、新闻等某些以语言为依托的传媒行业对特定语言技能的特殊要求，为这些专业的受试者加设了试题，并且将这些要求作为传媒汉语最高级——五级的水平等级标准之一。

随着科学技术的不断进步，"传媒"涵盖的领域也在不断扩展更新，它作为人类社会信息、资讯最广泛最迅捷最深远的交流途径，与人们的物质生产、社会文化生活的关系越来越密切。而在对外汉语教学界，虽然针对许多专业的专门用途汉语教学的研究已经取得了可喜的成果，但传媒汉语教学的研究目前还很少有人开展。本文作者首先引入了专门用途语言的概念，将其作为开设传媒汉语教学的可行性和必要性的理论依据，并运用专门用途第二语言的横向分布和纵向分层理论，对传媒各领域的专用语进行了横向的归类和纵向的分层，指出了传媒汉语教学的主要内容是包括常用专业词汇和语言技能在内的中低层次的专业语言知识。继而通过对以传媒英语为代表的专门用途英语（ESP）和以商务汉语为代表的专门用途汉语（CSP）教学研究现状进行分析，总结出了两者在教学目标、课程设置、教材编写以及标准化测试方面对传媒汉语教学的借鉴意义。而后，通过分析传媒研究的现状，大致总结出了传媒所涵盖的各领域间的生态关系网，并且通过对我校留学生学习传媒汉语的需求分析，初步探讨了传媒汉语的专业设置和人才培养模式，并且进一步证实了开设传媒类汉语课程、填补专门用途汉语教学在传媒领域的空白的必要性。最后，用四个章节的篇幅分别对传媒汉语教学大纲的制订、传媒汉语的课程设置、传媒汉语教材编写体例以及传媒汉语的标准化测试进行了理论和实践上的探讨。

尽管对传媒汉语教学进行了一些不成熟的理论探讨，对教学中可能遇到的问题进行了预想并尝试提供了解决方法，但是，鉴于本文的研究存在以上的局限性，其研究成果对传媒汉语教学的指导作用可能微乎其微。不过，我们希望通过对传媒汉语教学进行的这些探讨，能吸引学界对传媒汉语教学进行更多的关注和思考，通过更多的专家学者深入的研究以解决这些难题，使得传媒汉语教学的以上设想能更快地付诸实践，而不再只是纸上谈兵。

# 附　　录

**附表1：中国传媒大学各学院专业设置概况**

| | 本科 | 硕士 | 博士 |
|---|---|---|---|
| 动画学院 | 动画和数字媒体艺术专业，下设动画编导、动画设计、数字动画、游戏设计、数字影视制作、网络多媒体等专业方向 | 动画创作与研究、动画艺术理论研究、动画产业研究、数字媒体艺术理论研究、数字媒体艺术与技术应用研究、网络多媒体等多个方向 | 动画学理论研究、动画产业研究、数字媒体艺术学理论研究、数字内容研究等方向 |
| 新闻与电视学院 | 开设电视编辑、广播电视新闻学、编辑出版学（电子音像编辑出版）、电视摄影专业、新闻学、传播学和媒体创意专业，并拟开设报刊新闻和媒体调查专业 | 新闻学、传播学、广播电视新闻学、舆论学、传播心理学 | 新闻学、传播学、广播电视新闻学、编辑出版学 |
| 播音主持艺术学院 | 播音主持艺术 | 语言学及应用语言学专业——汉语普通话教学与水平测试方向<br>语言学及应用语言学专业——播音主持基础理论方向<br>语言学及应用语言学专业——播音主持业务方向<br>语言学及应用语言学专业——语言传播发声学方向<br>广播电视艺术学——语言艺术方向 | 广播电视语言传播专业中国播音学方向 |
| 计算机学院 | 计算机科学与技术、网络媒体技术、移动媒体技术 | 计算机应用技术、计算机软件与理论、信号与信息处理专业（包含信号处理技术方向、嵌入式软硬件技术方向、分布式计算与软件方向、传媒信息安全方向、智能信息处理方向、互联网应用技术方向、媒体信息数据化技术方向、数字娱乐与动画技术方向） | 信号处理方向、数字移动多媒体方向、宽带信息网络方向 |

附表2：远程与继续教育学院专业设置

| | 网络教育 | 成人高考 | 高等教育自学考试 |
|---|---|---|---|
| 远程与继续教育学院 | 新闻学、广告学、公共事业管理、广播电视编导（电视编辑方向）、广播电视编导（文艺编导方向）、摄影、通信工程、广播电视工程、编辑出版学（出版发行方向）、新闻学（电视编辑方向） | 新闻学专业、新闻与传播专业、电子信息工程专业、广播电视编导专业、播音与主持艺术专业、动画专业、艺术设计专业、摄影专业、广播电视技术专业、摄影摄像技术专业（影视节目制作方向）、影视广告专业、工商管理专业、人力资源管理专业、广播电视编导与新媒体专业、文化创意专业、表演专业、作曲技术专业 | 广播电视编导、摄影、播音与主持艺术、动画 |

附表3：中国传媒大学各科研院所人才培养概况

| | 本科 | 硕士 | 博士 |
|---|---|---|---|
| 国家语言资源检测与研究中心有声媒体语言分中心 | | 语言学及应用语言学专业应用语言学、语言信息处理方向 | 语言学及应用语言学专业计算语言学方向 |
| 新媒体研究院 | | 传播学专业新媒体方向、媒体信息数据化技术方向 | 广告学专业新媒体产业方向、通信与信息系统专业 |
| 传播声学研究所 | 影视艺术学院有音响工程、录音艺术、影像导演、演艺工程（音响、灯光、机械） | 音频技术、声信号与声场信息处理 | 音频技术、声信号与声场信息处理 |

# 参 考 文 献

Halliday M A, McIntosh A, Strevens P. The Linguistic Sciences and Language Teaching [M], London: Longnan, 1964.

Strevens. P. New orientations in the Teaching of English [M]. Oxford: Oxford University Press, 1977.

Ronald Mackay & Alan Mount ford. English for Specific Purposes. Longman Group Limited, 1978.

杨惠中. 科技英语的教学和研究 [J]. 外语教学研究, 1978 (2).

杨惠中. 外语教学与研究. 国外科技英语教学和研究动态 [J], 外国语, 1978 (3).

Peter Stevens, ESP 教学二十年, 国外语言学, 1986 (2).

Hutchinson, Waters, English for Specific Purposes: A learning centered approach [M]. Cambridge: Cambridge University Press, 1987.

胡壮麟等. 系统功能语法概论 [M], 长沙: 湖南教育出版社, 1987.

Dudley－Evans, Tony & Maggie Jo St John, Developments in ESP [M]. Cambridge: Cambridge University Press, 1988.

钱敏汝, 梁镛. 专用语研究的发展和现状 [J], 国外语言学. 1990 (3).

梁镛, 钱敏汝. 专业语研究中的几个主要理论问题 [J]. 国外语言学, 1991.

庞继贤. ESP 与大学英语四、六级后的英语教学 [J]. 外语界, 1994 (4).

范谊. ESP 存在的理据 [J], 外语教学与研究, 1995 (3).

汪家丽. 运用交际法培养 ESP 学员的交际能力 [J], 外语界, 1995 (3).

李杨. 略论教学大纲 [C]. 北京: 华语教学出版社, 1996.

程世禄, 张国扬. ESP 的理论与实践 [M]. 南宁: 广西教育出版社, 1996.

胡正荣. 传播学总论 [M], 北京: 北京广播学院出版社, 1997.

周思源, 林国立. 对外汉语教学与文化 [M], 北京: 北京语言文化大学出版社, 1997.

钱敏汝. 经济交际学纵横观 [J], 国外语言学, 1997 (2).

杨德峰. 试论对外汉语教材的规范化 [J], 语言教学与研究, 1997 (3).

钱敏汝. 跨文化经济交际及其对外语教学的意义 [J]. 外语教学与研究, 1997 (4).

秦秀白. "体裁分析"概说 [J]. 外国语, 1997 (6).

王敏. ESP 在大学英语教学中的现状及展望 [J]. 浙江师大学报 (社会科学版), 1997 (6).

Offord Gray, A principled approach to ESP course design [J]. Journal of Applied Linguistics, 1998 (1).

刘乃华. 商贸汉语中洽谈语言的特性及其教学 [J]. 南京大学学报 (哲学·人文·社会科学), 1998 (3).

王士先. 从 Genre 出发进行阅读教学 [J]. 外语界, 1998 (4).

李杨. 对外汉语本科教育研究 [M]. 北京：北京语言文化大学出版社，1999.

高一虹等. 中、西应用语言学研究方法发展趋势 [J]. 外语教学与研究，1999 (2).

陈平. 外贸英语写作教学新思路：语篇体裁分析理论及其应用 [J]. 外语教学，1999 (3).

Mark Ellis. Christine Johnson Teaching Business English [M]. 上海：上海外语教育出版社，2000.

陈莉萍. 专门用途英语研究 [M]. 上海：复旦大学出版社，2000.

端木义万. 传媒英语研究 [M]. 北京：中国社会科学出版社，2000.

刘珣. 对外汉语教学引论 [M]. 北京：北京语言文化大学出版社，2000.

韩金龙等. 体裁分析与体裁教学法 [J]. 外语界，2000 (1).

廖莉芳，秦傲松. 专业英语教学现状调查报告 [J]. 外语界，2000.3.

秦秀白. 体裁教学法评述 [J]. 外语教学与研究，2000 (1).

文秋芳. 应用语言学研究方法与论文写作 [M]. 北京：外语教学与研究出版社，2001.

李红. 专门用途英语的发展和专业英语合作教学 [J]. 外语教学，2001 (1).

陈莉萍. 专门用途英语存在的依据 [J]. 外语与外语教学，2001 (12).

刘法公. 论专门用途英语的属性与对应教学法 [J]. 外语与外语教学，2001 (12).

孙伟. 专门用途英语专业如何应对职业教育 [J]. 辽宁高职学报，2001 (3).

韩金龙. 英语写作教学：过程体裁教学法 [J]. 外语界，2001 (4).

石慧敏. "旅游汉语"教学——对外汉语教学的一个重要课题 [J]. 暨南大学华文学院学报，2001 (4).

曾祥娟. 体裁分析与科技英语写作教学 [J]. 外语教学，2001 (5).

辛斌. 语篇互文性与主体位置的语用分析 [J]. 外语教学与研究，2001 (5).

尚嫒嫒. 语境配置与语篇体裁之间的关系——从功能语法谈新闻英语标题语的语言表达特点 [J]. 解放军外国语学院学报，2001 (6).

张玲，胡金环. 高校大学英语后续教学现状调查 [J]. 外语界，2001 (6).

Debra K. Meyer & Julianne C. Turner, Using Instructional Discourse Analysis to Study the Scaffolding of Student Self-Regulation. Educational Psychologist V37, N1：2002, 17 - 25.

Tom Hutchinson Alan Waters. Alan Waters. English for Specific Proposes [M]. 上海：上海外语教育出版社，2002.

方琰等. 以语类为基础的应用文英语写作教学模式 [J]. 外语与外语教学，2002 (1).

李森. 大学英语阅读教学新思路：体裁教学法 [J]. 外语界，2002 (1).

杨东升. 商务汉语教材编写初探 [J]. 辽宁工学院学报（社会科学版），2003 (1).

陈冬纯. 商务英语公函的体裁与撰写策略 [J]. 国外外语教学，2003 (2).

李奇等. 体裁教学法的理论依据与实践 [J]. 外语教学，2003 (3).

李国庆. 概念主位的经验内容与微型语域的语篇体裁——从小说《老人与海》所想到的 [J]. 外语教学，2003 (3).

朱黎航. 商务汉语的特点及其教学 [J]. 暨南大学华文学院学报，2003 (3).

韩金龙. ESP 最新发展评述 [J]，国外外语教学，2003 (4).

秦秀白. ESP 的性质、范畴和教学原则——兼谈在我国高校开展多种类型英语教学的可行性 [J]. 华南理工大学学报（社会科学版），2003 (4).

李科. 体裁分析在作文教学中的应用 [J]. 山东外语教学, 2003 (6).
姚文俊. 体裁分析在英文求职信中的应用 [J]. 山东外语教学, 2003 (4).
赵金铭. 对外汉语教学概论 [M]. 北京: 商务印书馆, 2004.
Seonhee Choa. Challenges of Entering Discourse Communities through Publishing in English: Perspectives of Nonnative—Speaking Doctoral Students in theUnited States of America, Journal of Language, Identity & Education V3, N1: 2004. 47 - 72.
李瑞芳. 体裁教学法在商务英语教学中的应用 [J]. 西安外国语学院学报, 2004 (1).
许菊. 商务英语公函的体裁分析 [J]. 西安外国语学院学报, 2004 (1).
王蓓蕾. 同济大学 ESP 教学情况调查 [J]. 外语界, 2004 (1).
鞠玉梅. 体裁分析与英汉学术论文摘要语篇 [J]. 外语教学, 2004 (2).
赵秀凤. 语体研究与体裁性写作教学 [J]. 外语教学, 2004 (3).
王建生. 建立多层次多元化的大学英语教学体系 [J]. 山西财经大学学报 (高等教育版), 2004 (4).
崔艳嫣等. 英语学术讲座的宏观结构与微观结构——体裁分析在学术语篇分析中的应用 [J]. 山东外语教学, 2004 (5).
胡涛. 论信函的体裁分析 [J]. 外语教学, 2004 (1).
李国庆. 连接词在语篇的体裁构建和语篇体裁辨认上的贡献 [J]. 外语教学, 2005 (1).
李红梅. 体裁教学法在大学英语教学中的应用研究 [J]. 山东外语教学, 2005 (1).
王宏俐. 英文印刷广告的体裁分析 [J]. 外语教学, 2005 (1).
葛冬梅等. 学术论文摘要的体裁分析 [J]. 现代外语, 2005 (2).
胡艳芬. ESP 教师素质、现状及培训 [J]. 湘潭师范学院学报 (社会科学版), 2005 (2).
李国庆. 试论及物性系统结构与语篇体裁 [J]. 外语教学, 2005 (6).
温植胜. 新修辞学派体裁研究的社会认知视角 [J]. 天津外国语学院学报, 2005 (6).
路志英. 商贸类汉语教材编写和研究的基本情况述评 [J]. 云南师范大学学报 (对外汉语教学与研究版), 2006 (5).
杨林聪. 现代传媒英语 [M]. 长沙: 湖南大学出版社, 2006.
张黎. 商务汉语教学需求分析 [J]. 语言教学与研究, 2006.
中国国家汉语国际推广领导小组办公室, 北京大学商务汉语考试研发办公室, 商务汉语考试 BCT 大纲 [Z]. 北京: 北京大学出版社, 2006.
鞠玉梅. 国外 EAP 教学与研究概览 [J]. 外语教学, 2006 (2).
杨瑞英. 体裁分析的应用: 应用语言学学术文章结构分析 [J]. 外语与外语教学, 2006 (2).
易兴霞. 体裁分析与农业英语论文摘要 [J]. 西安外国语学院学报, 2006 (3).
张黎. 商务汉语教学需求分析 [J]. 语言教学与研究, 2006 (3).
段平. 我国大学 ESP 教学的发展方向探讨 [J]. 外语界, 2006 (4).
陶明星. 商务英语的研究方法 [J]. 湘潭师范学院学报 (社会科学版), 2006 (4).
王宏俐. 体裁分析与商务促销类语篇 [J]. 外语教学, 2006 (4).
曾学慧. 对外商务汉语与基础性对外汉语衔接问题探讨 [J]. 边疆经济与文化, 2006 (6).
胡逢瑛, 吴非. 国际传媒英语 [M]. 广州: 暨南大学出版社, 2007.
张黎. 经贸汉语课程研究 [M]. 北京: 商务印书馆, 2007.

罗晓黎. ESP 在我国发展的四个阶段 [J]. 湖北教育学院学报, 2007 (11).

何宇茵, 曹臻珍. 北航双语教学现状调查 [J]. 山东外语教学, 2007 (2).

殷学侃, 邓李肇. 试论普通英语语言教师的角色转变 [J]. 四川教育学院学报, 2007 (5).

梁岩, 严玲. 传媒英语 [M]. 北京: 高等教育出版社, 2008.

沪扬, 方绪军. 专项汉语测试研究 [M]. 北京: 世界图书出版社, 2008.

王恒. 国内专门用途英语教学研究综述 [J]. 浙江传媒学院学报, 2008 (4).

单韵鸣, 安然. 专门用途汉语课程设置探析——以《科技汉语》课程为例 [J]. 西南民族大学学报 (人文社科版), 2008 (6).

王友良. 专门用途英语 (ESP) 研究综述 [J]. 中南林业科技大学学报 (社会科学版), 2008 (6).

高查清. 高职英语教学应加强对学生职业能力的培养 [J]. 中等职业教育 (理论), 2008 (9).

戴明忠, 涂孝春. ESP 及大学英语教学 [J]. 成都大学学报 (社会科学版), 2009 (2).

翟乃刚. 试论专门用途汉语体系的构建 [J]. 上海工程技术大学教育研究, 2009 (2).

陈莉萍. 专门用途英语研究. 上海: 复旦大学出版社, 2010.

# 后　记

逄增玉

　　五年前,中国国家汉语国际推广领导小组办公室(以下简称"国家汉办")许琳主任亲临我校,指示我校汉语国际教育教学工作应该与传媒行业特点结合,发挥我校专业优势,展开多媒体教材的开发研究。在国家汉办领导、我校领导的高度重视下,中国传媒大学暨对外汉语教育学院申办国家汉办大型科研项目"汉语国际教育多媒体教材开发战略的研究"项目,获得国家汉办批准。

　　多媒体教材开发对我们来说是令人兴奋而又艰巨的新课题,为完成这一项目,学院召开多次研讨会,在讨论基础上动员所有教师参与进来,各自承担分配的任务,同时也允许研究生在导师带领下参加项目框架讨论、资料搜集等工作,在此基础上完成相关论文的写作。其中研究生对有关项目的资料收集和整理尤为详细,还有一批毕业于海内外大学具有博士和硕士学位的年轻教师也各尽其力。司红霞老师关于广播电视语言教学节目的整理比较细致。刘海燕老师更是全过程地参与了召集、联系等工作,在完成项目的过程中,她关于传媒汉语教学的思考也逐步成熟。本书第三部分是她的研究生吴志伟硕士毕业论文,她的研究生贺润黎、曹建勇、王融冰和张晗参加了项目报告的修订工作。

　　项目推进期间,汉办教材处张彤辉副处长和北京师范大学教育技术专家宋继华先生来我校参观指导,为我们的研究工作进一步指明方向。为了更好地完成项目和做出特色,我们还挖掘校外优质资源,展开横向合作,动员和邀请北京师范大学宋继华老师、北京语言大学徐娟老师、北京外国语大学丁安琪老师等参与项目,为项目研究加入了他们的最新成果,充实和丰富了项目内容。时任国家汉办副主任的马箭飞先生也对该项目十分关心,并在项目完成后召集和主持了项目结项论证会,对取得的成绩和今后努力完善的方向提出了很多宝贵的建设性建议。

　　项目结项后,曾经把打印的成果带到年度孔子学院大会上展示,引起不少与会者的关注,若干单位当场或会后索要。为此,我们当时决定联系出版社公开出版。可是由于一些技术上的原因,加之第一家出版社在签订合同后编辑一度休假,遂耽搁下来。在此期间,中国和世界各国的汉语多媒体教材的编纂与出版日益丰富,电子信息技术迅猛带来的多媒体和新媒体新事物日新月异,给汉语多媒体教材和教育在手段、方法、内容和平台等方面带来诸多积极的变化,全球性的汉语国际教育既日益广大也更加细化,对汉语多媒体教育和教材都提出了许多新的要求和挑战,传媒汉语教学作为专门用途的汉语教学无疑成为其中重要的组成部分。"文变染乎世情,兴废系乎时序",时代和形势的变化使我们在原有完成项目的基础上,对内容和体例都进行了比较大的调整和改进,将传媒汉语作为主体。这种研究和努力的结果,既是对原有项目的继承和超越,也是基于传媒大学环境对新的对外汉语教学和研究增添了人无我有的特色,算是我们的一点尝试和贡献。当然,我们深知本书还是草创之作,在体例、内容、深度、视野和方法上还存在诸多有待完善之处,书稿和项目的完成只是耕耘的初步果实,出版后我们将会认真听取各方面的意见,并结合实践使用的情况不断修订、充实、改进,使其日臻完善。

项目获批和进行时,中国传媒大学苏志武校长、胡正荣副校长和学校有关领导非常重视,多次指导,并指示有关单位积极协助,共同帮助完成。兄弟学院如动画学院时任院长廖忠祥及学院老师无偿提供动画作品和技术支持,新媒体研究院赵子忠院长和卢迪博士提供了相关研究成果。可以说,没有校领导的大力支持和兄弟单位的助益,没有传媒大学整体的优势和支撑,项目是不可能顺利结项的。在项目进行中,我们愈发感受到传媒大学在传媒领域的优势资源的丰富,这些资源和帮助也开阔了我们的视野,锻炼了我们的能力,培养了我们的教师队伍和研究力量。

我曾经在东北师范大学工作多年,在我个人学术研究和成长过程中,东北师大出版社曾给予我很大的帮助,我的一部获得教育部人文社会科学优秀成果奖的著作,就是东北师大出版社以校内出版基金赞助的方式出版的,对此我一直心存感激,至今难忘。鉴于此,当我把一度耽搁的这项成果打算出版时,首先想到的是东北师大出版社社长吴长安教授。吴社长是我大学时代前后届的系友,也是当年时相往来的朋友,他是学者型出版家,从事现代汉语和语言学研究多年且卓有成果,是博士生导师,曾经策划和出版《20世纪现代汉语语法八大家》,赢得学界好评。因此,与他联系时,他立即表示愿意出版,全力支持,以裨益学术,嘉惠学界,并指定许革晨编辑负责编辑出版的具体事宜。许编辑出身于出版世家,经验丰富,认真负责,当年也曾编辑过我的著作,是一位优秀编辑。为此书的出版,她不辞辛劳,助益良多。在书稿付梓之际,谨向吴长安社长、许革晨副编审诚致谢忱。

同时,对国家汉办许琳主任、汉办党组书记马箭飞、汉办教材处张彤辉处长,对中国传媒大学校领导,对北京师范大学宋继华老师、北京语言大学徐娟老师、北京外国语大学丁安琪老师等,对学院所有参与和支持项目的老师与研究生,再次表示感谢。

2012年4月18日于北京